Die polnische Verfassung vom 3. Mai 1791

Lex et Res Publica
Polish Legal and Political Studies
Edited by Anna Jaroń

Volume 17

Zur Qualitätssicherung und Peer Review der vorliegenden Publikation

Die Qualität der in dieser Reihe erscheinenden Arbeiten wird vor der Publikation durch die Herausgeberin der Reihe geprüft.

Notes on the quality assurance and peer review of this publication

Prior to publication, the quality of the work published in this series is reviewed by the editor of the series.

Josef Albert Fox

Die polnische Verfassung vom 3. Mai 1791

Hintergründe der Entstehung und der Außerkraftsetzung. Stellung Polens im Zeitalter der Aufklärung

PETER LANG

Bibliografische Information der Deutschen Nationalbibliothek
Die Deutsche Nationalbibliothek verzeichnet diese Publikation in der Deutschen Nationalbibliografie; detaillierte bibliografische Daten sind im Internet über http://dnb.d-nb.de abrufbar.

Umschlagabbildung:
Jan Matejko, *Die Verfassung vom 3. Mai 1791*,
Königliches Schloß in Warschau, Museum,
Nr. des Inventars ZKW/1105

ISSN 2191-3250
ISBN 978-3-631-67845-9 (Print)
E-ISBN 978-3-653-06931-0 (E-PDF)
E-ISBN 978-3-631-70304-5 (EPUB)
E-ISBN 978-3-631-70305-2 (MOBI)
DOI 10.3726/978-3-653-06931-0

Peter Lang – Bern · Berlin · Bruxelles · New York ·
Oxford · Warszawa · Wien

Diese Publikation wurde begutachtet.

www.peterlang.com

Inhaltsverzeichnis

1 Vom Autor

Grundsätzlich erlaube ich mir festzuhalten, dass der Schwerpunkt und das Hauptinteresse und Hauptanliegen meiner Rechtsanwaltstätigkeit Menschenrechte sind.

Eines der zentralen Anliegen dieser Arbeit ist eine breite Darstellung und Behandlung der Menschenrechte in Polen des 18. Jh., was ich unter Berücksichtigung verschiedener Aspekte der polnischen politischen, wirtschaftlichen und gesellschaftlichen Gegebenheiten im 18. Jh. in dieser Arbeit tue.

Im gegenständlichen Buch stehen im Zentrum der MENSCH und seine Situation sowie das Umfeld seines Lebens und seine RECHTE.

Jede Verfassung, wie auch die Verfassung vom 3. Mai 1791, beruht auf den drei Prinzipien – drei Säulen – der Gewalteinteilung gem. der Lehre Montesquieu vom Gleichgewicht der Gewalten, und zwar:

- die Gesetzgebung, Legislative,
- die Judikative
- und die Exekutive, bildet die verfassungsmäßige Gewalt des polnischen Staates im 18. Jh. gem. Verfassung vom 3. Mai 1791, als
- Grundlage eines Rechtsstaates,
- und der demokratischen Prinzipien unter Beachtung der Menschenrechte,
- und auch der Rechte der Minderheiten.

Der Reformer Hugo Kołłataj jener Zeit sagte:

> „Wenn wir die Gestaltung der polnischen Regierung nicht mit Menschenrechten beginnen, wenn wir nicht sagen, daß Polen das Land eines freien Volkes ist... dann täuschen wir uns nur selbst und werden zum Gespött freier Völker. Dann wird unser Land zu einem Dschungel, in dem abwechselnd eigene Oligarchie und fremde Gewalt uns quälen wird, bis der polnische Name völlig verschwindet [...] . Es kann ein Land nicht frei sein, in dem der Mensch ein Sklave ist".
>
> Hugo Kołłataj unterstützte Stanislaw Staszic, indem er verkündete „Gleichheit, Freiheit und Eigentum sind die notwendigsten und einfachsten Schlußfolgerungen aus den Menschenrechten [...]"[1]

---

1 Wojciech Witkowski, Die Verfassung vom dritten Mai. Ursprung einer modernen Nation und der Idee des polnichen Mannes" in: Helmut Reinalter, Peter Leisching (Hrsg.), Die polnische Verfassung vom 3. Mai 1791....S. 19

Die Entstehung dieses Buches musste hauptsächlich aus beruflichen Gründen und wegen des Wechsels der Wohnorte – und der Arbeitsplätze (Frankfurt a.M., Wien , Linz a. D., Gliwice, Prag, Warschau, London, Moskau, Katowice), einige Male unterbrochen werden.

Die konkreten diesbezüglichen Gründe sind darunter ausführlich angeführt.

Die geschichtlichen Fakten betreffend Polens des 18. Jh., festgehalten in diesem Buch, haben seit Beginn der Fertigstellung dieses Buches bis dato nicht an ihrer Aktualität verloren.

Im Jahre 2019 habe ich die diesbezügliche Literatur (insg. 36 Positionen), betreffend u.a. die Entstehung der Verfassung vom 3. Mai 1791, an der Österreichischen Nationalbibliothek in Wien zur Kenntnis genommen, und vor allem das mir empfohlene Buch von Helmut Reinalter, Peter Leisching (Hrsg.) mit dem Titel „Die polnische Verfassung vom 3. Mai 1791 vor dem Hintergrund der europäischen Aufklärung", Schriftenreihe der internationalen Forschungsstelle „Demokratische Bewegungen in Mitteleuropa 1770 –1850", herausgegeben von Reinalter, Band 23, Peter Lang Verlag, bei der Entstehung dieses Buches berücksichtigt.

Die gegenständliche Arbeit war ursprünglich als Dissertation an der Universität Frankfurt am Main gedacht, und in der Konzeption und in wesentlichen Teilen ist dieses Buch unter der Leitung von Univ. Prof. Dr. Gerhard Dilcher von der Universität Frankfurt am Main in den 70er-Jahren entstanden.

Nach meiner Übersiedlung nach Österreich habe ich bei Univ. Prof. Dr. Erwin Bader und Prof. Dr. Böhm in den 90er-Jahren an der Universität Wien am „Institut für Philosophie" (der Ex-Mitarbeiter Prof. Dr. Norbert Leser war zuletzt Ordinarius für Gesellschaftsphilosophie an der Universität Wien), die Fortsetzung der Fertigstellung dieses Buches in Angriff genommen, mit der Absicht zu dissertieren.

Aus beruflichen Gründen musste ich meine Arbeit am Buch wieder unterbrechen und in weiterer Folge später nach Polen, Oberschlesien, übersiedeln, wo ich mich zuerst als Radca Prawny, Rechtsberater in Opole/Oppeln und dann nach drei Jahren in Katowice/Kattowitz in der Schlesischen Rechtsanwaltskammer als Rechtsanwalt eintragen ließ.

Nach meinen längeren und sehr intensiven Bemühungen kam es zur Errichtung des Österreichischen Honorarkonsulates in Katowice, das ich im Grunde genommen allein betreute und führte.

Diese neuen Aufgaben und Aktivitäten in Katowice als Rechtsanwalt und am Österreichischen Konsulat abverlangten von mir sehr viel Zeit und eine intensive Befassung mit den neuen Aufgaben.

In weiterer Folge neben meiner Rechtsanwaltsarbeit führte ich als gebürtiger Oberschlesier – kostenlos – in polnischen Gerichten und am Europäischen Gerichtshof in Straßburg Gerichtsverfahren betreffend Anerkennung in Polen der Oberschlesier als ethnische Volksgruppe und deren Sprache als Regionalsprache sowie das Verfahren betreffend „Die schlesische Tragödie und Wiedergutmachung wegen Zwangsübersiedlung zur Zwangsarbeit nach Russland im Jahre 1945 am Beispiel von Jan Kołodziejczyk".

Gegenstand der o.a. Gerichtsverfahren am Landesgericht in Opole/Oppeln war auch die formell – rechtliche Anerkennung des Vereins „Stowarzyszenie Osób Narodowości Śląskiej – Verein der Personen, die sich zur schlesischen Nationalität bekannten" in der Volkszählung im Jahr 2002 und 2011 und am Landesgericht in Katowice/Kattowitz des „Związek Ludności Narodowości Śląskiej – Verein der schlesischen Bevölkerung als schlesische Nation".

Letztendlich haben sich die polnischen Gerichte gegen die vereinsmäßige Eintragung der o.a. Vereine ins polnische Vereinsregister ausgesprochen.

In Anbetracht der eingetretenen Ereignisse, die in unmittelbarem Zusammenhang mit den o.a. Gerichtsverfahren stehen dürften und die Sicherheit meiner Person und ggf. meiner Familie betrafen, habe ich von einer weiteren Führung der o.a. Prozesse vor dem Tribunal für Menschenrechte in Straßburg und in polnischen Gerichten Abstand genommen.

Am Kreisgericht (Sąd Rejonowy) und Landesgericht (Sąd Okręgowy) in Rybnik, sowie am Oberlandesgericht (Sąd Apelacyjny) in Katowice, am Obersten Gerichtshof (Sąd Najwyższy) in Warschau und am Tribunal für Menschenrechte in Straßburg vertrat ich – im ersten Musterverfahren nach dem Zweiten Weltkrieg – anwaltlich aufgrund einer Zivil – und Strafklage meines Mandanten Rudolf Kołodziejczyk im Verfahren betreffend „Die schlesische Tragödie und Wiedergutmachung wegen Zwangsübersiedlung zur Zwangsarbeit nach Russland im Jahre 1945 am Beispiel seines Vaters Jan Kołodziejczyk".

In diesem ersten Musterprozess nach dem Zweiten Weltkrieg beantragte ich auf der Grundlage des Art. 118 a des polnischen Strafgesetzbuches die rechtliche Anerkennung der Zwangsübersiedlung der Oberschlesier zur Zwangsarbeit nach Russland im Jahre 1945 **als Verbrechen gegen die Menschheit**.

Die o.a. polnischen Gerichte und – letztendlich der Oberste Gerichtshof (Sąd Najwyższy) in Warschau – schlossen sich der Argumentation und den Anträgen der klagenden Partei nicht an und der Oberste Gerichtshof (Sąd Najwyższy) in Warschau hat die Kassation der klagenden Partei als „selbstverständlich abgelehnt", ohne dies begründen zu müssen.

Einer der Gründe der Entscheidung des Obersten Gerichtshofes (Sąd Najwyższy) in Warschau dürfte meiner Meinung nach die fehlende Bereitschaft der Schaffung eines Präzedenzfalles für Zivilklagen bettreffend Wiedergutmachung von anderen Klägern sein.

Das Tribunal für Menschenrechte in Straßburg lehnte die eingereichte Klage ab, weil gemäß polnischer Regierungserklärung vom 7. April 1993, Polen die Zuständigkeit der Gerichtsbarkeit des Tribunals für Menschenrechte in Straßburg erst ab dem 01.05.1993 anerkannte.

In dem von mir verfassten Buch mit dem Titel „Zbiór pism procesowych w Sądach Rzeczypospolitej…", („Sammlung von Gerichtsschreiben in Gerichten in Polen"), zwei Bände, fanden u.a. die o.a. Gerichtsverfahren ihren Niederschlag.

Dieses o.a. Buch wurde zur Verfügung gestellt u.a. allen Universitätsbibliotheken in Polen sowie den Bibliotheken der Universitäten Wien, St. Andrew in Schottland, in London und der Kongressbibliothek in Washington.

Über das hinaus, als Mitglied der Schlesischen Rechtsanwaltskammer in Katowice habe ich, auf Anraten von Senior Präsidenten der European Bars Föderation und Senior Dekan der Rechtsanwaltskammer in Wien RA Michael Auer, und mit Zustimmung und Unterstützung vom Dekan der Schlesischen Rechtsanwaltskammer in Katowice Rechtsanwalt Roman Kusz vorgeschlagen und beantragt die Mitgliedschaft der Schlesischen Rechtsanwaltskammer in Katowice als Mitglied der European Bars Föderation (EBF).

Ich hatte die Ehre an den Kongressen u.a. der European Bars Föderation in Wien, Bilbao, Bologna, Krakau, Straßburg, Luxemburg, London, Barcelona teilzunehmen und die Ehre die Schlesische Rechtsanwaltskammer in Katowice an diesen Kongressen zu vertreten.

In diesem Zusammenhang wäre die Tatsache zu erwähnen, dass auf meine Initiative entstand die Partnerschaft zwischen der Schlesischen Rechtsanwaltskammer in Katowice, der Rechtsanwaltskammer Wien und der Rechtsanwaltskammer von Niederösterreich in St. Pölten, was meinerseits Zeitaufwand und Engagement verlangte.

Nach neuerlicher Überprüfung des Konzeptes, des Inhaltes sowie der Aktualität dieses Buches, gelangte ich zu der Überzeugung dieses Buch zu veröffentlichen.

Hanusek, den 03. Mai 2020, Josef Albert Fox

1.1 Widmungen

Ich verbeuge mich mit der nötigen Wertschätzung und widme dieses Buch meiner heldenhaften Mutter Elza, dem Vater Zefek, meiner großartigen Gattin Jadwiga sowie meinen Vorfahren.

Ich verbeuge mich mit der nötigen Wertschätzung und widme dieses Buch der POLNISCHEN NATION, zugleich mit dem Wunsch, dass die POLNISCHE NATION und Polen in Frieden, Demokratie und Gerechtigkeit leben mögen.

Ich verbeuge mich mit der nötigen Wertschätzung und widme dieses Buch Deutschland und der deutschen NATION zugleich mit dem Wunsch, dass deutsche Nation in Frieden, Demokratie und Gerechtigkeit leben mögen.

Ich verbeuge mich mit der nötigen Wertschätzung und widme dieses Buch der Europäischen Union, deren Werte ich aus tiefer Überzeugung teile und auch aus tiefer Überzeugung respektiere.

Ich verbeuge mich mit der nötigen Wertschätzung und widme dieses Buch den Oberschlesiern und deren Heimat unter dem tragischen schicksalhaften Kreuz der Geschichte mit dem Wunsch, dass die Oberschlesier und Oberschlesien in Zukunft in Würde, Frieden, Demokratie und Gerechtigkeit leben sowie ethnische Grundmenschentrechte auch international vertragsmäßig erlangen mögen.

Ich verbeuge mich mit der nötigen Wertschätzung und widme dieses Buch meiner Wahlheimat Österreich, zugleich mit dem Wunsch, dass die österreichische NATION und Österreich in Frieden, Demokratie und Gerechtigkeit leben mögen.

Nicht zuletzt verbeuge ich mich mit der nötigen Wertschätzung und widme dieses Buch allen Personen, die mich in meinem Leben positiv begleitet und geprägt haben, u.a mgr Witold Pawlik, Ex-Abg, zum polnischen Sejm Magdalena Dubiel, Senator Edmund Osmańczyk, Prof. Dr. Stefan Verosta, Senator Kazimierz Kutz, Botschafter Alfred Längle, Präsident der Schlesischen Rechtsanwaltskammer in Katowice, Rechtsanwalt mgr Roman Kusz, Ex-Präsident der Europäischen Föderation der Rechtsanwaltskammer und Ex-Präsident der Wiener Rechtsanwaltskammer Rechtsanwalt Dr. Micael Auer sowie mgr Kazimierz Sporoń, die die Auszeichnung „sapero auso“ verdienen.

1.2 Danksagung

Ich bedanke mich bei meinem verstorbenen Freund Werner Ertel, der mir den Anstoß gab, dieses Buch zu verfassen.

Ein besonderer Dank gilt Herrn Univ. Prof. Dr. Gerhard Dilcher von der Universität in Frankfurt am Main für seine Unterstützung und Begleitung beim Verfassen dieses Buches.

Ebenfalls möchte ich mich bei Herrn Univ. Prof. Dr. Erwin Bader und Herrn Prof. Dr. Böhm von der Universität Wien für die Betreuung bei der Fortsetzung meiner Arbeit herzlich bedanken.

Ich bedanke mich bei Herrn Dr. Reinhard Wind, der mir als Kollege aus der Zeit des Studiums an der Diplomaschen Akademie für die Unterstützung bei Fertigstellung des Buches behilflich war.

Frau Katharina Wlost vom Peter Lang Verlang gebührt für Ihre solide, fachlich kompetente und engagierte Unterstützung meiner Person bei der Herausgabe des Buches ein herzliches Dankeschön.

Abschließend möchte ich mich bei Frau Mag. Barbara Wiedera für die sprachliche Korrektur des Buches und bei Herrn Mag. Kamil Łysik für die Unterstützung bei der Erstellung Bibliografie bedanken.

1.3 „Seien Sie nicht gleichgültig“

Die historische Person Marian Turski sagte anlässlich des 75. Jahrestages der Befreiung von Auschwitz - Birkenau u.a.:

„Seien Sie nicht gleichgültig, wenn Sie historische Lügen sehen.

Seien Sie nicht gleichgültig, wenn Sie sehen, dass die Vergangenheit auf aktuelle politische Bedürfnisse ausgedehnt wird.

„Seien Sie nicht gleichgültig, wenn eine Minderheit diskriminiert wird“, betonte er. „Das Wesen der Demokratie besteht nicht nur darin, dass die Mehrheit (unter Beachtung der Gewaltenteilung auf Legislative, Judikative, Exekutive und Beachtung der Menschenrechte) regiert, aber die Demokratie besteht auch darin, dass die Minderheitenrechte (verfassungsmäßig und gemäß internationaler Vereinbarungen) geschützt und (verfassungsmäßig) beachtet werden müssen.
Seien Sie nicht gleichgültig, wenn eine Behörde (der Staat) gegen bereits bestehende, akzeptierte soziale (verfassungsmäßige und internationale z.B. mit der EU) Vereinbarungen verstößt.

Elfte Übergabe:

Seien Sie nicht gleichgültig.

Halten Sie sich an das Gebot.“

Am 1. Januar 1778 schrieb der polnische König seinem Vorgesetzten in der Loge „Rose Croix“ Folgendes:

„Ein redlicher Mann muss Wort halten“.

2 Einleitung

> „Es gehörte zum Schicksal Polens, mehr als die meisten anderen Länder als Schulbeispiel betrachtet zu werden." [1]

Die Jahre 1764–1795 der Geschichte Polens sind von wichtigen Ereignissen gekennzeichnet, die wegen der in diesem Zeitabschnitt unternommenen Reformen, vor allem der Verfassung vom 3. Mai 1791, im weiteren Sinne die Bezeichnung „Epoche der Reformen. Reformzeit oder Stanisław-Epoche" erhielten.

Während der Regierungszeit von König Stanisław August Poniatowski (1764–1795) kam es zu einem geistigen Umbruch, der wegen des außen- und innenpolitischen Druckes nicht voll zum Ausdruck kommen konnte.

Der praktischen Durchführbarkeit des Reformvorhabens waren, vor allem im außenpolitischen Bereich, enge Grenzen gesetzt. Dieser geistige Umschwung hatte politische, soziale und wirtschaftliche Veränderungen zum Ziel, welche in der ideologischen Konzeption der Reformatoren des Zeitalters der polnischen Aufklärung zum Ausdruck kamen.

Bei ihren Reformvorhaben stützten sich die polnischen Reformatoren auf die spezifisch national-polnische Tradition, die Ideen der Aufklärung sowie auf fremde Beispiele. Sie versuchten die politische, soziale und wirtschaftliche „Alleinherrschaft der polnischen Adelsnation" aufzubrechen und eine Beteiligung aller Einwohner Polens, besonders der polnischen Bauern und des polnischen Bürgertums an dem Gesamtleben Polens herbeizuführen. Das polnische Bürgertum und die polnischen Bauern der zweiten Hälfte des 18. Jh. sollten ebenfalls zum polnischen „Volk" zählen.

Eine breit angelegte publizistische Aktion der Vertreter der polnischen Aufklärung sollte für das Gelingen des Reformvorhabens in den Jahren 1764–1795, insbesondere für dessen Krönung, die Verabschiedung und die Verwirklichung der Verfassung vom 3. Mai 1791 sorgen.

---

1 Palmer, R. R., Das Zeitalter der demokratischen Revolution. Eine vergleichende Geschichte Europas und Amerikas von 1760 bis zur Französischen Revolution, Frankfurt am Main, 1970, S. 440. Die amerikanische Originalausgabe ist 1959 unter dem Titel „The Age of Democratic Revolution – A Political History of Europe and America, 1760–1800", erschienen.

Die Tätigkeit des „Vierjährigen Sejm“ (1788–1792) mit den während dieser Zeit verabschiedeten Gesetzen ist als Folge der Aufklärung in Polen anzusehen.[2]

In dem polnischen und fremden Schrifttum, welches das Zeitalter der Aufklärung im Zeitabschnitt 1788–1792 behandelt, werden im Wesentlichen die folgenden Fragen gestellt:

- wie entstand überhaupt die polnische Verfassung vom 3. Mai 1791 und wer ist ihr Verfasser,
- wie weit ist diese Verfassung als „reformatorisch“ anzusehen,
- wie kann man am besten die bestehenden Zusammenhänge zwischen dem Zeitalter der Aufklärung und der Verfassung selbst aufzeigen,
- wie fällt der Vergleich der polnischen Verfassung vom 3. Mai 1791 mit anderen Verfassungen dieser geschichtlichen Periode und den folgenden Verfassungen Polens aus?[3]

Wer der eigentliche Autor der Verfassung vom 3. Mai 1791 ist, wird in der Literatur nicht klar dargestellt. Einige Autoren vertreten die Meinung, dass die Verfasser der polnischen Verfassung vom 3. Mai 1791 unbekannt sind.[4]
ebenda.

---

2 Hinz Henryk, Sikora Adam, Polska myśl filozoficzna. Oświecenie. Romantyzm (Das polnische, philosophische Gedankengut. Aufklärung. Romantik), Warszawa 1964, S. 10 u. 11; Kowecki Jerzy, Posłowie debiutanci na Sejmie Czteroletnim. Wiek XVIII, Polska i Świat. Księga poświęcona Bogusławowi Leśnodorskiemu (Die Abgeordneten-Debütanten während des Vierjährigen Sejm. Das 18. Jh., Polen und die Welt. Ein Buch Bogusław Leśnodorski gewidmet), Warszawa 1974, S. 195.

3 Leśnodorski Bogusław, Dzieło Sejmu Czteroletniego (1788–1792). Studium historyczno-prawne (Das Werk des Vierjährigen Sejm. 1788–1792. Eine rechtshistorische Studie), Wrocław 1951, S. 6, 7 u. 8.

4 Diese Ansicht vertreten folgende Autoren: Wegner Leon, Dzieło dnia trzeciego i piątego Maja 1791 (Die Geschichte des Tages des dritten und fünften Mai 1791), Poznań 1865, S. 8; Weber Georg, Allgemeine Weltgeschichte, Band 13, Leipzig, 1878, S. 582; Die polnische Verfassung vom 3. Mai 1791, in: Neue Zeit, im 18. Jh. (1897) Bd. II, Stuttgart 1897, S. 678, 679; The Cambridge History of Poland, Bd. 2. From Augustus II. to Piłsudski (1697–1935), Hrsg. von W. F. Reddaway u.a. Cambridge 1951, S. 133–136; Hinz, Sikora, ebenda, S. 11; Biskupski Kazimierz, Zarys prawa państwowego PRL oraz niektórych państw obcych (Ein Umriss des Staatsrechtes der Volksrepublik Polen und einiger fremden Staaten), Warszawa 1962, S. 158; Jarra Eugeniusz, Historia polskiej filozofii politycznej, 1795 (Geschichte der polnischen politischen Philosophie), 1966–1795, London 1968, S. 281, 282; Ajnenkiel Andrzej, Leśnodorski Bogusław, Rostocki Władysław, Historia ustroju Polski (1764–1939) pod redakcją Bogusława Leśnodorskiego, wydanie II poprawione (Geschichte

Andere Autoren stellen die Geschichte der Entstehung der polnischen Verfassung vom 3. Mai 1791 folgendermaßen dar: So schreibt der Amerikaner R. R. Palmer, dass „Fürst Radziwiłł, Ignacy Potocki, Hugo Kołłątaj und andere, eine Anzahl von Geheimsitzungen mit König Stanisław August Poniatowski abhielten, bei denen letzterer ein Schriftstück vorlegte, das er ‚Gedanken eines älteren Staatsbürgers' nannte, und das seine patriotischen Mitarbeiter als annehmbaren Verfassungsentwurf begierig aufgriffen. Er legte seinen Verfassungsentwurf dem Sejm vor, den der aufgeschreckte Sejm sofort ‚durch Akklamation' annahm. So entstand die berühmte Verfassung vom 3. Mai".[5]

---

der polnischen Grundordnung, 1764–1939, unter der Redaktion von Bogusław Leśnodorski, zweite verbesserte Ausgabe), Warszawa 1970, S. 93; Feldman W., Geschichte der politischen Ideen in Polen seit dessen Teilung, München und Berlin 1917, S. 22–25; Halecki Oskar, Geschichte Polens, Frankfurt am Main, S. 162–163; Balzer Oswald, Konstytucya Trzeciego Maja. Reforma społecznej i politycznej ustawy rządowej z r. 1791. Wydanie drugie (Die Verfassung vom 3. Mai. Die gesellschaftlichen und politischen Reformen des Regierungsgesetzes aus dem Jahre 1791. Zweite Ausgabe), Lwów 1907; Baron Manteuffel-Szoege, Georg, Geschichte des polnischen Volkes während seiner Unfreiheit 1772–1914, Berlin, S. 10; Die europäischen Verfassungen seit dem Jahre 1789 bis auf die neueste Zeit von Karl Heinrich Ludwig Politz, Dritter Band, Leipzig 1833, S. 3; Polens Schicksale seit 1763 bis zu dem Augenblicke, wo es sich für unabhängig erklärte, Paris 1831, S. 42; Bobińska Celina, Historia Polski (1764–1831) (Geschichte Polens, 1764–1831), Warszawa 1951, S. 95; Historia Polski (Makieta), T. II, 1764–1864 (Geschichte Polens, Makieta, Band 2), Warszawa 1955, S. 203–208; Handelsman Marcel, Konstytucje Polskie 1791–1921. Wydanie trzecie poprawione (Die polnischen Verfssungen 1791–1921, dritte, verbesserte Ausgabe). Warszawa 1922, S. V, VI; Rhode Gotthold, Kleine Geschichte Polens, Darmstadt 1965, S. 32, 321; Kraszewski, J.,I., Polska w czasie trzech rozbiorów 1772–1799. Studya do historyi ducha i obyczaju (Polen im Zeitalter der Teilungen. Studien aus der Geistes- u. Kulturgeschichte, Bd. 3), Poznań 1873–1875, Warszawa 1902, S. 5; Kaczmarczyk Zdzisław, Leśnodorski Bogusław, Historia Państwa i Prawa Polski, T.II od połowy XV wieku do r. 1795, pod red. Juliusza Bardacha, wyd. drugie poprawione i uzupełnione (Geschichte des Staates und des Rechtes Polens seit der Hälfte des 15. Jh. Bis zum Jahre 1795, unter der Red. v. J. Bardach, zweite vervollständigte Ausgabe, Band 2), Warszawa 1966; s. auch die gleiche Ausgabe aus dem Jahre 1957, S. 429.

5 Palmer, R. R., ebenda, S. 457.

Georg Weber nennt in seiner „Allgemeinen Weltgeschichte“ Ignacy Potocki „den Hauptheld des dritten Mai“ und er spricht von „Urhebern der Mairevolution“, ohne sie näher zu bezeichnen.[6]

Celina Bobińska bezeichnet die Väter der Verfassung vom 3. Mai 1791 als „Partei der Reformen mit König Stanisław August Poniatowski an der Spitze“. Als leitende Person der Redaktionsarbeiten bei der Bearbeitung der Verfassung vom 3. Mai 1791 bezeichnet sie Hugo Kołłątaj.[7]

Helena Michnik und Ludwika Mosler schreiben in ihrer Gemeinschaftsarbeit „Historia Polski do roku 1795“ – „Geschichte Polens bis zum Jahre 1795“, dass der Entwurf der Verfassung vom 3. Mai 1791 von Stanisław Małachowski, Ignacy Potocki, Hugo Kołłątaj und König Stanisław August Poniatowski ausgearbeitet wurde.[8]

Einige Autoren bezeichnen Ignacy Potocki „als die wichtigste Person“ dieses Ausschusses, den man mit der Ausarbeitung der eigentlichen Verfassung beauftragte. Ebenso wird Hugo Kołłątaj als wichtiger Mitautor der polnischen Verfassung vom 3. Mai 1791 bezeichnet.[9] In der „Cambridge History of Poland“ kann man über Hugo Kołłątaj Folgendes lesen: „he became one of the most active men in the preparatory work on the constitution“.[10]

Akiyoshi Nakayama von der Kyoto Universität, vertritt in seiner Arbeit „The Polish Constitution of May 3, 1791 and the role of H. Kołłątaj“, Kyoto 1972, den Standpunkt, dass Hugo Kołłątaj bei der Ausarbeitung der Verfassung vom 3. Mai 1791 eine führende Rolle inne hatte.

In den Jahren 1764–1795 gingen die Reforminitiativen in Polen in der Regel von Einzelgängern (wie z.B. von Leszczyński, Konarski, Zamoyski, Staszic und Kołłątaj) aus. Die Führer und Ideologen der politisch und wirtschaftlich mächtigen Magnatenfraktionen (z.B. die Czartoryskis, die Potockis, die Poniatowskis) entfalteten eigene Reforminitiativen.

Eine entscheidende Rolle bei der Verwirklichung des Reformvorhabens spielte die Frage der Unterstützung der Reformmaßnahmen durch die Nachbarn Polens, die an Polen interessierten Staaten, die mächtigen Magnatenfamilien

6 Weber, ebenda, S. 584, 586. Dieselbe Meinung vertritt diesbezüglich Lelewel Joachim in seinem Buch „Panowanie króla polskiego Stanisława Augusta Poniatowskiego (Die Herrschaft des polnischen Königs St. A. Poniatowski), Bruksela 1847, S. 131.

7 Bobińska, ebenda, S. 115.

8 Michnik Helena und Ludwika Mosler, Historia Polski do roku 1795 (Geschichte Polens bis zum Jahre 1795), Warszawa 1961, S. 414.

9 Bobińska, ebenda.

10 The Cambridge History of Poland, ebenda, S. 132.

und durch den polnischen Adel (z.B. durch den Beschluss des Zamoyski-Kodex).

Was die Entstehung und die Außerkraftsetzung der polnischen Verfassung vom 3. Mai 1791 betrifft, bezieht sich jede der eben zitierten Meinungen jedoch nur auf einen Teil der vielschichtigen Problematik.

Ziel dieser vorliegenden Arbeit ist es, die bestehenden Zusammenhänge, die zur Entstehung 1791 und Außerkraftsetzung der polnischen Verfassung vom 3. Mai führten, aufzuzeigen.

I. Erstes Kapitel

1. Teil: Polen in der zweiten Hälfte des 18. Jh.

Außen- und innenpolitische, soziale, verfassungsrechtliche, wirtschaftliche und konfessionelle Verhältnisse

Allgemeine Sicht

In Polen kam es zu einer Belebung des geistigen und wirtschaftlichen Lebens nach merkantilistischen und kameralistischen Prinzipien.

Ein Beweis dafür ist die Reform des Piaristen- und des jesuitischen Schulwesens, die Entstehung der politischen Literatur, das Aufblühen der Manufakturen, Werkstätten und Kleinfabriken (Betriebe) mit Kapitalbeteiligung des Adels und die Ausübung der verschiedenen Künste.

Einzelne Magnatenfamilien – vor allem die Czartoryskis – sowie auch die polnische Priesterschaft bildeten die aufgeklärteste Avantgarde der polnischen Gesellschaft der zweiten Hälfte des 18. Jh., die daran interessiert war, die politischen und wirtschaftlichen Unzulänglichkeiten zu beseitigen und infolgedessen eine weitgehende Reform des polnischen Staates zu vollziehen.

Die Bevölkerungsstruktur, der soziale Standesbegriff, die wirtschaftlichen Verhältnisse und insbesondere das politische Bild Polens der zweiten Hälfte des 18. Jh. sollte mithilfe von Reformen einem Wandel unterzogen werden und eine entsprechende Neugestaltung erfahren.

Um die Ursachen der verschiedenen politischen, gesellschaftlichen und wirtschaftlichen Missstände, sowie die im Spannungsfeld zu ihnen stehenden Reformbestrebungen besser zu verstehen, sollte man auf eine Schilderung, der für diese Arbeit wichtigen und eben erwähnten Komponenten, nicht verzichten.

Wichtig wäre auch zu untersuchen, wie sich die außenpolitischen Komponenten auf die Gesamtsituation des polnischen Staates der zweiten Hälfte des 18. Jh. sowie auf den Reformeifer auswirkten.

2. Teil: Bevölkerungsstruktur Polens der zweiten Hälfte des 18. Jh.

Die polnische Gesellschaft der zweiten Hälfte des 18. Jh. bestand nicht nur aus Polen und Katholiken, sondern auch aus anderen ethnischen Gruppen und Nichtkatholiken.

Die Inanspruchnahme von politischen und zivilen Rechten war nicht allen im polnischen Staate lebenden Menschen im gleichen Maße möglich.

Schon innerhalb der polnischen ethnischen Gruppe konnte nur eine kleine Minderheit am politischen Leben Polens teilnehmen und vor Gericht das Gesetz in Anspruch nehmen.

So ein Zustand führte zu verschiedenen – vor allem – politischen Spannungen, löste Unzufriedenheit aus und stellte eine der Ursachen der Schwäche des polnischen Staates dar.

Die Frage der Behandlung der in Polen lebenden Minderheiten gab Russland und auch Preußen eine ausgezeichnete Gelegenheit auf das Geschehen in Polen Einfluss zu nehmen.

Im 18. Jh. vor der ersten Teilung (1772) betrug die Fläche des polnischen Staates 727 700 (ca. 730 000) km².

Auf Kronpolen entfielen 414 700 km² und auf Litauen 312 000 km².[1]

Polen bestand im 18. Jh. aus folgenden ethnischen Gruppen:

(berechnet in Tsd.) 1791 Provinzen 1772	**Rep.**	**zedierte**	**Polen**	**in Prozenten**
Polen	3.930	1.890	5.82	41,8
Ruthenen	2.070	1.410	3.480	25,0
Weißruthenen	820	93	1.750	12,6
Litauer	770	--	770	5,5
Juden	900	300	1,200	8,0
Deutsche	150	375	3,8	
Russen (Altgläubige)	50	90	140	1,0
Letten	--	95	95	0,7
Andere	110	10	120	0,8

1 Hoensch, Jörg Konrad, Sozialverfassung und politische Reform. Polen im vorrevolutionären Zeitalter, Köln, Wien 1973, S. 83; Rostworowski, Emanuel, Ostatni król Rzeczypospolitej, Geneza i Upadek Konstytucji 3 Maja (Der letzte König der Respublika. Genese und Niedergang der Verfassung vom 3. Mai), Warszawa 1966, S. 34, 35 u. 45; vgl. auch Vielrose Egon, Ludność Polski od X do XVIII wieku (Die Bevölkerung Polens vom 10. Jh. bis zum 18. Jh.), in: Kwartalnik Historii Kultury Materialnej, Nr. 5 (1957) 1, S. 3–49; vgl. auch von demselben Autor, Przyczynek do demografii szlachty polskiej (Ein Beitrag zur Demografie des polnischen Adels), in Przegląd statystyczny 1 (1938) 3–4, S. 328–342.

Im 18. Jh. bekannten sich 52,8% der Bevölkerung Polens zur katholischen Konfession des römischen Ritus. 29,2% der damaligen polnischen Bevölkerung übten den griechischen Ritus aus.[2]

Im Jahre 1771 hatte Polen noch 11,5 (11,4) Mio. Einwohner. Nach der ersten Teilung, die im Jahre 1772 erfolgte, zählte die Bevölkerung Polens nur noch 7,5 Millionen. Von diesem eben erwähnten Bevölkerungsstand gehörten 73% dem Bauerstand, 9% dem Stande der Geistlichen und der Szlachta (dem Adel) an. Die Bewohner der polnischen Städte waren an dieser Bevölkerungsgröße mit 7% beteiligt und die Juden mit 10%.

Nach Angaben aus anderen Quellen verringerte sich nach der ersten Teilung der Bauernstand in Polen um ca. 4,21 Mio., 290 000 Adlige, 300 000 Bürger sowie um ca. 300 000 Juden.[3] In der zweiten Hälfte des 18. Jh. war in Polen nur ca. eine halbe Million - 300 000 - des Adels im Genuss des politischen Lebens.

Der überwiegende Teil der polnischen Bevölkerung lebte im untersuchten Zeitabschnitt eher in einem Zustande der Sklaverei - in tiefer Versklavung - in einer Situation, in der der Leibeigene einer Sache gleichgestellt war.[4]

---

2 Genaue Angaben sind diesbezüglich bei Hoensch, ebenda, S. 186 und bei Leśnodorski, Dzieło..., S. 18, 19 zu finden.

3 Hoensch, ebenda, S. 82, 83, 153, Fußnote 6. Die gleichen Angaben macht Stanisław Kutrzeba in: Konstytucja trzeciego Maja. 1791 roku, wyd.2, Kraków, S. 9, 19. Den Angaben von Kutrzeba zufolge stieg die Zahl der Einwohner Polens bis zum Jahre 1788 auf 5,8 Mio. Die Autoren Kaczmarczyk und Leśnodorski beziffern die Zahl der polnischen Bevölkerung vor der ersten Teilung mit 11 Mio., nach der ersten Teilung mit ca. 6,6 Mio. und im Jahre 1791 mit 8,8 Mio. (s. Kaczmarczyk, Leśnodorski, Historia Państwa i Prawa Polski od poł. XV w. do r. 1795 pod red. J. Bardacha (Geschichte des Staates und Rechtes Polens seit der Hälfte des 15. Jh. bis zum Jahre 1795 unter der Red. von J. Bardach), Warszawa 1957, S. 366; vgl. auch Leśnodorski, Dzieło ... S. 18.

4 Wegner, Dzieło dnia trzeciego ..., S. 13; Rostworowski, Ostatni ..., S. 194, 195; Rostworowski ist der Meinung, dass der größte Teil der polnischen Bevölkerung „poza nawiasem Rzeczypospolitej i prawa ziemskiego – „als Randerscheinung der Republik und des Rechtes“ lebte. Vgl. Hoensch, Sozialverfassung ..., S. 84, 85, 152, 163, 167,369; s. z.B. Bardach, Juliusz, Historia Państwa i Prawa Polski (Geschichte des Staates und Rechtes Polens, Warszawa 1957, S. 29, 39, sowie Leśnodorski, Dzieło..., S. 247, Fußnote 3.

Naruszewicz, H. Kołłątaj und F.S. Jezierski versuchen die Genese des polnischen Staates mit der Theorie der „najazd-Invasion der Slaven" zu erklären. Dieser Theorie zufolge entstand aus den Siegern die herrschende Klasse (die Szlachta), und aus den Besiegten nahmen die Bauern (die Sklaven) ihren Anfang.

Nur ca. eine halbe Million der damaligen polnischen Bevölkerung lebte in Städten, wobei der Teil der jüdischen Bevölkerung, die in den Städten lebte, in dieser Zahl nicht inkludiert ist. Die Juden lebten damals hauptsächlich in kleinen Städten oder teilweise auf dem Lande, wo sie im Kleinhandel Beschäftigung fanden.

Die Zahl der in Städten lebenden Juden schwankte in der zweiten Hälfte des 18. Jh. zwischen 750 000 und 900 000.[5]

---

5 Palmer, ebenda, S. 442; Hoensch, Sozialverfassung ..., S. 82, 83, 180, 186; Leśnodorski, Kaczmarczyk, Historia..., (1957), S. 73–75; Leśnodorski, Dzieło..., S. 247; Blaban, Majer A., Z historyi Żydów w Polsce. Szkice i studya (Zur Geschichte der Juden in Polen. Skizzen und Studien), Warszawa, 1920; Gumplowicz, Ludwik, Stanisława Augusta projekt reformy Żydostwa polskiego (Der Entwurf von Stanisław August Poniatowski bezüglich der Reform der Lage der polnischen Juden), Kraków 1875, Tęczyński, Józef und Franciszek Kulczycki, Liczba głów żydowskich w koronie z taryf r. 1765 (Die Kopfzahl der Juden in Kronpolen nach den Steuerlisten des Jahres 1765), in: Archiwum Komisji Historycznej Akademii Umiejętności, Krakow 1898, S. 388–407; Lastik, Stanisław, Z dziejów oświecenia żydowskiego. Ludzie i fakty (Aus der Geschichte der jüdischen Aufklärung. Menschen und Tatsachen), Warszawa 1961; Kutrzeba, Stanisław, Sprawa żydowska w Polsce. Szkic historyczny (Die Judenfrage in Polen. Historische Skizze), Lwów O. J.; Mahler, Rafał, Dzieje Żydów w Polsce przedrozbiowej (Geschichte der Juden in Polen vor den Teilungen), Warszawa 1946; Mahler, Jidn jin emalika Poljn jin licat fun ci firn – Żydzi w dawnej Polsce w świetle cyfr. Struktura demograficzna i socjalno-ekonomiczna Żydów w Koronie (Die Juden im alten Polen im Lichte der Zahlen. Die demographische und sozial-ökonomische Gliederung der Judeschaft in Kronpolen im 18. Jh.), Warszawa 1958; Mahler, Żydzi w dawnej Polsce w świetle liczb. Struktura demograficzna Żydów w Koronie w XVIII wieku (Die Juden im alten Polen im Lichte der Zahlen. Die demographische Gliederung der Judenschaft in Kronpolen im 18. Jh.), in: Przeszłość demograficzna Polski. Materiały i studia. Warszawa 1967, S. 131–180; Smoleński, Stan i sprawa Żydów polskich w XVIII wieku (Die Lage und die Frage der polnischen Juden im 18. Jh.),Warszawa 1876.

Erwähnenswert ist die Tatsache, dass die Einwohnerzahl Warschaus in der Zeit zwischen 1764 und 1791 von 30 000 auf 120 000 stieg, woraus man schließen kann, dass die neuen geistigen Strömungen des Zeitalters der Aufklärung, sowie die wirtschaftlichen Bemühungen sich auch sehr positiv auf die Entwicklung der polnischen Städte auswirkten.[6]

Zwischen der Bevölkerungsstruktur und den Ständen der polnischen Gesellschaft der zweiten Hälfte des 18. Jh. bestand logischerweise eine enge und wechselseitige Beziehung, die im nächsten Abschnitt dieser Arbeit zum Ausdruck kommen wird.

3. Teil: Der soziale Standesbegriff in Polen des 18. Jh.

Ähnlich wie in anderen Ländern Europas des 18. Jh. gab es auch in Polen verschiedene Begriffe von „Stan" – „Stand".

Einerseits trug die eine Bezeichnung „Stan" nur einen rein staatsrechtlichen Charakter und „Stand" nur in einer Beziehung zur Verfassung der polnischen Adelsrepublik und bezog sich nicht auf das soziale Gefüge. Anderseits wieder gab es eine zweite Bezeichnung von „Stan", die nur die Lebensart, den Beruf und die verschiedenen Elemente der sozialen Wirklichkeit beschrieb.

Mit der Eingliederung der Stände in die politisch-rechtlichen Überlegungen fand eine Verschmelzung des staatsrechtlichen und des sozialen Inhalts des Begriffes, statt. Die polnischen Magnaten, als Stand gesehen, waren prinzipiell an irgendwelchen Reformen des herrschenden politischen und gesellschaftlichen „Status quo" in Polen nicht interessiert. Die Geistlichkeit bildete in Polen des 18. Jh. keinen einheitlichen und geschlossen Stand.

Die hohen Würdenträger der römisch-katholischen Kirche Polens kamen jedoch aus dem Adelsstand und leiteten die Verwaltung von riesigen Teilen des Landes. Was ihre Machtbefugnisse und auch ihr Reichtum anlangt, da waren sie diesbezüglich den mächtigen und einflussreichen Magnaten, Ministern, Senatoren, Wojewoden und Kastellanen in der Tat gleichgestellt.

Die Einwohner der polnischen Städte hatten im 18. Jh. keine politischen Rechte und sie waren leider nur Bürger ihrer Stadt, die als solche überhaupt nicht die Möglichkeit hatten, am politischen Leben Anteil zu nehmen. Die polnischen Bauern waren im 18. Jh. politisch gesehen noch schlechter als die

6 Drozdowski, Marian, Zahorski, Andrzej, Historia Warszawy, wyd.II, (Geschichte Warschaus, zweite Ausgabe), Warszawa 1975; Palmer, ebenda., S. 443; Rostworowski, Ostatni …, ebenda.

Städter gestellt. In der Tat unterstanden die Bauern nicht dem Schutze des Staates.

Nur der polnische Adelstand bildete einzig und allein die „politische Nation" Polens. Der Adelsstand war es, der vollkommen die politischen Privilegien der „Freiheit" genießen konnte. Aus diesem Grund erhielt der polnische Adelsstand auch die Bezeichnung „übermäßige Parasiten". Der Adel identifizierte sich mit dem eigentlichen „Polen", er betrachtete sogar die polnische „res publika" als eine ihm angehörende politische und wirtschaftliche Einrichtung.

Auf diese Art und Weise entstanden Gegensätze und eine tiefe Kluft zwischen dem Adelsstand und den polnischen Bauern sowie den Städten. Der Nichtadel stellte die Untertanenschaft dar, dieser wurde als das „gemeine Volk" bezeichnet und nahm keinen Anteil am politischen Leben.[7]

Jezierski charakterisiert in seinem „Katechizm o tajemnicach rządu polskiego" – „Katechismus der Geheimnisse der polnischen Regierung" die Verhältnisse in Polen des I8. Jh. folgendermaßen:

> „In dieser Republik, geschaffen durch Privilegien und die Missordnung, herrsch der König, der Senat und die Ritterschaft, die drei Stände und noch nur der Edelmann, denn sowohl der Senator und der Landbote sind Edelleute. Es ist für den menschlichen Verstand undringbares Mysterium, wie die Republik, welche doch nur einen Adelstand hat, aus diesem Stande auf so wundervolle Weise drei Stände macht, wie auch, dass sie aus der einzelnen Person des Königs einen ganzen Stand machen konnte."[8]

An einer anderen Stelle seines „Katechismus..." beschreibt er die Verhältnisse in Polen nach der Wahl August III. mit folgenden Worten:

> „Weil die Edelleute in Polen Menschen sind, gibt es unter ihnen Arme und Reiche, Gelehrte und Ungebildete, Verständige und Dumme. Aber sie haben als wichtigstes Privileg in ihrer Konstitution, dass sie trotz aller dieser Unterschiede der Vorsehung einander alle gleich sind; und sobald einer in Polen Schlachcic ist, hat er weder Armut noch Dummheit, sondern die heilige Gleichheit des Rechts hebt ihn über all dies empor, was die Vorsehung in Anteilen unter den Menschen verteilt hat. Wann zeigt sich diese Gleichheit der Szlachta in der Nation? Auf den Landtagen. Wie lange dauert es, dass einer dem ändern gleich ist? So lange, wie der Komödiant auf dem Theater

---

7 Hoensch, ebenda, S. 52, Fußnote 131; Kutrzeba, Konstytucja trzeciego Maja ..., S. 14, 15; Wegner ebenda, S. 32; Krupiński; ebenda, S. 12, 13; Die polnische Verfassung vom 3. Mai 1791, S. 674; Feldman, W., ebenda, S. 13; Leśnodorski, Dzieło..., S. 33; A l s die Ursache des Untergangs des polnischen Staates betrachtet der polnische Historiker Lelewel die im 17. Jh. errungene Vorherrschaft der polnischen Magnaten (s. Bardach, Historia Państwa i Prawa (1957), S. 32).

8 Hoensch, ebenda, S. 55.

Achilles, Cäsar, Äneas oder sonst ein Held sein darf. Auf welche Art geschieht das? Das ist in jeder Provinz anders. Wie kommt die Adelsgleichheit zustande? In Großpolen gibt es adlige Pflastertreter in den Städten, das sind Bettler, Tagesdiebe, Trinker, ja häufiger Gauner."

„Wenn ein Landtag angesetzt ist, lassen die begüterten Herren ihre Monturen aufbessern und kleiden diese Landstreicher ein. Jeder schleppt seine Partei zum Landtag, unterhält sie, nennt sie Herr Bruder. Da zeigt sich dann plötzlich und mit einem Male die Gleichheit, und wie zeigt sich die Gleichheit im Adelsstande in den kleinpolnischen Provinzen? Die Herren haben große Güter und große Starosteien. Darin haben sie zinspflichtigen Adel, der sich an Elend, Einfältigkeit und Pflichten in nichts von der Untertanenschaft unterscheidet. Da befehlen sie zum Landtag zu gehen wie zum Scharwerk und eine nominierte Person zum Landboten oder zu Deputierten zu wählen, und wenn die andere Seite dagegen ist, sich in der gewohnten Weise zu prügeln, so wie es in jedem Lande bei Grenzstreitigkeiten üblich ist. Diesem gemeinen Adel wird in reichem Maße Branntwein oder Met ausgeschenkt, und sie nennt sie unsere Brüder, Vivat Gleichheit und Freiheit. Der gleiche Szlachcic, den der Verwalter mit der Peitsche zur Arbeit treibt, wird nun seinem Herrn gleich. Ähnlich kann man vom sonstigen adligen Kleinkram in den anderen Wojewodschaften berichten."[9]

Die politische, wirtschaftliche und soziale Stellung des Adels, der Bauern und des Bürgertums war in der zweiten Hälfte des 18. Jh. grundsätzlich verschieden und von starken Gegensätzen geprägt.

Eine nähere Schilderung der Stellung der polnischen Stände der damaligen Zeit soll dies verdeutlichen.

4. Teil: Die Stellung des Adels

Wie schon erwähnt, stellte der polnische Adel im 18. Jh. einen politisch und wirtschaftlich privilegierten Stand dar. Er bildete die eigentliche „politische Nation" Polens. Der polnische Adel wird als eine Gemeinschaft von Einzelpersonen, denen subjektive Adelsrechte zustanden, bezeichnet. Die Abstammung war das einzige und ausschlaggebende Kriterium, nach dem über die Zugehörigkeit zum Adelsstande entschieden wurde.

Es bestand jedoch die Möglichkeit im Wege der Inanspruchnahme der Institution der Nobilitierung sowie der Erteilung. sog. Indigenats, dem Adelsstande beizutreten. Prinzipiell aber konnte man nur auf dem Wege der Abstammung (Geburt) die Adelszugehörigkeit erlangen.

---

9 Ebenda, S. 54–235.

Nichteheliche Kinder eines Adligen waren nicht berechtigt, Anspruch auf die Aufnahme in den Adelsstand zu erheben. Erst im Jahre 1768 wurde ihnen dieses Recht zugesprochen, aber unter der Bedingung, dass die Eltern des Kindes später heiraten und somit die Abstammung des Kindes legalisieren.

Das sog. Nobilitierungsrecht lag im Befugnisbereich des Königs, welches er sehr häufig beanspruchte. Jede Nobilitierung, die der polnische König im Jahre 1578 für die Dauer eines Sejms oder eines Krieges erhielt, musste seit dem Jahre 1601 seitens des Sejms eine Bestätigung erfahren. Man unterwarf derselben Beschränkung die Befugnis der Hetmanen, das tapfere Verhalten eines Soldaten während einer Schlacht mit der Vergabe eines Adelstitels auszuzeichnen. Um die Zugehörigkeit in den Adelsstand zu erlangen, musste der Bewerber zur katholischen Kirche des lateinischen Ritus angehören.

Später erhielt die in den Adelsstand aufgenommene Person erst nach der dritten Generation alle Privilegien des polnischen Adelsstandes. Den Angaben von Hoensch zufolge gab es in den Jahren 1578–1601 334 Familien, die in den Adelsstand erhoben wurden. Wieder in den Jahren 1601–1764 wurde 366 und in den darauffolgenden Jahren 1764 bis 1795 746 Personen der Adelstitel verliehen. Durch Adoptionen und durch die 355 Fälle von Indigenatsverleihungen erhöhte sich die Zahl der polnischen Adelsfamilien auf 1856.[10]

Die in Polen akkreditierten Diplomaten, sowie Angehörige des russischen Heeres, brachten den „Wunsch“ zum Ausdruck, in den polnischen Adelsstand aufgenommen zu werden, was in den Jahren 1578–1795 auf dem Wege einer Indigenatsverleihung in 355 Fällen stattfand.

So zum Beispiel gelang es dem sächsischen Premierminister im Jahre 1748, mithilfe ungesetzlicher Mittel den polnischen Adelstitel zu erlangen. Auch für die in Litauen ansässigen orthodoxen Juden bestand die Möglichkeit in den Adelsstand aufgenommen zu werden, falls sie zum katholischen Glauben wechselten. Der „Konvokationssejm“ aus dem Jahre 1764 sprach sich gegen die Aufnahmemöglichkeit der Juden in den Adelsstand aus. Immerhin konnte man im Jahre 1795 114 jüdische Adelsfamilien zählen.

Um der Zugehörigkeit zum Adelsstande neue Werte zu verleihen – vor allem politische und wirtschaftliche Unabhängigkeit – wurde im Jahre 1775 eine Regelung getroffen, welche besagte, dass innerhalb eines Jahres nach der erfolgten Aufnahme in den Adelsstand, die aufgenommene Person Landgüter im Wert von 50 000 Zloty und im Falle der Verleihung des Indigenats solche im Wert von 20 000 Zloty nachweisen muss.

---

10 Hoensch, ebenda, S. 65–68; Leśnodorski, Dzieło …, S. 18, 19.

Die alten Kriterien der Zugehörigkeit zum Adelsstande fanden infolge der Reformarbeiten immer seltener Beachtung und stattdessen nahm man bei der Verleihung des Adelstitels solche Kriterien, wie z.B. die ausgeübte Funktion, der erlernte Beruf sowie das Eigentum in Anspruch.

Besonders in der Zeit nach der ersten Teilung Polens (1772) ist in der aufgeklärten Publizistik ein Wandel des Begriffes „Nation, Freiheit, Gleichheit und Unabhängigkeit" festzustellen.

Der polnische Adel des 18. Jh. stellte staatsrechtlich gesehen keine Einheit dar. Vielmehr könnte man mit Berechtigung behaupten, dass der polnische Adel sich aus drei „Ständen" zusammensetzte, nämlich aus:

- dem König (ordo regnis),
- dem Senat (ordo senatorius)
- und der Ritterschaft (ordo questris).

Seit dem 14. Jh. war es dem polnischen Adel möglich Schritt für Schritt die eigene Position auf Kosten der Stellung des Königs und der übrigen Stände zu einer „absoluta potestas" auszubauen.[11]

Schon mit dem Vertrag von Kaschau aus dem Jahre 1374 ist es dem polnischen Adel gelungen, wichtige Königsprivilegien an sich zu reißen. Infolgedessen musste der polnische König auf Privilegien militärischer, öffentlicher und fiskalischer Natur verzichten. Jedoch der König Ludwig von Ungarn erhielt dafür die Zustimmung des Adels, die Thronfolge in Polen ändern zu dürfen.

Die stufenweise stattfindende Schwächung der Position des Königs und der anderen Stände führte letztendlich dazu, dass der polnische Adel folgende Privilegien für sich in Anspruch nehmen konnte:

- der Wahl des Königs viritim,
- der Steuerfreiheit,
- des Monopols der staatspolitischen Rechte,
- des Monopols des Rechtes auf Besitz von Landgütern,
- der Besetzung aller weltlichen und geistlichen Ämter,
- der Zollfreiheit,
- des Schankrechts.

11 Hoensch, ebenda, S. 68–71, 55, 105–113, 118–189, Fußnote 6.

So eine Anzahl von Privilegien in Hand nur eines Standes berechtigt zu der Feststellung, dass der polnische Adel im 18. Jh. im Vergleich zu anderen Ständen der polnischen Gesellschaft nur Privilegien und kaum staatspolitische Pflichten hatte, die er übrigens selbst bestimmte.[12]

5. Teil: Der Status der polnischen Bauern

Der polnische Historiker und Soziologe Adam Leszczyński schreibt auch in seinem Buch „Ludowa histoia Polski – Die Volksgeschichte Polens", Ausgabe 2020, nebst anderer und zitierte Autoren, die Bezug nehmen auf das o.a. Buch von Leszczyński , dass: „[…] die [polnischen] Bauern vom Sohn Noahs Cham abstammten und der [polnische] Herr von Jafeta. Dann galten die (polnischen) Herren als Erben der Sarmaten, Vandalen oder von einem anderen Volk der Krieger, aber die (polnischen) Bauern betrachtete man als eroberte Bevölkerung".[13]

Der Soziologe Kazimierz Dobrowolski schrieb noch in den 1920ern über die „anthropologische Differenz": „Ihm zufolge ist bei dem (polnischen) Adel

12 Hoesch, ebenda, S. 11, 55–59, 61–65; vgl. auch Die polnische Verfassung vom 3. Mai 1791, S. 674, 675, wie auch Rostworowski, E, Zdrowie i niezdrowie polskich Magnatów XVI-XVIII w. (Gesundheit und Krankheit der polnischen Magnaten im 16. 18. Jh.), in: Kwartalnik Historyczny 76 (1969) 4, S. 865–887; Morawski, Pogląd na opozycję magnacką między pierwszym rozbiorem a Sejmem (Meinung über die Magnatenposition zwischen der ersten Teilung und dem Vierjährigen Sejm), in: Studia historyczne wydane ku czci Prof. W. Zakrzewskiego, Kraków, 1908, S. 371–387; Możnowładztwo polskie na tle dziejów, T. l. Do końca XVII w. (Die polnische Oligarchie im Lichte der Geschichte, Bd. 1, Bis zum Ende des 17. Jh., Warszawa 1914; Kuchowicz, Zbigniew, Jeszcze o zdrowiu i niezdrowiu Magnatów XVII XVIII w. (Nochmal über die Gesundheit und Krankheit der Magnaten im 17. u. 18. Jh.), in: Kwartalnik Historyczny 77 (1970), S. 394–403; Kuchowicz, Społeczne konsekwencje postępującej degeneracji możnowładztwa polskiego w XVII XVIII w. (Die gesellschaftlichen Konsequenzen der zunehmenden Degeneration unter den polnischen Magnaten im 17. Jh.), in: Kwartalnik Historyczny 76 (1969) l, S. 21–43; Zajączkowski, Szlachta brukowa (Der Steinpflaster-Adel), in: Kultura i społeczenstwo 2 (1958) 3, S. 49–73; Zajaczkowski, Z dziejów inteligencji polskiej. Studia historyczno-socjologiczne (Zur Geschichte der polnischen Intelligenz. Historisch-soziologische Studien), Wrocław 1962; Zajączkowski, Z problematyki polskiej kultury szlacheckiej (Aus der Problematik der polnischen Adelskultur), in: Kultura i społeczeństwo 1 (1957) 2; S. 63–82; Żernicki-Szeliga, Geschichte des polnischen Adels, Hamburg, 05; Maciszewski, Jarema, Szlachta polska i jej państwo (Die polnische Szlachta und ihr Staat), Warszawa 1969.

13 Adam Leszczyński „Ludowa historia Polski – Die Volksgeschichte Polens", Ausgabe 2020 sowie FYI / Quote; „Ludowa Historia Polski" Review und Artikel in Historia, „Chata Wuja Jana – Haus vom Onkel Jan", Unterredung zwischen dem Autor des

der übliche Typus subnordischer (Herkunft), (talentiert, aber leichtsinnig) und nordisch, (mit einem Sinn für Organisation) festzustellen. Beim (polnischen) Volk sehen wir oft den vorslawischen Typus, weniger talentiert, weniger wahrscheinlich, um die intellektuelle Elite zu erreichen. [...] Noch im 20 Jahrhundert gab es eine wissenschaftliche Theorie, dass die (polnischen) Herren und die (polnischen) Untertanen aus anderen Nationen (Völker) stammen. Deshalb ist das (polnische) Volk nicht selbständig, primitiv, unfähig sich selbst zu regieren, sie brauchen (das polnische Volk) eine ‚lichte' Fürsorge".
Obwohl der überwiegende Teil der polnischen Bevölkerung Bauern waren und den größten Beitrag zum Wirtschaftsleben Polens leisteten, wurde ihnen eine entsprechende Anteilnahme am politischen, wirtschaftlichen und geistigen Leben Polens verweigert.

Im Jahre 1791 lebten in Polen ca. 6,365 (6,4) Mio. Bauern, was 72,7% der Gesamtbevölkerung ausmachte. Von diesen 6,4 Mio. lebten:

1 000 000	-	15,7% als „freie Pächter",
190 000	-	33,0% auf königlichen Tafelgütern,
840 000	-	13,2% auf den Staatsdomänen,
860 000	-	13,5% auf den Gütern der katholischen Kirche,
3 465 000	-	54,5% auf den Gütern des Adels.

Die erste Gruppe von Bauern zählte zu den Freisassen. Die folgenden Gruppen gehörten zu „glebae adscripti". Was die Religionszugehörigkeit anbelangt, da gaben sich von den 6,4 Mio. Bauern 3,4 Mio. als katholisch, 2,6 Mio. als uniert und 300 000 als orthodox aus.

Der polnische Historiker Tadeusz Korzon beschrieb die Stellung der polnischen Bauern folgendermaßen: „Die Sklaverei (niewola) des polnischen Bauern auf den Adelsgütern kam der Sklaverei im alten Rom nicht gleich, aber sie übertraf an Grausamkeit den französischen „servage" und die deutsche

Buches und prof. dr. Adam Leszyczyński und Łukasz Lipiński; Wojciech Orliński, Od Sarmaty po biznesmena, czyli historia elit i ludu – Seit dem adligen Geschlecht bis zum Geschäftsmann, das ist die Geschichte der Eliten und des Volkes " in: Gazeta Wyborcza" vom 25. Jänner 2021, S. 16; Adam Leszczyński „ Polska w czasach niewolnictwa. Kmieć na zastaw i na sprzedaż- Polen in der Zeit der Sklaverei – reicher Bauer als Pfand und für den Verkauf", in Allehistoria, Gazeta Wyborcza vom 14 November 2020; Krystyna Naszkowska, Dzieje wyzysku i upadlania – Geschichte der Mißachtung, des Niederganges, des Verfalls" in: Alehistoria, Chłopi. Dzieje wyzysku i upodlania – Bauern. Geschichte der Ausbeutung der Mißachtung, des Niederganges, des Verfalls; in: Gazeta Wyborcza, Ausgabe, 14 November 2020, S. 2,3,4,5.

„Leibeigenschaft"". Der polnische Bauer war verpflichtet, verschiedene Frondienste zu leisten, wie z.B. sog. tłoka, szarwark, gwałt, pomoc.

Im 18. Jh. bestand der polnische Bauerstand aus ca. 40% Armen:

- Häuser (zagrodnicy, hortulani, auch ogrodnicy genannt, die ein kleines Stück Land zur Verfügung hatten),
- Kätner (chałupnicy) und
- Einlieger (komornicy).

Der Teil des Bauerstandes – ca.30%, der auf den königlichen Tafelgütern und auf den Gutsbesitzungen der katholischen Kirche und auf den Staatsdomänen lebte, hatte eine bessere formell-rechtliche Stellung, weil die Bauern auf den königlichen Tafelgütern theoretisch befugt waren, gegen ihre Verwalter gerichtlich vorzugehen.

Aus dieser Möglichkeit hatten die Bauern kaum Gebrauch gemacht, weil die Gerichtskosten zu hoch waren und das Gerichtsverfahren in der Regel einen schleppenden Charakter trug.

Die verschiedenen Leistungen, zu denen die Bauern verpflichtet waren, insbesondere die „Fronarbeit", stellten so eine gewichtige Belastung dar, dass sie von den Bauern kaum zu verkraften waren und folglich den Prozess der Pauperisierung der polnischen Bauern beschleunigten.

Dem polnischen Adel gelang es auf dem Wege des Gewohnheitsrechtes zum einzigen Schiedsrichter über Habe, Leben und Gewissen seiner Untertanen zu werden. Der adlige Grundbesitzer wurde somit zum Richter der ersten und letzten Instanz. Er nahm diejenigen Kompetenzen wahr, die normalerweise den staatlichen Stellen zustanden.

So eine Stellung der polnischen Bauern wurde von einigen Autoren mit „Sklaverei" bezeichnet. Andere Autoren verneinen dies und kommen zu der Überzeugung, dass die Bauern eher in einem Zustand der Leibeigenschaft lebten.[14]

---

14 Hoensch, ebenda, S. 35, 86, 153, 158–159, 161–163, 169,171–173; die polnische Verfassung vom 3. Mai 1791 ..., S. 675; das Werk von Korzon, Wewnętrzne dzieje Polski...,war dem Autor dieser Arbeit zugänglich; Weber, ebenda, S. 563; Leśnodorski, Dzieło ...,S. 106, 107; Bobińska, ebenda, S. 110, 111; Michnik, Mosler, ebenda, S. 361–363; Leśnodorski, Kaczmarczyk, Historia państwa...(195), S. 31, 360–362; Palmer, ebenda, Lament chłopski na pany oraz inne narzekania na niedole poddanych polskich (Klagen der Bauern über die Herren und andere Beschwerden über die Not der polnischen Leibeigenen), Hrsg. von St. Szczotka, Warszawa 1946; Materialy do sytuacji na Ukrainie prawobrzeżnej i ruchów hajdamackich lat 50-tych i 60-tych XVIII w. z korespondencji Jerzego Wandalina Mniszcha (Materialien über die Lage in der rechtsufrigen Ukraina und über die Unruhen unter den Hajdamaken in den 50er- und

Der jahrelang andauernde Zustand der Ausbeutung des Bauernstandes in Polen und das Fehlen der politischen, sozialen und wirtschaftlichen Verantwortlichkeit des Adelsstandes, führte letztendlich zur Ruin des Bauernstandes und zu Unruhen unter den Bauern.

Die über mehrere Generationen hin andauernde politische Abstinenz und wirtschaftliche Unterdrückung der polnischen Bauern hatte zur Folge, dass der Bauernstand sich nicht als Teil der nationalen Wirklichkeit betrachtete. Dieser Zustand war die Ursache dafür, dass sich bei den polnischen Bauern nur ein gewisser Landespatriotismus entwickelte.

Schon in den 40er-Jahren des 18. Jh. kann man erste Anzeichen von Reformbestrebungen der polnischen Bauernfrage feststellen. Diese Reformbewegung machte sich zur Aufgabe, den politischen sozialen und wirtschaftlichen Status der polnischen Bauern zu verändern.

Die Bauern selbst gehörten selbstverständlich nicht zu den aktiven Autoren der Reformarbeiten ihres Status. Ein allgemeines Konzept der Reform der Bauernfrage wurde nicht ausgearbeitet.

Die Absichten der Reformer der Bauernfrage waren, gemessen an der polnischen innen- und außenpolitischen Realität zu wenig realistisch. Um die Reformen durchführen zu können, versuchte die polnische aufgeklärte Reformpublizistik des 18. Jh. zuerst dem Adel den schlechten sozialen Status des polnischen Bauernstandes und die daraus für die polnische Landwirtschaft resultierenden negativen Folgen vor Augen zu führen. Deswegen leiteten die polnischen Reformer eine nur schrittweise stattfindende Reform der Bauernfrage ein. Es war ihnen bewusst, dass man ihre Reformpläne nur dann mit gewünschtem Ergebnis verwirklichen und die Zustimmung der an Polen, interessierten Staaten, insbesondere Russland und Preußen bekommen wird, wenn die eventuellen Verluste für die Interessen des Adels kaum eintreten. So ein Reformresultat konnte bestenfalls nur eine Linderung ihrer Lage, aber keine wesentliche Reform ihres Status bedeuten.

Wojciech Orlinski schreibt bezugnehmend auf dem Buch von Adam Leszczyński „Ludowa historia Polski – Die Volksgeschichte Polens",

60er-Jahren des 18. Jh. aus der Korrespondenz von J.W.M.) Hrsg. von A. Podraza und E. Rostworowski, in: Przegląd Historyczny 47 (1956), S. 143–160; Materiały z dziejów chłopa wielkopolskiego w drugiej połowie XVIII w., Z ksiąg grodzkich… (Materialien zur Geschichte der Bauern in Großpolen in der zweiten Hälfte des 18. Jh. Aus den Grundbüchern … 7, Hrsg. Von J. Deresiewicz, 3 Bde. Wrocław 1956–1957; Nowe wydawnictwo źródłowe do historii chłopów w Polsce w drugiej połowie XVIII w. (Neue Quellenangaben zur Geschichte der Bauern in Polen in der zweiten Hälfte des 18. Jh.), Hrsg. von St. Śreniowski, in: Nowe Drogi, 5 (1956), S. 143–160.

„....Leszczynski spottet nicht, sondern entlarvt diesen Mythos mit nackten Fakten. Aus der Sicht der polnischen Bauern war die Abschaffung der Leibeigenschaft wichtiger als die Erlangung der Unabhängigkeit. Die polnischen Dorfbewohner (Bauern) verdanken die Befreiung von Leibeigenschaft und Sklaverei nicht dem polnischen Staat, nicht der polnischen Verfassung vom 3. Mai 1791 (Kapitel IV - Bauern, Landleute), sondern den fremden Mächten in den polnischen Teilungsgebieten (tylko zaborcom), d.i. dem russischen Zaren (1864), Preußen (1808) und Österreich (1848). Die Angst, dass mit der polnischen Unabhängigkeit die Rückkehr der Leibeigenschaft drohte, war in der Zweiten Republik real spürbar und sogar Gegenstand von (politischen) Wahlkämpfen.
An einigen Orten in Polen sind bis heute Denkmäler erhalten, die die polnischen Bauern als sog. „Kreuze/ Denkmäler der Dankbarkeit", gewidmet dem russischen Zaren Mikolaj dem I. /Aleksander dem II. als Zeichen der Dankbarkeit für die Befreiung von Leibeigenschaft und Sklaverei im Jahre 1864 aufstellten, unter denen sie Dornenkronen, als Symbol des Leidens, Handschellen und Ketten vergruben und schworen, die Rückkehr in Polen von heimischer Gewalt, Ausbeutung, Leibeigenschaft und Sklaverei zu verhindern.
Im unabhängigen Polen wurden die meisten von diesen „Kreuzen/Denkmälern der Dankbarkeit" abgerissen, aber manchmal war diesbezüglich der Widerstand der lokalen Gemeinschaft zu stark.[15]
Stellen Sie sich vor, wie die Fragen des Patriotismus und die Staatsgründungsidee in solchen Dörfern gesehen wurden!
Die polnische Elite hatte sich das selbst zuzuschreiben. Schließlich hatten sie den Bauern gerade gesagt: Das ist nicht euer Land, sondern unseres, das des Adels – es gehört uns, weil wir euch erobert haben".[16]

Laut Adam Leszczyński hat sich der Rechtstatus des polnischen Bauer im Zeitabschnitt von Mitte des 16 Jhd. bis Mitte des 18 Jhd drastisch verschlechtert, die Bauern sind zu einem „beweglichen Gegenstand – rzeczy ruchomej" geworden.[17]

Folge der schrecklichen Unterdrückungen waren Aufstände der Bauern. Der schlimmste Aufstand war der Aufstand der Bauern in Galizien im Jahre 1846 unter der Führung von Jakub Schela, bekannt auch als „rześ galicyjska" – als Symbol der Grausamkeit der polnischen Bauer gegenüber den polnischen Herrschern (pany) und die feudalen Strukturen der schrecklichen Untergerechtigkeit und Unterdrückung polnischer Bauern.

---

15 „Vor 152 Jahren schaffte man die Leibeigenschaft ab", in: TZ – Tygodnik Zamojski" Nr.13 vom 30.3.2016) samt Kommentare.

16 Wojciech Orlinski, Od Sarmaty po biznesmena, czyli historia elit i ludu – Vom adligen Geschlecht bis zum Geschäftsmann, Geschichte der Eliten und des Volkes, in: Gazeta Wyborcza., Ausgabe vom 25 Jänner 2021.

17 Adam Leszczyński „ Polska w czasach niewolnictwa. Kmieć na zastaw i na sprzedaż-Polen in der Zeit der Sklaverei – reicher Bauer als Pfand und für den Verkauf", in Allehistoria, Gazeta Wyborcza vom 14 November 2020.

6. Teil: Der Status der polnischen Städte im 18. Jh.

Die Bewohner der polnischen Städte waren ähnlich wie die Bauern den Privilegien der Adelsnation ausgeliefert.

Eine Verbesserung ihrer Lage wurde angestrebt, was jedoch nur teilweise von Erfolgen gekrönt war.

Unter dem Begriff „Stadt“ verstand man im 18. Jh.:

- die staatliche Stellung der Städte,
- den wirtschaftlichen Status der Städte,
- den sozialen und zivil-rechtlichen Status der Bewohner der Städte, sowie des einzelnen Bürgers.

Im Jahre 1791 wurden in Polen 1414 Städte gezählt, deren Gesamtfläche ca. 1% der Fläche des damaligen polnischen Staates in Anspruch nahm.

Nur sechs Städte konnten eine Einwohnerzahl von mehr als 10 000, 44 Städte eine Einwohnerzahl von 3 000 bis 10 000 nachweisen. Solche Verhältnisse im städtischen Bereich entsprachen durchaus der damaligen urbanen Situation, auch in Westeuropa.

445 Städte hatten nicht mehr als 100 sog. Rauchfänge, d. h.d. h. nicht mehr als 600 Einwohner. 918 kleine Städte konnten nur eine Zahl von 50–600 Einwohnern nachweisen.

Im Grunde genommen kann man in Polen des 18. Jh. zwei Arten von Städten unterscheiden:

- königliche Städte – miasta królewskie und
- Adelsstädte oder auch Archestädte – miasta szlacheckie.

Sie gehörten zum privaten Eigentum des Adels und als solche waren sie nicht der staatlichen Rechtsprechung unterstellt.

Die oben genannten Städte zählten ca. 700 000 Einwohner, die sich in der Regel nur mit wirtschaftlichen Aufgaben befassten und ihren Schwerpunkt im landwirtschaftlichen Bereich hatten. Von den 214 königlichen Städten befanden sich in Polen nur 126 und in Litauen nur 11 mit einer Einwohnerzahl von mehr als 600.

Nicht nur die wirtschaftliche Stellung der Einwohner der Städte war von Nachteilen gekennzeichnet, sondern auch ihr politischer und zivil-rechtlicher Status war bei Weitem demjenigen des Adels entfernt.

Als Beispiel dafür kann die Situation des Bürgertums im 18. Jh. dienen, das im Jahre 1791 ca. 1,2 Mio. Einwohner zählte, das sind ca. 13,5%, wobei von dieser Zahl nur eine halbe Million die Vorteile der Bürgerrechte genoss. Anderen

Angaben zufolge stellte im 18. Jh. die Bevölkerung der polnischen Städte ca. 23% und in der Zeit der ersten Teilung (1772) 7% der Gesamtbevölkerung dar.[18]

Die Kriegsfolgen aus dem 17. und 18. Jh. wirkten sich negativ auf die Gesamtsituation der polnischen Städte aus. So zum Beispiel hatte die Stadt Wilna im 17. Jh. noch 60 000 Einwohner, aber im Jahre 1777 nur noch eine Zahl von 21 000.

Auch die Stadt Krakau blieb nicht unverschont und musste ebenfalls eine Verminderung der Einwohnerzahl von 80 000 auf 16 000 verzeichnen.

Erfreulicherweise konnte die Hauptstadt Warschau während der Regierungszeit von Stanisław August Poniatowski eine relativ hohe Steigerung der Einwohner feststellen.

Die allgemein schlecht gesehene Stellung der polnischen Städte und deren Bewohner kamen in folgender Beschreibung von Jezierski zum Ausdruck:

> „Die Städte setzen sich zusammen aus ihren Namen und ihren Ruinen und ihre Bewohner sind bedeckt mit der Würde ihrer alten Rechte, mit der vollkommenen Verachtung der Szlachta und der Unterdrückung durch die Starosten. Der Bürgermann ist kein voller Mensch, sondern er ist ein Mittelding zwischen dem Menschen Szlachcic und dem Nichtmenschen Bauer, der Bürgergeist um es in der Sprache der Theologie auszudrücken, eine substantia incompleta".[19]

Schritt für Schritt gelang es dem polnischen Adel, den polnischen Städten immer mehr Privilegien wegzunehmen.

Aber auch das Selbstverschulden trug zu der schlechten Situation der polnischen Städte bei, indem sie im 15. Jh. auf ihre Vertretung im Sejm verzichteten und im 16. Jh. die zuerst angestrebte Zulassung zum Sejm fallen ließen.

So konnte der polnische Adel, die im späten Mittelalter erworbene Vorrechte der polnischen Städte, vor allem im Kommunalbereich (Getreide-, Vieh-, Holzhandel-, Stapelrecht sowie die dem Bürgertum zustehende Gewinnspanne) in den eigenen Machtbereich eingliedern.

Übrig blieben fiskalische Belastungen, die dem Bürgertum und auch den polnischen Bauern aufgezwungen wurden und die objektive Belastbarkeit der beiden Stände überschritten.

Die polnischen Städte mussten im 18. Jh. dem Adelsstaat folgende Arten von Steuern entrichten:

---

18 Hoensch, Sozialverfassung ..., S. 131, 133, 134, 143–151; vgl. auch Leśniodorski, Dzieło ..., S. 30, 31. Den Angaben von Kieniewicz und Kula zufolge gab es im Jahre 1775 sechs große Städte, 75 kleinere und fast 800 des bäuerlichen Typus, die weniger als 300 Häuser zählten, in: Historia Polski, Band 2, 1764–1795, Warszawa, S. 166–175.

19 Hoensch, ebenda, S. 3.

- Kopfgeld (pogłowne),
- Schankakzise (czopowe),
- Winterquartiere (hiberna),
- Rauchfangsteuer (podymne),
- Marktabgabe, mit Ausnahme der Adelsprodukte, für alle auf dem städtischen Markt verkauften Waren.

Bei jeder Neuwahl des Monarchen konnten die Privilegien der polnischen Städte vom jeweiligen Monarchen nach Zahlung eines beträchtlichen Betrages in die Privatkasse des neu Gewählten bestätigt werden. Die städtischen Magistrate beschränkten sich bei der Ausübung der Gerichtsbarkeit nur auf die Stadt „sensu stricto".

Stufenweise gelang es dem polnischen Adel und dem Stand der Geistlichkeit, immer mehr Eigentum im städtischen Bereich zu erwerben. Den beiden eben erwähnten Ständen ist auch gelungen, sich die Immunität „von den Verordnungen und Gesetzen der städtischen Verwaltung und Rechtsprechung" zu verschaffen. Dies alles führte zur politischen und wirtschaftlichen Schwächung der polnischen Städte und auch dazu, dass die städtische Verwaltung sich nicht imstande sah, ihre Anordnungen in die Tat umzusetzen. Infolgedessen fielen die erhofften Steuereinnahmen aus.

Die damalige Gesetzgebung erlaubte bis zum Jahre 1775 den polnischen Städten nicht, den Überschuss der ländlichen Bevölkerung abzufangen. Auch der Toleranzakt aus dem Jahre 1768 erwies sich für die Einwanderungszwecke den Städten kaum dienlich.

Der mögliche Übertritt der geistigen Elite des polnischen Bürgertums zum Adelsstand bedeutete für die Städte eine zusätzliche qualitative Schwächung. In der zweiten Hälfte des 18. Jh. war unter den Vertretern des Bürgertums der Gedanke, dass das Bürgertum in der Vergangenheit wichtige politische und wirtschaftliche Privilegien genoss, noch immer ein lebendiges Faktum.[20]

Die Reformer des Status der polnischen Städte versuchten, mit den an den Sejm gerichteten Schriften die Aufmerksamkeit der polnischen Öffentlichkeit auf die ungünstige Lage der polnischen Städte zu lenken.

So zum Beispiel gehörten in der polnischen politischen Publizistik Józef Potocki, Józef Wybicki, Stanisław Konarski, Stanisław Leszczyński, Stanisław

20 Hensch, ebenda, S. 143–148; vgl. auch Deresiewicz, Zmiany w strukturze społecznej miast pod koniec istnienia Rzeczypospolitej szlacheckiej w zwierciadle przyjęć do prawa miejskiego (Veränderungen in der Sozialstruktur der Städte gegen Ende des Bestehens der Adelsrepublik im Spiegel der Aufnahme in das Städtische Recht),

Staszic und Hugo Kołłątaj zu denjenigen, die an einem Wandel der gegenwärtigen ungünstigen Lage der Städte starkes Interesse zeigten und dies ihren Mitbürgern vor Augen führten und zugleich die Bedeutung der Städte für das polnische Gesamtleben hervorheben versuchten. Die Reformatoren stießen jedoch mit ihrem Reformvorhaben, besonders beim polnischen Adel auf wenig Verständnis. Erst während der Zeit des „Vierjährigen Sejm" zeigte sich der Adel bereit, auf einen Teil seiner Privilegien zugunsten der Städte zu verzichten.

Die Französische Revolution, die steigende Bedeutung der Marktwirtschaft im Wirtschaftsleben Polens haben die neuen Überlegungen bezüglich einer Reform des Status der polnischen Städte stark beeinflusst und fanden in den Akten des „Vierjährigen Sejm" ihren Niederschlag.

7. Teil: Das politische Bild Polens der zweiten Hälfte des 18. Jh. unter Berücksichtigung der Einflussnahme Russlands und Preußens.

Polen, ähnlich wie die holländische Republik, lebte in der zweiten Hälfte des 18. Jh. unter einer von fremden Mächten garantierten Verfassung.

Sowohl im Falle Polens als auch der Niederlande verfolgten die fremden Mächte das Ziel, die Aufrechterhaltung der „historischen Freiheiten" des Adels und der bestehenden Gesellschaftsordnung.

Zwischen dem Königreich Schweden des 18. Jh. und der polnischen Adelsrepublik bestand ebenfalls eine Ähnlichkeit. Wie in Schweden, so auch in Polen baten die mächtigen Magnaten während der Freiheitszeit sehr oft ausländische Kräfte um Hilfe.

Einige Magnaten ersuchten um russische Hilfe, andere wieder um die türkische, die schwedische oder die französische. Sogar stellten fremde Mächte Geldbeträge zur Verfügung, um auf diesem Wege die politischen Ereignisse in Polen zu ihren Gunsten zu beeinflussen. Politisch einflussreiche Polen betrachteten solche Einnahmen als eine ihnen rechtmäßig zustehende Einnahmequelle.

Diese Einstellung zu politischen Dingen führte dazu, dass am Anfang des „Vierjährigen Sejm" (1788–1892) der russische Gesandte in Polen, von Stackelberg, die Besorgnis seiner Regierung über die Reformbestrebungen in Polen mit folgenden Worten dämpfte:

---

in: Kwartalnik Historyczny 63(1956), S. 23–28; Goldberg, Jakub, Stosunki agrarne w miastach ziemi wieluńskiej w drugiej poł. XVII w. i w. XVIII (Die landwirtschaftlichen Verhältnisse in den Städten der Landschaft Wieluń in der zweiten Hälfte des 17. u. 18. Jh.), Łódź 1960.

> „Ich habe den Tarif für den Patriotismus des größten Teils dieser Gesetzgeber in der Tasche".[21]

Nicht nur die mächtigen Nachbarn Polens, sondern auch Versailles, Madrid und Vatikan schickten Geld und Instruktionen nach Warschau, um dort das politische Geschehen zu bestimmen.[22]

Das waren die Gründe, warum man in Europa des 18. Jh. Polen als ein „feudales, gotisches" Land, oder auch als einen „großen naturwirtschaftlichen Anachronismus" bezeichnete. Dadurch wollte man den Charakterzug des sekundären Mittelalters in Polen zum Ausdruck bringen.

Diese Zustände führten dazu, dass man sich berechtigt sah, von der Entstehung einer „anarchistischen Doktrin" in Polen zu sprechen. Diese Adelsdoktrin sprach sich nicht nur gegen eine starke königliche Exekutive aus, sondern sie war auch gegen einen funktionsfähigen Sejm und gegen Warschau als Symbol des Sitzes einer zentralen Gewalt.

Jedes Abrücken von Prinzipien dieser Doktrin wertete man als Entstehung einer absolutistischen und republikanischen Ideologie und als Angriff auf den bestehenden politischen und gesellschaftlichen „Status quo".[23]

Diese Doktrin wird auch mit folgenden Worten beschrieben:

> „Dass der polnische Adelsstaat unter den bestehenden anarchistischen Missständen nicht die Kraft der Selbsterhaltung besitzt, dass er rettungslos unterliegen müsse, sobald ein stärkerer über ihn käme, war schon längst allen Einsichtigen klar geworden, aber dass man die Möglichkeit einer Verjüngung und Wiedergeburt durch Selbsthilfe und Ermannung abschnitt, dass man sich Miene eines Beschützers und

21 Weber, ebenda, S. 580; vgl. auch Wegner, ebenda, S. 14, 15; Feidman, W. ebenda, S. 13; Palmer, ebenda, Die „Gazeta Rządowa- Regierungszeitung", Nr. 53 vom 2 5. September 1794 veröffentlichte auf der Seite 212 ein Geheimdokument, das aus der russischen Botschaft in Warschau stammte und Angaben über Bestechungsgelder der Teilungsmächte zum Inhalt hatte. Diesen Angaben zufolge erhielt König Stanisław August Poniatowski im Jahre 1773 von den drei Teilungsmächten 6 000 Zloty in Gold (s. dazu Giełżyński, Prasa warszawska 1661–1914 (Die warschauer Presse 1661–1914), Warszawa 1962, S. 80, 81; wie auch Hoensch, ebenda, S. 273, Fußnote 13.

22 Vgl. auch Rostworowski, Ostatni …, S. 22; vgl. auch Huppe, Siegfried, Verfassung der Republik Polen, Berlin 1867, S. 12–14; Schmitt, ebenda, S. 41; Loret, M. Rzym a Polska w początkach panowania Stanisława Augusta Poniatowskiego (Rom und Polen in den Anfängen der Herrschaft von Stanisław August Poniatowski), in Przegląd Współczesny, 6 Jahrgang, 1927, Band 23, S. 214, 501–5017.

23 Rostworowski, Ostatni …, S. 15–20; vgl. auch Leśnodorski, Dzieło …, S. 20; Kutrzeba, ebenda, S. 10, 1; Hüppe, ebenda, S. 9; Kieniewicz, Kula, ebenda, S. 35; Kalinka, ebenda, S. 15; Die polnische Verfassung …, S. 675, 676; Wegner, ebenda, S. 13, 14,

Erhalters der Freiheit gab, während man doch Zweck der Selbstsucht und eigenen Machtvergrößerung verfolgte, hat der polnischen Nation die Sympathien der Völker damals und in der Folge erworben".[24]

Diese Adelsdoktrin kam in der Praxis auch dadurch zum Ausdruck, dass die Minister und Senatoren ihre eigenen Ziele und Interessen mit denen des polnischen Staates gleichsetzten. Die Begriffe „Patriotismus" und „Nation" legte man standesrechtlich und nicht den nationalen Interessen entsprechend aus. Die Königswahl, die „pacta conventa", das „Liberum Veto" und die Konföderation werden als die „Schaufeln zu Polens Grabe" bezeichnet.[25]

Der polnische Sejm wurde zu einem Ort, an dem fremde Interessen sehr stark zum Ausdruck kamen. Fremde Bestechungsgelder haben viele Male sogar das sog. „Liberum Veto" veranlasst.

Sehr deutlich konnte man Eingriffe von ausländischen Mächten in Polen bei jenen Versammlungen feststellen, an denen der polnische Adel seit dem Jahre 1572 einen König wählte, wobei den größten Einfluss gewann Russland, als sich dieses unter Peter dem Großen an der europäischen Politik beteiligte.[26]

Im 18. Jh. hatte der polnische Staat den Charakter eines relativ losen Staatssystems, das aus mehreren verschiedenen Obrigkeiten und auch privaten Herrschaftssphären bestand. „Jedes noch so kleine Vorwerk war selbständiges Ganzes, ein kleiner isolierter Staat, der einen Selbstherrscher und

---

15; Bobińska, ebenda, S. 1, 2; Leśnodorski, Rzeczypospolita w drugiej połowie XVIII w. Typ państwa i zmiany formy rządu (Die Republik der zweiten Hälfte des 18. Jh., Typus des Staates und Änderungen der Regierungsreform) in: Przegląd Historyczny, Band 42, 1951, S. 129–160; Starościak, Jerzy, O administracji polskiej w XVIII w. (Über die polnische Verwaltung im 18. Jh), in: Państwo i prawo, Jahrgang 7, 1952, S. 717; Hoensch, ebenda, S. 2, 3, 35, 51, 93; Manteuffel-Szoege, ebenda, S. 4. Hoensch spricht von der Existenz der „Korruptionsideologie" in Polen des 18. Jh. (s. Hoensch, ebenda, S. 227, 228).

24 Weber, ebenda, S. 540.

25 Hoensch, ebenda, S. 322,374; Rostworowski, ebenda, S. 19, 21; Leśnodorski, Dzieło …, S. 33, 34; Grodziński, Obywatelstwo w dawnej szlacheckiej Rzeczypospolitej (Das Bürgerrecht in der Adelsrepublik), Kraków 1963; Bardach, Juliusz, Czy istniało obywatelstwo w szlacheckiej Rzeczypospolitej (Gab es in der delsrepublik eine Staatsbürgerschaft), in: Czasopismo Prawno-Historyczne, 17 (1965) S. 261–266; Hüppe, ebenda, S. 5, 21, 22; vgl. Hoensch, ebenda, S. 341, 342.

26 Weber, ebenda, S. 540, 541, 573; vgl. Leśniodorski, ebenda, S. 79; Rhode, ebenda, S. 306, 307; Rostworowski, Ostatni …, S. 22, 23, 43; Krupiński, ebenda, S. 384; Hoensch, ebenda, S. 2, 242, 243, 314, 315; Hüppe, ebenda, S. 5.

Erbuntertänige hatte".[27] Die Krone, formell betrachtet, war die höchste politische Instanz der polnischen Republik.

Die polnische Republik des 18. Jh. bezeichnet man auch als eine „Föderation von Nachbarstaaten" bis zum Ausmaß einer Wojewodschaft. Sie trug nicht den Charakter einer formalisierten nachbarlichen Föderation.

Diese polnische Republik zählte nicht mehr als 64 Landtagsbezirke. Die Wojewodschaft – als Verwaltungseinheit gesehen – ist als Produkt „einer natürlichen, aber nicht geschichtlichen organisierten Entwicklung anzusehen".[28] Ereignisse, die außerhalb so einer politischen Einheit stattfanden und die die Lebensinteressen des dortigen Adels nicht betrafen, waren nicht beachtet.

Der polnische König und seine Verwaltungsorgane wurden nicht als „Verwaltungszentrale" angesehen. Die mächtigen polnischen Magnaten betrachteten ihn vielmehr als einen politischen Fremdkörper ohne verbindliche Autorität.

Allgemein gesehen kann gesagt werden, dass das Desinteresse, welches in der Allmacht der Magnaten, der Selbstüberschätzung und Gleichgültigkeit fast des gesamten Adels gegenüber dem politischen und wirtschaftlichen Schicksal des polnischen Staates zum Ausdruck kam, trug im 18. Jh. entscheidend zu der ungünstigen Lage Polens bei.[29]

Die Gesetzlosigkeit, die Parteiwut und die Unterdrückung des polnischen Volkes durch den politisch und wirtschaftlich übermächtigen Adelsstand werden als Quelle des Unglücks angesehen.[30]

Im Jahre 1768 wurde in Polen die erste schriftliche Verfassungsurkunde ins Leben gerufen.[31] Sie beinhaltet in 24 Artikeln die „Kardinalrechte" der polnischen Nation:

1. Gemeinsames Recht der drei Stände (König, Senat und Ritterschaft) zur
2. Gesetzgebung,
3. Herrschaft des katholischen Glaubens,

---

27 Hoensch, ebenda, S. 114, 308, 309, 395; vgl. auch Hüppe, ebenda, S. 10, 18, 19; Lelewel, ebenda, S. 113; Die polnische Verfassung ..., S. 673, 674.

28 Hoensch, ebenda, S. 50, 51, 115; vgl. auch Leśniodorski, Dzieło ..., S. 54, 55.

29 Godebski, ebenda, S. 20, 21; vgl. auch Hüppe, ebenda, S. 9; Hoensch, ebenda, S. 2, 52, 53, 72, 97, 115, 116; Feldman, W., ebenda, S. 3, 4; Die polnische Verfassung ..., S 674; Manteuffel-Szoege, ebenda, S. 2; Feldman, Józef, ebenda, S. 20, 21.

30 Weber, S, 594.

31 Vgl. auch Hüppe, ebenda, S. 19, 20, vgl. Hoensch, S. 54, 55, 57, 71, 86, 190, 209, 211, 309, 313, 384, 415; Michnik, Moser, ebenda, 353; Leśnodorski, Kaczmarczyk, ebenda, (1957), S. 308, 377, 380, 377, 380, 402, 404, 405; Leśnodorski, Kaczmarczyk,

4. Verbannung der von diesem Glauben Abgefallenen,
5. Katholisches Bekenntnis des Königs,
6. Freie und allgemeine Königswahl,
7. Persönliche Sicherheit jedes Staatsbürgers (Edelmannes),
8. Inamovibilität aller Beamten und Würdenträger,
9. Aufrechterhaltung aller territorialen Sonderrechte,
10. Unauflöslicher Bestand des Reiches und seines Lehnsherzogtums,
11. Gleichheit des Adels,
12. Zivilrechtliche Gleichberechtigung von Dissidenten,
13–16. Spezielle Bestimmungen über die polnischen Teile von Preußen, Livland etc.,
17 Liberum Veto, das ist das Recht jedes Edelmannes namentlich, aber auch des Landboten, seine Stimme frei abzugeben, öffentlich Beratungen zu hemmen oder mit allen ihren Folgen für nichtig zu erklären,
18–20. Bestimmungen über Erwerb von Landgütern und Stellung der Leibeigenen,
21. Berechtigung der Bürger, dem König den Gehorsam aufzukündigen,
22., 23. Gewährleistung des Eigentumsrechtes,
24. Sechswöchentliche Dauer der ordentlichen, zweiwöchentliche der außerordentlichen Sejms und Verbot, diese zu limitieren (vertagen).

Diese Urkunde stellt die Grundlage des polnischen Staatsrechts dar und erfuhr in den Jahren 1775 und 1776 nur kleine und nicht wesentliche Änderungen.

---

ebenda, (1966); S. 498–500; Radwański, Zbigniew, Prawa kardynalne w Polsce (Die Kardinalrechte in Polen), Poznań, 1952; Leśnodorski, Dzieło ..., S. 11–14, 389; vgl. auch Sobociński, Władysław, O ustawie konstytucyjnej Państwa Polskiego (Über das Verfassungsgesetz des polnischen Staates), in: Czasopismo Prawniczo-Historyczne, Band I, 1948, S. 75; Sobociński, Pakta konwenta. Studium z historii prawa polskiego (Die Pacta conventa. Eine Untersuchung zur polnischen Rechtsgeschichte), Kraków 1939; Kutrzeba, Grundriss der polnischen Verfassungsgeschichte, Berlin, 1912, S. 197, 198, 208, 209, 210; Balzer, Oswald, Konstytucja trzeciego maja ..., S. 45, 46, 47, 48, 65, 66; Hinze, Otto, Verfassungsgeschichte Polens vom 16. Bis 18. Jh, in: Staat und Verfassung. Gesammelte Aufsätze zur Allgemeinen Verfassungsgeschichte, Hrsg. von G. Oesterreich, Göttingen 1961; Hoetz; Otto, Der Stand der polnischen Verfassungsgeschichte, in: Zeitschrift für osteuropäische Geschichte l (1911), S. 67–83; Kutrzeba, St., Charakterystyka państwowości polskiej (Charakteristik des polnischen Staatswesens), Kraków 1916; Kutrzeba, Historia ustroju Polski w zarysie. Korona, Hrsg. von A. Ventulani (Abriss der polnischen Verfassungsgeschichte. Kron Polen), Warszawa 1949.

Russland und Preußen versuchten mit Erfolg, den Inhalt der polnischen Verfassung ihren politischen Interessen „anzupassen". In allen Verträgen, die zwischen Preußen und Russland in der Zeit seit dem Abschluss des „traite d'alliance" bis zu dem Vertrag vom 11. August 1764 abgeschlossen worden waren, war eine Geheimklausel betreffend Polens politische Verfassung eingebaut.

Sie hatte folgenden Inhalt:

> „ehrnte Thron und Republique bey Ihren bisherigen Verfassungen und Freyheiten, Prärogativen und Vorrechten (zu) erhalten, und alles, was dem zuwider möchte attestiert werden sollen, in Zeiten verhütet, und abgekehrt werden möge. Der Übereinkunft, jeder neue Thronkandidat dürfte weder der polnischen Liberalität als der Nachbarschaft gefährlich werden, schloss sich das Einvernehmen an, dass bei einer solchen neuen Wahl die Nation Ihre völlige Freiheit behalten und exerzieren könne, ohne dass Ihr von Ziel und Maß gesetzt, oder auch einiger Zwang angetan werde…"[32]

Am 11. April 1764 schloss Friedrich II. mit der Zarin Katharina II. das schon erwähnte Verteidigungsbündnis, in dem sich die Parteien verpflichteten, die Aufrechterhaltung der „Kardinalrechte" – „prawa kardynalne", sowie die Verfassung Polens zu sichern.[33]

Der Geheimartikel des Vertrages besagt:

> „Comme il est de linteret de sa majeste le roi de Prusse et de sa majeste fimperatrice de toutes les Russi es, demployer tous leur soins,et tous leurs efforts, pour que la republique de Pologne soit maintenue dans son etat de libre el ection et quil ne soit permis a personne de rendre le dit royaume hereditaire dans sa famille, ou de sy rendre absolursa majestele roi de Prusse et sa majeste imperiale ont promis et se sont engages mu t ellement et a la maniere la plus forte, par cet article secret, non seulement a une point permettre que, qui que ce soit entreprenne de d e p o u iller la republique de son droit de libre electio de rendre le royaune hereditaire ou de sy rendre absoludans tous les cas ou cela pourrait a r r i v e r, m a i s encore aprevenir et a aneantir par tous les moyens possibles et dun accord commun les vues, et les desseines, qui pourraient tenre a ce but, aussitot q u on les aurait decouverts, et avoir meme, en cas de besoin, recours a la force des armes pour garantir la republique du renversement de sä constituticn et

32 Hoensch, ebenda, S. 130, 190, 194, 288. Nach Meinung von Hoensch wurde seit den Verhandlungen, die am 19. Februar 1720 zwischen Russland und Preußen stattfanden, eine Geheimklausel über Polens Zukunft in die Verträge, die zwischen den beiden Staaten abgeschlossen wurden, eingebaut.

33 Wegner, ebenda, S. 19; vgl. auch Hoensch, ebenda, S. 194, 197, Fußnote 12; Weber, ebenda, S. 539; Rhode, ebenda, S. 307, 308; Feldman, Józef, ebenda, S. 46; Michnik, Mosler, ebenda, S. 349.

de ses lois fondamentales. Ce present article secret aura la meme force et viguer, que svil etait inseremot a mot dans le traite principal dalliance. Signe aujourdlui, fait a Petersbug le 11 avril-31 mars v. s. 1764."

Die „Sorge" Preußens und Russlands bezüglich der Rechtsstellung der Andersgläubigen in Polen gab den mächtigen Nachbarn Polens eine ausgezeichnete Gelegenheit, sich in die innerstaatliche Angelegenheiten Polens einzumischen.[34]

Dies kommt im folgenden Satz sehr deutlich zum Ausdruck:

„Seine Königliche Mayestät in Preußen und Ihre Rußische Kayserlieche Mayestät welche die schwere Unterdrückung, worin Dero Beyder' seitigq Glaube Verwandten dem Königreich Polen und dem Groß-Herzogthum Lithauen sich schon viele Jahre her befinden, nichts ander als mit großem Leidwesen ansehen können, haben sich miteinader dahin vereinigt und verbunden, daß sie gesamter Hand ermeldete Dero Glaubens genoßen, naemlich die unter dem Nahmen der Dissidenten betroffene Evangelisch-Reformierte, Lutheranische und Griechisch Eingeseßene des Königreichs Polen und Groß-Herzogthums Litthauen, bester maßen protegieren, und durch gute officia und nachdrüklieche Vorstellungen bey dem Könige und der Republique Pohlen es dahin zu richten und zu befoerden, äußerst bemüht seyn wollen, daß mehr besagte Dissidenten Protestantischer und Griechischer religion,zu denen Privilegien, Rechten und Gerechtigkeiten, welche Ihnen von Altes her,so in Geistlichen als in Weltlichen Sachen competiret und zugestanden, nachgebends aber größtens teils geschmälert auch wohl ganzlich und zwar wenn es sofort an jetz so weit gebracht werden könnte,Sie dennoch zum wenigsten vor erst, und bis zu beßeren Zeiten und Conjuncturenin dem Stand conseviret werden mögen, worin Sie sich des falls vorjetz befinden."

34 Hoensch, ebenda, S. 89–92, 186–214, 306, 307, 378, 379; vgl. auch Halecki, ebenda, S. 158; Michnik, Mosler, ebenda, S. 352, 353; Lelewel, Panowanie króla polskiego …, S. 122, 123; Wegner, ebenda, S. 21; Weber, ebenda, S. 539, 541; Rhode, ebenda, S. 309; Feldman, Józef, ebenda, S. 24, 46; Schmitt,Henryk, ebenda, S. 43, 44; Kaczmarczyk, Leśnodorski, ebenda, (1957), S. 368, 402, 403; Polens Schicksale seit 1763 …, S. 38; Lubieńska, Maria,Cecylia, Sprawa desydencka 1764–1766 (Die Dissidentenfrage 1764–1766), Kraków u. Warszawa 1911; Michalski, Jerzy, Sprawa desydencka a zagadnienie gospodarcze w opinii publicznej w pierwszych latach panowania St. Augusta (Die Angelegenheit der Dissidenten und die Wirtschaftsfrage in der öffentlichen Meinung in den ersten Jahren der Herrschaft Stanisław August Poniatowski), in: Przegląd Historyczny, Band 40, 1949 (Erscheinungsjahr 1950); Christiani, Wilhelm, Die gute Sache der Dissidenten in Polen nach den Gründen des natürlichen und allgemeine Staatsrechts und der Politik betrachtet.

8. Teil: Die Institution des „Liberum Veto“ als Grundsatz der Adelsdemokratie.

Um das Wesen des polnischen Parlamentswesens besser zu verstehen, ist es unumgänglich, die Institution des „Liberum Veto“ kurz darzustellen.

Diese Institution führte im Verlaufe der Geschichte zum langsamen Zerfall des polnischen Königreiches.

Einige Autoren meinen, dass es ohne die des „Liberum Veto“ Institution kaum zur Teilung Polens gekommen wäre.

Diese Institution erlaubte nämlich dem polnischen Adel und anderen Gruppen, eigene Interessen zu verfolgen, besonders die der Magnaten, die dadurch ein „Staat im Staat“ werden konnten, und die totale Willkür im polnischen Sejm ausübten.

Das führte dazu, dass jegliche notwendige Beschlüsse, die für die Stärke und Sicherheit des polnischen Staates ausschlaggebend waren, durch gekaufte Abgeordnete unterbunden wurden.

Seit der Verbreitung des altrömischen Gedankengutes und der Einräumung der Abgeordneten des Charakters der Volkstribune kam im 17. Jh. in Polen das Prinzip der Einstimmigkeit immer mehr zur Geltung. Schon im Jahre 1623 konnte man zum ersten Mal einen ergebnislosen Verlauf eines Sejms feststellen.

Der Abgeordnete von Upita, Władysław Siciński, der im Auftrag des Magnaten Janusz Radziwiłł handelte, statuierte während der Sejmsitzung vom 8. 9. März 1752 den bekannten Präzedenzfall der Anwendung der Institution „nie pozwalam“ – „ich erlaube es nicht“.[35]

Die Institution des „Liberum Veto“ wurde auch als „jus cardinale, specialissimum et unicum“ – „źrenica wolności“, bezeichnet.[36] Diese Institution besagte, dass zur Verabschiedung eines Gesetzes die Einstimmigkeit nötig ist; infolgedessen der Untergang eines Gesetzes mit einer einzigen Stimme erfolgen konnte.

In der Zeit vor dem Jahre 1764 wurden ca. 50 Sejmsitzungen „zerrissen“.[37] Obwohl diese politische Institution so oft Anwendung fand, fehlte ihr jede rechtliche Grundlage und stellte in der Tat nur adeliges Gewohnheitsrecht

---

35 Hoensch, ebenda, S. 358, 359; s. auch Jarra, ebenda, S. 238.

36 Hoensch, ebenda, S. 23; s. auch Wegner, ebenda, S. 16.

37 Wegner, ebenda, Jarra, S. 237; Hoensch, ebenda, S. 18, 19.

dar.[38]Erst der sog. „Sejm warszawski“ – „Warschauersejm“ (1767) gab der Institution des „Liberum Veto“ einen rechtlichen Charakter.[39]

Interessanterweise findet Siegfried Hüppe eine Erklärung für die Entstehung und Existenz des „Liberum Veto“ in den Regeln des Völkerrechts.[40] Ein Gesetz aus dem Jahre 1673 beinhaltet die Feststellung, dass: „la Republik retablit en meme temps les dietes, les dietines, la chambre des deputes, la libertas sentiendi, le jus vetandi de droit“, auf welches sich später die Befürworter des „Liberum Veto“ beriefen.[41]

Unter den ausländischen Mächten zeigte Preußen das größte Interesse einen Sejm in Polen zu „zerreißen“. Preußen folgte Frankreich und Russland. Die sog. „Zerreißung“ eines Sejms erfolgte mithilfe des Geldes und der Intrigen.[42]

Während der Regierungszeit von August II. und August III., wurden von 36 Sejmsitzungen 26 „zerrissen“.[43]

Um den ordnungsmäßigen Abschluss eines Sejms zu verhindern, traten König, Senatoren, mächtige Magnaten und fremde Mächte offiziell nicht in Erscheinung. Sie bedienten sich ihrer Parteigänger als politisches Werkzeug. So zum Beispiel ließ die Magnatenfamilie Potocki den Sejm dreizehn Mal „zerreißen“, die Sapiehas achtmal, die Lubomirskis viermal.

Im 17. Jh. und auch im 18. Jh. fand das Prinzip der Einstimmigkeit in Europa außer in Polen auch in den Vereinigten Niederlanden Anwendung.

In der Literatur wird auch die Meinung vertreten, „dass gerade die Spannung, die zwischen der idealen Forderung des communis consensus und der Impraktibilität des Einstimmigkeitsgrundsatzes bestand und die zwischen 1652 und 1791 vom polnischen Sejm den europäischen Verfassungstheoretikern exemplarisch vorgeführt wurde, zu der endgültigen Durchsetzung der Mehrheitsentscheidung bei Rousseau und den Schöpfern der US-Verfassung von 1787 zweifellos beitrug“.[44]

Unter anderem erschien der am 11. November 1766 erfolgte Protest aus Berlin und Petersburg, der sich gegen die vollkommene oder teilweise Beschränkung

38 Hoensch, ebenda, S. 21.
39 Hoensch, ebenda, S. 360.
40 Hüppe, ebenda, S. 19, 22.
41 Hoensch, ebenda, S. 360; vgl. auch Konopczyński, Władysław, Kraków 1918.
42 Hoensch, ebenda, S. 25, 26, 361, 362; s. Wegner, ebenda, S. 16; Leśnodorski, Dzieło …, S. 19, 20.
43 Kutrzeba, ebenda, S. 11.
44 Hoensch, ebenda, S. 362.

des „Liberum Veto“ wandte, dem König und den Reformatoren als exemplarisch für den Ausgang ihrer künftigen Reformbestrebungen.

Nikołaj Wasiljewicz Repnin (1734–1801), russischer Gesandter in Polen, unterbreitete in der „Declaration De la part de Sa Majesté L'Impératrice de toutes les Russies“ die russische Lösung der parlamentarischen Abstimmung in Polen.

Aber auch der preußische Gesandte vertrat diesbezüglich die Meinung, dass:

> „mais les vrais patriotes ont sentis, que ce seroit changer totalement la forme du gouvernement, renverser de fond en comle la liberte Polonoise, qui est le plus précieux avantage de cette Illustre Nation “.

Der Abgeordnete Michael Wielchorski verfasste mit Repnin am 18. November 1766 das Projekt „Ubezpieczenie wolnego głosu“ – „Absicherung des freien Stimmrechtes“. Dieser Entwurf verlangte die Aufhebung der Generalkonföderation und eine Kompetenzbegrenzung der Finanz- und Militärkommission.

König Stanisław August Poniatowski versuchte trotz der Intervention Russlands, Preußens, sowie der Czartoryskis und Lubomirskis an den Bestimmungen der Verfassung von 1764 festzuhalten.

Um den Prozess der politischen Erneuerung voranzutreiben, legte der König am 21. November 1766 dem Sejm das Projekt über die Ausweitung der Mehrheitsbeschlüsse auf den Sejm vor, was jedoch von den Abgeordneten abgelehnt wurde.[45]

So konnte es dazu kommen, dass die „Sejmiki“ – „Landtage“ auf der Ebene eines „Województwo“ – „Wojewodschaft“, „ziemia“ – „Land“, oder „powiat“ – „Kreis“, durch die häufige Anwendung des „Liberum Veto“ immer mehr Kompetenzen mit legislativem Charakter für sich in Anspruch nahmen und damit die politische Wirksamkeit des Sejms verringerten, was wieder zur Bildung der sogenannten „rządy sejmikowe“ – „Landtagsregierungen“ zur Folge hatte, was folglich einer Schwächung der staatlichen Substanz gleichkam.

Im Ergebnis bleibt festzustellen, dass die Institution des „Liberum Veto“ dem König, den Senatoren der mächtigen Magnatenfamilien und anderen Interessengruppen die Möglichkeit gab, einen ordnungsgemäßen Verlauf und die Beschlüsse eines Sejms nach Belieben zu manipulieren.[46] Eine so ausgeübte „politische Freiheit“ konnte im Endeffekt nur zum Zerfall des polnischen Königreiches und Staatswesens führen.

---

45 Hoensch, ebenda.

46 Ebenda; vgl. auch Adamus, Jan, Nowe badania nad diejami sejmu polskiego i geneza Liberum Veto, in: Cyasopismo Pawno Historycne 13 (1961), S. 169–186.

Die politischen Auswirkungen des Prinzips der Einstimmigkeit wurden oft durch die politische Einrichtung der „Konföderation“ umgangen. Diese Institution wird des Öfteren „als gesetzmäßig gestattete Vereinigung zur Erreichung bestimmter Ziele mit den Mitteln der Gewalt bezeichnet, Leon Wegner dagegen, nennt diese Institution eine Diktatur die von dem Stand der Priviligierten ausgeübt wurde, um die gesetzmäßige Tätigkeit aller staatlichen Organe außer Kraft zu setzen.“

Es fragt sich nur, ob nicht bereits durch die Ausübung des „Liberum Veto“ die ganze gesetzmäßige Tätigkeit aller wichtigen Organe des polnischen Staates beseitigt wurde.

Als erste polnische „Konföderation“ wird die „Konfederacga kapturowa“ (1832), die auch die polnischen „Declaration of Rights“ genannt wird, angesehen.[47] In den Jahren 1573–1764 setzt sich regelmäßig diese Art der „legalen“ Konföderation als rechtmäßige Grundlage der Staatsverfassung durch.[48]

In der Zeit der „Konföderation“ nahm ein sogenannter „Konföderationsmarschall“ und die von ihm beaufsichtigten Organe, nämlich die „Konsyliarze“ – „Räte“, oder später der sog. „Walna rada“ – „Hauptrat“ die Funktionen der staatlichen Organe wahr. Nur im Völkerrecht und nicht im Staatsrecht findet Huppe für Entstehung und Existenz der Institution der „Konföderation“ und des „Liberum Veto“ eine Erklärung.[49]

Diese eben erwähnten Organe der „Konföderation“ übten folgende staatliche Funktionen aus:

- der Rechtsprechung,
- des Heereswesens,
- des Finanzwesens, und
- des Sejms aus.

Sobald die „Konföderation“ ihre Ziele als erfüllt betrachtete und der Akt der Krönung des Monarchen schon vollzogen wurde, kam es zur Auflösung der „Konföderation“. Im 17. und 18. Jh. war die „Konföderation“ funktionsfähiger als der Sejm, der sich gezwungen sah, seine Beschlüsse nach dem Prinzip der Einstimmigkeit zu fassen.

---

47 Hoensch, ebenda, S. 363; Kutrzeba, ebenda, S. 214; Leśnodorski, ebenda, S. 20; Baron Manteuffel-Szoege, ebenda S. 5; Die Polnische Verfassung vom 3. Mai 1791 ebenda, S. 681.

48 Werner, ebenda, S. 13.

49 Huppe, ebenda, S. 19, 22, 32.

Schon in den „Articuli Henriciani“ (1573) bediente sich der polnische Kleinadel des Rechtes eines bewaffneten Widerstandes gegen die Executive und Legislative.[50] Dies war der Ausgangspunkt der Entstehung von Konföderationen.

Am Anfang entstanden Landschafts- und Wojewodschaftskonföderationen, denen später die Entstehung von Provinzial- und Zentralkonföderationen folgte. Sie übernahmen die Funktionen des Verwaltungsapparates.

Erwähnungswert sind auch die Konföderationsakte aus dem Jahre 1573, die den „Grund- und Eckstein des öffentlichen Rechts im Sarmatnereich, in welchem jedem Edelmann die Landeshoheit in seinem Territorium sowie die Macht über Leben und Tod seiner Untertanen zugesprochen wurde“, bilden.[51]

Raynal beschreibt das Wesen der „Konföderation“ in seinem „Tableau de l'Europe“, als wesentliches Merkmal der polnischen Verfassung, mit folgenden Worten:

> „Cette constitution, qui s'honore du nom de Republique qu'elle profane, que est eile autre chose qu'une ligue de petits despotes contre le peule“.[52]

Der König hatte die Möglichkeit, einer gegen ihn einberufenen Konföderation eine Gegenkonföderation ins Leben zu rufen.[53] So eine Konföderation nannte sich dann „przy królu“ – „beim König“.[54]

Wenn der König und Senat einer Konföderation beitraten, erweiterte sie sich auf das ganze Land und nahm das Ausmaß einer „Generalkonföderation“ an, die die Funktionen aller staatlichen Organe ausüben konnte.

Im Falle des Misslingens einer Konföderation, der Nichtdurchsetzung ihrer Ziele, wurde sie als eine gegen den Staat gerichtet, verbrecherische „Rokosz“ – „Aufstand“ gewertet. Dagegen wurde einer gelungenen Konföderation gesetzliche „Legalität“ zuerkannt und sie erhielt sogar den Status einer völkerrechtlichen kriegführenden Macht, die ausländische Hilfe in Anspruch nehmen konnte.

Aus der Zeit der „Konföderation“ ist die Institution des „Sejm skonfederowany“ – Konföderationssejm“ bekannt, der sich nur mit bestimmten Aufgaben befasste und sich später nach Erfüllung seiner Aufgaben auflöste.[55]

---

50 Hoensch, ebenda, S. 63, 363, 364.

51 Hüppe, ebenda, S. 19.

52 Ebenda.

53 Hoensch, ebenda, S. 364.

54 Baron Manteuffel-Szoege, ebenda, S. 3.

55 Hoensch, ebenda, S. 364–385.

Folgende Verfassungen und Sejms sind unter der Schirmherrschaft des Konföderationsrechts zustande gekommen:[56]

- der Sejm und die Verfassung vom 1673,
- die Sejms von 1710, 1712, 1713, 1717 und 1736,
- die Sejms aus den Jahren 1764, 1766 und 1768,
- der Teilungssejm aus dem Jahre 1773/75,
- der „Vierjährige Sejm" (1788–1792),
- der Sejm von Grodno aus dem Jahre 1793.

Diese Institution hatte in Polen Befürworter, aber auch Gegner.

Einer der wichtigsten polnischen Vertreter der Zeit der polnischen Aufklärung, der sich gegen die Durchführung der Reformen mithilfe der „Konföderation" aussprach, war unter anderem Stanisław Konarski.

Dazu äußerte er Folgendes:

> „Das ist eine unmögliche und gewaltsame Sache, und eben so viel, als wenn wir beständig in einem gewaltsamen und unnatürlichen Zustand lebten: dergleichen Sejms durch die Konföderation würden mehr Zank, Feindschaft, Parteilichkeit, Spaltungen und alle Übel, nichts Gutes, verursachen, und die Republik, ohne die ordentlichen Sejms, immer mehr von der Unordnung befreien... Sie verderben alles in der Geschwindigkeit und aus dem Grunde, auch das, was die Unordnung z.Z. noch übrig gelassen hat".

Nicht nur die politischen Institutionen des „Liberum Veto" und der „Konföderation" dienten als politisches Instrumentarium, sondern auch die Parteiung der damaligen Zeit in ihrer ganzen Vielfalt betätigte sich am politischen Leben Polens aktiv und versuchte dadurch den Ausgang der angestrebten Reformen mitzubestimmen.

9. Teil: Parteiung Polens im 18. Jh.

In der Literatur wird die polnische Parteienlandschaft des 18. Jh. nicht einheitlich dargestellt. Man könnte annehmen, dass sie ähnlich der politischen Landschaft der europäischen Monarchien – Spanien, England und Schweden – eine dualistische Parteiung, die Hofpartei und Opposition, kennzeichnete. Diese Meinung ist jedoch anzuzweifeln, denn eine nähere Untersuchung ergibt, dass man in Polen des 18. Jh. eher von einer „Dreiparteiung" sprechen kann.

---

56 Weber, ebenda, S. 540; Hoensch, ebenda, S. 540, Hoensch, ebenda, S. 63, 365, 366; Wegner, ebenda, S. 63.

Die polnische Historikerin Celina Bobińska verneint überhaupt, dass im Polen des 18. Jh. von politischen Parteien die Rede sein kann, und meint, dass man höchstens von einer „politischen Fraktion“ unter Anführungszeichen sprechen kann.

Und so unterscheidet sie zwischen einem sog.:[57]

- stronnictwo (partia reform) – Partei der Reformen, mit einem gemäßigten Flügel (Stanisław Małachowski), und einem radikalen Flügel (Hugo Kołłątaj),
- stronnictwo magnackie (Fraktion der Magnaten, der aus dem Lager der Branickis und der Potockis bestand).

Nach Meinung von Bobińska verfolgten beide Lager gemeinsame Ziele, das heißt, sie wandten sich gegen die Reformbestrebungen der Patrioten und hatten das Interesse, den bestehenden „Status quo“ in Polen aufrechtzuerhalten. Sie spricht auch von einer sog. Partia królewska (Partei des Königs), mit dem König an der Spitze, die sich im Jahre 1790 den Patrioten, anschloss.

Auch bei Bogusław Leśnodorski kommt diese „Dreiparteiung“ klar zum Ausdruck[58]

Dieser Autor sieht drei politische Betätigungsgruppen im Polen des 18. Jh.:

- zachowawczy i staroszlachecki (altadlige und politische Ausrichtung),
- postępowy i patriotyczno – reformatorski (fortschrittliche und patriotisch-reformatorische), der sich der König im September 1789 anschloss.
- Helena Michnik und Ludwika Mosler unterscheiden zwischen einer „partia republikańska“ – „republikanischen Partei“, auch „Lager der Hetmanen oder der Potockis“ genannt, die den politischen „Status quo“ Polens des 18. Jh. sichern wollten und außenpolitisch sich an Frankreich und Österreich anlehnte, und
- einen obóz Czartoryskis, auch „Familie“ genannt, dem sich später König Stanisław August Poniatowski und Andrzej Zamoyski anschlossen, außenpolitisch an Russland angelehnt und ein konkretes Reformprogramm aufgestellt haben, sowie
- dem „stronnictwo królewskie“ (königliche Fraktion) mit guten Kontakten zum russischen Botschafter in Warschau. Zu dieser Fraktion gehörten

57 Bobińska, ebenda, S. 98, 99, 115.

58 Leśnodorski, Dzieło …, S 3, 7, 11, 12; vgl.: Rostworowski, ebenda, S. 205, 206, 108, 169. Erst Anfang des Jahres 1791 kann man nach Meinung Emanuel Rostworowski von einem „Patriotischen Flügel“ (Stronnictwo Patriotyczne) sprechen.

zu Beginn der König Stanisław August Poniatowski, Jacek Małachowski, Bischof Masalski und andere Personen.[59]

Erst später entstand nach Meinung der beiden Autorinnen.[60]

- der „Obóz Patriotów" – „Lager der Patrioten". Zu diesem Lager zählten fortschrittlich denkende Magnaten, wie z.B. Stanisław Małachowski, Stanisław und Ignacy Potocki, die Czartoryskis, die Ogińskis und andere Magnaten sowie Vertreter des fortschrittlichen mittleren Adels, wie z.B. Hugo Kołłątaj, Józef Wybicki, Niemcewicz.

Dieselben Autorinnen sind der Meinung, dass es während des „Vierjährigen Sejm" zu einer Spaltung im „Lager der Patrioten" kam, infolge dieser Spaltung entstand ein „nurt radykalny" (radikale Richtung), mit Hugo Kołłątaj an der Spitze, der sich für tief greifende Reformen aussprach und sich auf patriotische Elemente des polnischen Bürgertums und die Warschauer Intelligenz stützte und ein extremer linker Flügel, der sich aus Kleinbürgerlichen und Armen zusammensetzte.

Das „Lager der Patrioten" sprach sich für ein Bündnis mit Preußen für tiefgreifende Reformen der polnischen Grundordnung und Wirtschaft sowie gegen russische Garantien aus.

Georg Weber geht von einer Dreiparteiung in Polen aus und unterscheidet zwischen:[61]

- einer patriotischen Partei (partia patriotyczna – patriotische Partei), der Ignacy Potocki, Stanisław Potocki, Adam Czartoryski, Stanisław Małachowski und Hugo Kołłątaj angehörten,
- einer republikanischen Partei (altpolnische Partei), die unter anderem aus den Branickis und Radziwiłłs bestand und
- einer königlichen Partei.

Als Patrioten bezeichnete man in Polen der damaligen Zeit Leute, die gegen den König und den „Immerwährenden Rat" eingestellt waren (auftraten).

Wie man „echte Patrioten" von „falschen Patrioten" unterscheidet, ist aus der Broschüre Hugo Kołłątajs „Korespodencja jednego województwa" – „eine Korrespondenz einer Wojewodschaft" zu ersehen. Noch deutlicher unterscheidet

59 Michnik, Moser, ebenda, X. 347, 404–412.

60 Michnik, Mosler, ebenda, S. 347, 404–412.

61 Weber, ebenda, S. 580, 584, 539, sowie Rostworowski, Ostatni …, S. 17.

Hugo Kołłątaj zwischen „echten“ und „falschen“ Patrioten in seinem Memorandum aus dem Jahre 1790, das er an den preußischen König richtete.[62]

Aus dem Erwähnten ist ersichtlich, dass die politische Landschaft Polens im 18. Jh. kaum von einer „dualistischen“ Parteiung gekennzeichnet war, sondern eher von einer „Dreiparteiung“. Auch diese war von weiterer Zersplitterung gekennzeichnet.

Die Kontrolle über die Produktionsmittel lag in den Händen des Adels. Er nutzte seine Privilegien aus und setzte die unfreie Arbeitskraft entweder zur Intensivierung der Landwirtschaft oder zum Abbau der Minen und Nutzung der riesigen Forstwirtschaften im Bereich der Landgüter ein.[63]

Die polnischen Aristokraten, auch jene, die unternehmerisch tätig waren, verbrauchten leider im Wesentlichen ihre Einnahmen, um aus dem Westen Luxusgüter für ihren komfortablen Lebensstil zu beziehen. Der Engländer Pitt beschreibt das mit folgenden Worten: „... que n'ayant ni fabriques, ni manufactures, et faisant une grande consommation d'objets etrangers et de luxe.“[64]

---

62 Rostworowski, Ostatni..., S. 158, 168, Das „Towarzystwo Przyjaciół Konstytucji Rządowej Fiat Lux“ – „die Gesellschaft der Freunde der Regierungsverfassung Fiat Lux“ wird als die erste polnische politische, neuzeitliche Fraktion (stronnictwo) angesehen, s. dazu Leśnodorski, Dzieło, S. 450, 451. Der polnischen Parteiung des 18. Jh. fehlte hauptsächlich ein Status, die Organe, ein reifes Parteiprogramm, ständige Mitglieder und ein politisches Gruppenbewusstsein. Die polnischen „Parteien“ des 18. Jh. identifizieren sich mit den polnischen Staat, der polnischen Nation und der katholischen Kirche. Alle politischen „Parteien“ (Fraktionen) Polens des 18. Jh. wurden von ausländischen Mächten finanziert und gelenkt. Deswegen spricht Emanuel Rostworowski von einer „französischen, russischen und preußischen Partei“ in Polen des 18. Jh. s. dazu Hoensch, ebenda, S. 214, 215, 216, 219, 231; wie auch Rostworowski, Ostatni ..., S. 23, 24; Wegner, ebenda, S. 38; Bobińska, ebenda, S. 97; Kluxen, Kurt, Das Problem der politischen Opposition. Entwicklung und Wesen der englischen Zweiparteienpolitik im 18. Jahrhundert. Freiburg und München, 1956.

63 Michnik, Mosler, ebenda, S. 344, 345, 360, 361; vgl. auch Ajnenkiel, Leśnodorski, Rostock, ebenda, S. 8; Hoensch, ebenda, S. 78, 79, Kaczmarczyk, Leśnodorski, ebenda, (1957, S. 361–366; Golebski, Xawery, Reformy społeczne w Polsce. Pod koniec XVIII w. Xawery Lwów 1868, S. 4, 5 (Die gesellschaftlichen Reformen in Polen. Am Ende des 18. Jh.); Leśnodorski, Dzieło ..., S. 40, 41; Kieniewicz, Stefan, Kula Witold, Historia Polski, (1764–1939), T. II, Warszawa 1958, S. 239–240 (Geschichte Polens, 1764–1939, Band 2), vgl. auch Kaczmarczyk, Leśnodorski, ebenda, (1957), S. 363–366, 403; „Die polnische Verfassung vom 3. Mai 1791“, in: „Die neue Zeit“, S. 674.

64 Krupiński, Kurt, Die Westmächte und Polen im 18. Jh., Berlin 1940, S. 21; s. auch Hoensch, ebenda, S. 78, 79, 100; Kaczmarczyk, Leśnodorski, ebenda, (1957), S. 363; Palmer, ebenda, S. 449; Die politische Verfassung, ebenda, S. 674; Kaczmarczyk,

Einen Teil der Einnahmen verwendeten sie wieder für die Erhaltung ihrer politischen Gefolgschaft.[65]

Dieser Zustand führte zur Wiedereinführung der „Ustawa przeciwko zbytkowi" – „des Gesetzes gegen den Luxus" aus dem Mittelalter.[66]

Die mächtigen Magnaten strebten nach individueller Souveränität. Dies zeigt sich besonders in der Bildung von politischer Gefolgschaft und bei der Erhaltung von Privatarmeen und Festungen, was im großen Ausmaß ihr Vermögen in Anspruch nahm. Sie wurden auch „Królewięta" – „Kleinkönige" oder „übermäßige Parasiten" genannt.[67] Infolgedessen fand eine Kapitalbildung kaum statt. Vor allem deswegen, weil der polnische wohlhabende Adel keinem unternehmerischen Interesse nachging, betrugen die Staatseinnahmen Polens und Litauens vor der ersten Teilung jährlich nur ca. 14 Millionen Zloty, das sind 2,3 Millionen preußische Thaler. Die jährlichen Ausgaben hingegen erreichten die Grenze von 23 Millionen Zloty, das entspricht ca. 3,5 Millionen preußischer Thaler. Das jährliche Defizit im polnischen Haushalt betrug in dieser Zeit 9 Millionen Zloty, das heißt ca. 1,5 Million preußische Thaler.

In diesem Zusammenhang müsste man erwähnen, dass infolge der ersten Teilung (5. August 1772) Polen mehr als die Hälfte der Staatseinnahmen beklagen musste.[68]

Das Budget Frankreichs in der Mitte des 18. Jh. betrug drei viertel Milliarden Livres. Dabei hatte der polnische Fiskus über 20 Millionen polnischer Gulden jährlich zu Verfügung.[69] Allein die infolge der Teilung an Österreich verloren gegangene Salzgrube in Wieliczka (Galizien), hatte dem damaligen polnischen Fiskus jährlich 3,5 Millionen Zloty eingebracht, das entspricht fast der Hälfte aller Staatseinnahmen nach der Teilung.[70]

Leśnodorski, ebenda, (1957), S. 363, 364; Kula, Witold, Szkice o manufakturach w Polsce w XVIII w; Badania nad dziejami przemysłu i klasy robotnicznej w Polsce – Forschungen zur Geschichte der Industrie und der Arbeiterklasse Polens, 2 Bände, Warszawa 1956, (Skizzen über die Manufakturen in Polen des 18. Jh.; Wegner, ebenda, S. 28; Weber, ebenda, S. 551.

65 Kieniewicz, Kula, ebenda, S. 238, 239, vgl. auch Palmer, ebenda.

66 Kaczmarczyk, Leśnodorski, ebenda, (1957), S. 365.

67 Weber, ebenda, S. 572; Hoensch, ebenda, S. 93,102, 391, s. auch Kieniewicz, Kula, ebenda, S. 238, 239, Schmitt, Henryk, Dzieło …

68 Wegner, ebenda, S. 26.

69 „Die polnische Verfassung vom 3. Mai 1791", ebenda.

70 Wegner, ebenda, S. 27; s. auch Kutrzeba, Konstytucja trzeciego Maja 1791 roku …, S. 9.

Durch die erste Teilung verlor Polen etwa 220 000 km² mit über 4 Millionen Einwohnern, das heißt fast 30 % seines Gebietes mit rund 35 % seiner Einwohnerzahl.[71] Das verbliebene Staatsgebiet umfasste immer noch über 530 000 km² und fast 7,5 Millionen Einwohner.[72] Bemerkenswerterweise waren die Staatseinahmen Polens des 18. Jh. 75-mal kleiner als diejenigen Preußens.[73]

Um eine Verbesserung der wirtschaftlichen Lage Polens herbeizuführen, unternahm der Sejm des Jahres 1775 einen Versuch, die Finanzen des polnischen Staates zu ordnen. Damit erzielte man auch gewisse Erfolge.

Im Jahre 1776 betrug noch die Einfuhr 46 Millionen und die Ausfuhr 22 Millionen polnischer Gulden, aber im Jahre 1790 war schon eine grundlegende Änderung festzustellen. Im Jahre 1790 konnte man schon bereits eine Ausfuhrkapazität von 150 Millionen polnischer Gulden und eine sehr positive Handelsbilanz verzeichnen.[74]

Vor Beginn des „Vierjährigen Sejm" besaßen die Finanzkassen Polens und Litauen 19.674.932 Zloty, 13 Groschen und 3,5 Dinaren.[75] Schon während der Sejmsitzung im Jahre 1776 konnte man aus den vorgelegten Rechnungen entnehmen, dass in der Zeitdauer von 18 Monaten der polnische Fiskus eine Einnahme von 15.070.000 Zloty registrierte.[76]

Der Sejm aus dem Jahre 1778 verbuchte in den Jahren 1776–1778 Einnahmen in der Höhe von 35 Millionen Zloty, das heißt, eine Verdoppelung der Staatseinnahmen fand statt. Die weitere positive Entwicklung der polnischen Wirtschaft war vorwiegend von der Durchführung tief greifender politischer Reformen abhängig.[77]

---

71 Rhode, ebenda, S. 313.

72 Ebenda, S. 315; vgl. auch Kutrzeba, Grundriss ..., S. 227–228.

73 Feldmann, Józef, ebenda, S. 22; vgl. auch, Lelewel, ebenda, S. 123, 124.

74 Baron Manteuffel-Szoege, ebenda. S. 10.

75 Wegner, ebenda, S. 27.

76 Godebski, ebenda, S. 2, 3.

77 Was die Finanzenlage Polens der zweiten Hälfte des 18. Jh. anbelangt, s. Kieniewicz und Kula, ebenda, S. 178, 181–182, Leśnodorski und Kaczmarczyk vertreten die Meinung, dass die Einnahmen des polnischen Staates in den Jahren 1776–1786 12–14 Millionen Zloty ausmachten. In derselben Zeit konnten zwölf Mitglieder der Familie Potocki Einnahmen in der Höhe von 6 300 000 Zloty verzeichnen. Nur Karol Radziwiłł nahm in diesem Zeitabschnitt 6 Millionen Zloty ein (s. Leśnodorski und Kaczmarczyk, Historia Prawa i Państwa Polski ..., (1957) S. 416); vgl. auch Palmer, ebenda, S. 44–8, Kutkowski, Jan, „Les bases economiques des partages de l'ancienne Pologne", in: Revue d'Histoire Moderne 4 (1932), S. 363–389; Rutkowski, Histoire economique de la Pologne avant les partages. Paris 1927; Rybarski, Roman,

Um eine Verbesserung der Staatseinnahmen herbeizuführen und um den Lebensstandard heben zu können, gründete König Stanisław August Poniatowski aus eigenen Mitteln Fabriken und Manufakturen und forderte andere Polen auf, das gleiche zu tun.

Mit der finanziellen und moralischen Unterstützung des Königs Stanisław August Poniatowski gründete Antoni Tyzenhaus in der Nähe von Grodno, in Lososno und Horodno, die „Kompania manufaktur wełnianych" – „die Kompanie der Wollmanufakturen" und auch andere Fabriken.

Antoni Tyzenhaus war nicht nur am Wirtschaftsleben Polens beteiligt, er interessierte sich auch für Politik und war die erste Person der „Königlichen Partei" in Litauen. Zu dem Bau seiner Fabriken zog er ausländische Fachkräfte (aus Frankreich, Holland und Deutschland) heran.[78] Auf diese Weise beschäftigte er 500 Handwerker unter der Leitung von 70 ausländischen Fachkräften.

In Grodno gründete er die „Szkoła lekarska – Ärzteschule" und die „Szkoła nauk przyrodniczych" – „Die Schule der Naturwissenschaften", sowie einen botanischen Garten, Theater mit Kapelle und Ballett. Im Jahre 1780 mussten jedoch seine 15 Fabriken den Bankrott anmelden.[79]

Am 11. April 1766 gründete man mithilfe des Königs die erste polnische Aktiengesellschaft unter der Bezeichnung „Kompania manufaktur wełnianych" – „Die Kompanie der Wollmanufakturen". Sie ist als Beispiel guter Zusammenarbeit zwischen dem Adel und dem Bürgertum zu werten. Im Jahre 1772 rief man die „Kompania handlu solą" – „Gesellschaft des Handels mit Salz" ins Leben. 1782 entstand die – „Kampania handlu czarnomorskiego" – „die

---

Skarbowości Polski w dobie rozbiorów, Kraków 1937 (Das Finanzwesen Polens in der Zeit der Teilungen); Rutkowski, Historia gospodarki Polski (do 1864), Warszawa 1953, (Wirtschaftsgeschichte Polens bis 1864). Die Ausgaben infolge der geringen Einnahmen waren verhältnismäßig gering. Weiterhin der überwiegende Teil der Staatseinnahmen „landete" in den Taschen der Magnaten (s. Leśnodorski, Kaczmarczyk, ebenda, S. 416).

78 Godebski, ebenda, S. 5, vgl. auch Hoensch, ebenda, S. 147; Wegner, ebenda, S. 28, Kaczmarczyk, Leśnodorski, ebenda, S. 363, (1957), ebenda, (1966), S. 461; Weber, ebenda, S. 573.

79 Godebski, ebenda, vgl: Hoensch, ebenda, S. 148, Staszic, ebenda, S. IX, X; Lelewel, ebenda, S. 108; Szczątstka, ebenda, S. 79–81; Antoni Tyzenhaus, I Band, London 1970, Band 2, London 1971; Kościakowski, Z dziejów Komisji skarbowej w początkach panowania Augusta (Aus der Geschichte der Finanzkommission in den ersten Jahren der Regierung St. August) in: Ateneum Wileńskie.1 Jahrg. 5–6 Heft, Wilno 1924; Kraszewski, ebenda, Band 1, S. 421, Halecki, ebenda, S. 160; Schmitt, Henryk, ebenda, S. 2; Kalinka, ebenda, S. 78; Konopczyński, ebenda, Band 2, S. 35.

Gesellschaft des Handels am Schwarzen Meer". Weiter entstand die Aktiengesellschaft „Społeczeństwo fabryki krajowej płóciennej" – „die Gesellschaft der einheimischen Leinenfabrik".[80]

Da Polens Zugang zum Meer verloren gegangen war, suchte man Anschluss an die Häfen am Schwarzen Meer. Es wurden auch Landstraßen und Kanäle gebaut. So baute man z.B. den „Kanał Ogińskiego", der die Flüsse Prypeć (Prypec) und Niemen (Memel) verband. Die Fertigstellung des Kanals kostete 12 Millionen Zloty. Es entstand auch der „Kanał Muchawiecki", der die Flüsse Prypec und Bug verbunden hat.

Vernünftige Zölle wurden eingeführt. Es wurden Banken von Szulc, Potocki und andere gegründet. Im Jahre 1790 gab es schon sogar in Warschau sechs Banken. Auch viele Bauten wurden errichtet.[81]

Die politische und gesellschaftliche Struktur Polens und auch die wirtschaftlichen Kapazitäten des Landes bestimmten die militärische Struktur und die militärische Stärke des polnischen Heeres des 18. Jh.

Aus den eben erwähnten Gründen resultierte folgendes Bild des polnischen Heeres des 18. Jh.

10. Teil: Das polnische Heer in der zweiten Hälfte des 18. Jh.

In der zweiten Hälfte des 18. Jh. sollte das polnische Heer 19 000 Soldaten zählen (12 000 in Polen, 7 000 in Litauen) und unter der Führung von zwei

80 Wegner, ebenda, S. 28, 29; vgl. Bogusław Leśnodorski, Dzieło S. 412; Hoensch, ebenda, S. 147; Kieniewicz, Kula, ebenda.

81 Wegner, ebenda, S. 29; Godebski, ebenda, S. 2, 3; s. auch Leśnodorski, ebenda, (1957), S. 36, Michnik, Mosler, Rozwój narodu burżuazyjnego w ramach kształtowania się stosunków kapitalistycznych w Polsce (Der Entwicklungsprozess der bürgerlichen Nation im Rahmen der Entstehung kapitalistischer Verhältnisse in Polen), in: Przegląd Nauk Historycznych i Społecznych 2 (1952), S. 25–65; Gąsiorowska, Układ sił i stosunków wytwórczych w epoce Oświecenia polskiego (Die Struktur der Produktionsverhältnisse und -kräfte in der Epoche der polnischen Aufklärung) in: Przegląg historyczny 42 (1951), S. 365–5915, Lipiński, Edward, Studia nad historią polskiej myśli ekonomicznaj (Studien über die Geschichte des polnischen Wirtschaftsdenkens),Warszawa 1956; Eula, Szkice o manufakturach w Polsce XVIII wieku, Warszawa 1956 (Skizzen über die Manufakturen in Polen im 18.Jh., 2 Bände); Kula, Początki układu kapitalistycznego w Polsce XVIII wieku (Die Anfänge des kapitalistischen Systems in Polens im 18. Jh.), in: Przegląd Historyczny 42 (1951), S. 36–81; Kulczykowski, Mariusz, En Pologne au XVIII siecle: L'activite industrielle des paysans et la formation du marche national, in: Annales 24, (1969) 1.

Hetmanen stehen. Zu den Kompetenzen der Hetmane gehörte die Vergabe von Posten in der Armee. Dies erfolgt jedoch nicht nach objektiven, fachmännischen Kriterien.

Einem Bericht zufolge, der im Jahre 1776 dem König und der „Rada Nieustająca" zur Verfügung gestellt wurde, zählte die litauische Armee nur 3.298 Soldaten und Unteroffiziere und 1.272 Offiziere.

Der König hatte eine Einheit von nur 1000 Soldaten zur eigenen Verfügung, wogegen die mächtigen Magnaten verfügten über eigene private Armeen, die mehr Soldaten zählten als die des Königs. So hatten z.B. die Radziwills eine Privatarmee in der Stärke von 8000, die Czartoryskis von 4000, die Sapiehas, von 3000 und die Ogińskis, von ca. 2000 Soldaten. Andere Magnatenfamilien besaßen Einheiten, die bis zu 100 Soldaten zählten. Alle diese militärischen Einheiten erwiesen sich den nationalen Interessen Polens kaum dienlich, sondern eher schädlich.[82]

Um den nationalen militärischen Interessen vor den privaten der Magnaten Vorrang zu geben, beschränkte der „Sejm konwokacyjny" – „Konvokationssejm (7. Mai–23. Juni 1764)" die Macht der Hetmane und setzten die maximale Zahl der Soldaten der Privatarmeen auf 300 fest.[83]

Obwohl sich die Grenzen Polens über viele Tausende Kilometer erstreckten, besaß Polen vor dem Jahre 1764 nur drei Festungen: in Kamieniec Podolski, Częstochowa und Zamość. Die letztgenannte Festung war Privateigentum. Alle anderen Festungen befanden sich in sehr schlechtem Zustand.

Die mittelalterliche Institution des „Pospolite ruszenie" – „Allgemeines Aufgebot" bildete die Grundlage der Verteidigung des polnischen Staates im 18. Jh.

Erst die innerhalb der „Rada Nieustąjaca" – „Immerwährender Rat" geschaffene „Komisja wojskowa" – „Militärkommision" entmachtete die Hetmane von ihren fast unbeschränkten militärischen Kompetenzen und versuchte auf Umwegen, um die Nachbarn Polens nicht zu sehr zu beunruhigen, ein diszipliniertes und schlagkräftiges Heer zu schaffen, das als Garant der politischen Unabhängigkeit fungieren sollte.[84]

---

82 Wegner, ebenda, S. 29, vgl: auch Hoensch, ebenda, S. 4–29, 430; Die polnische Verfassung vom 3. Mai 1791, S. 675. Was die wirtschaftliche Lage dieser Magnatenfamilien betrifft, s. Hoensch, ebenda, S. 99–103.

83 Rostworowski, Ostatni ..., S. 4, 5. Nach Palmers bestand die polnische Armee Mitte des 18. Jh. aus 24 000 Soldaten, (s. dazu Palmer, ebenda, S. 448).

84 Wegner, ebenda, S. 30, 31; vgl. auch Godebski, ebenda, S. 23; Kukiel, Marian, Zarys historii wojskowości w Polsce – Abriss der Geschichte des Kriegswesens in Polen), London 1949; Zarys dziejów wojskowości polskiego do roku 1864, T. 2: 1648–1864 (Abriss der polnischen Militärgeschichte bis zum Jahre 1864. Bd. 2: 1648–1864.

11. Teil: Teilungspläne Polens und ihre Gründe

Schon im Jahre 1660 schlug der schwedische König Karl X. Gustav dem Großen Kurfürsten und Kaiser Leopold vor, Polen aufzuteilen.

Durch die Sondierungen von August II., die in den Jahren 1700, 1702, 1710, 1715 und 1732–35 stattfanden, wurde der Gedanke der Aufteilung des polnischen Staates sehr aktuell: Er scheiterte jedoch an dem Einspruch von Peter I. und wegen des Ablebens August des II.

Es wird auch die Meinung vertreten, dass Russland seit der Herrschaft Peter I. eine Politik der Annektierung des polnischen Staatsgebietes als Ganzes verfolgte.[85] Man schreibt Friedrich II. ähnliche Absichten zu.[86]

Warszawa 1966; Kowecki, Jerzy, Pospolite ruszenie w insurekcji 1794 r. Warszawa 1963 (Das allgemeine Aufgebot während des Aufstandes von 1794): Korzon, Tadeusz, Dzieje wojen i wojskowości w Polsce. T. 3: Do ukończenia epoki przedrozbiorowej; epoka porozbiorowa (Geschichte der Kriege und des Militärwesens in Polen. Bd. 3: Der Abschluss der Ära vor den Teilungen; der Zeitabschnitt nach den Teilungen Lwów, 1923; Wimmer, Jan, Wojsko polskie w drugiej połowie zu XVIII wieku, Warszawa 1965 (Die polnische Armee in der zweiten Hälfte des 17. Jh.); Wimmer, Wojsko (Das Heer), in: Polska w XVII wieku (Polen im 17. Jh.), Warszawa 1969, S. 151–188. Sehr genaue Angaben zu Heeresorganisation Polens, besonders im 18. Jh. sind bei Hoensch, ebenda, S. 424–451 zu finden.

85 Bobińska, ebenda, S. 103, Eine gewisse Übereinstimmung mit G. Bobińska, ist bei W. Feldman und auch bei Hoensch festzustellen. W. Feldman vertritt die Meinung, dass „... auch Peter I. den Überlieferungen Iwans des Großen und Godunows treu blieb und bemüht war, ganz Polen für sich oder seinen Sohn Alexei zu behalten, er bediente sich bereits panslavistischer Schlagworte, verwarf das damalige preußische Teilungsprojekt, legte aber seine Hand auf das ganze Polenreich“ (s. dazu W. Feldman, ebenda, S. 13, wie auch Weber, ebenda, S. 551 und Hoensch, ebenda, S. 8, 190, 191).

86 Hoensch, ebenda, S. 195, vgl. auch folgende Literatur: Jansen, Johannes, Zur Genesis der ersten Teilung Polens, Freiburg, 1865; Kanlan, Herbert, The First Partition of Poland. New York und London 1962; Konopczyński, Władysław, England and the First Partition of Poland in: Journal of Central European Affairs 8 (1948/49) 1, S. 1–23; Krupnicki. J. Borys, Zu den polnischen Teilungsprojekten 1709–1711, in: Zeitschrift für osteuropäische Geschichte 9 (1935), S. 388–402; Leśnodorski, Bogusław, Les partages de la Pologne. Analyse des cause et assai d'une theorie, in: Acta Poloniae Historica 8 (1963), S. 7–30; Morawski, Kazimierz, Zródło rozbioru Polski. Studia i szkice z ery Sasów i St. A., Poznań 1935 (Der Ursprung der Teilung Polens. Studien und Skizzen aus Ära der Sachsen und St. A.); Rostworowski, Na drodze do pierwszego rozbioru. Fryderyk II wobec rozkładu przymierza francusko-austriackiego w latach 1769–1772 (Auf dem Wege zur ersten Teilung Polens. Friedrich II. und das Bündnis zwischen Frankreich und Österreich in den Jahren 1769–1772), in: Roczniki

Ranke sieht die Genesis der ersten Teilung Polens folgendermaßen:

„Man würde Friedrich mit Unrecht als den ersten Urheber einer der drei Mächten gemeinschaftlichen Gebietsverteilung auf Kosten Polens betrachten; dieser Gedanke ist, von Österreich veranlasst, in den Salons von Petersburg ergriffen worden, dass derselbe, aber so große Dimensionen annahm und zu einer Umgestaltung der Machtverhältnisse im Norden und Osten führte, dazu hat Friedrich ohne Zweifel den Anstoß gegeben."[87]

Gotthold Rhode schreibt dazu Folgendes: „den Anstoß zur Teilung gab die eigentlich am Schicksal Polens am wenigsten interessierte Macht, nämlich Österreich, indem es schon im Sommer 1769 die seit 1412 von Ungarn an Polen verpfändeten und niemals eingelösten dreizehn „Städte" der Zips ohne Entschädigung besetzte.[88]

Historyczne 18 (1949, S. 181–202; Smitt, Frederic, Frederic II, Catherine et lo partage de la Pologne. D'apres des documents authentiques. Paris 1861; Sorel, Albert, La question d'Orient au XVIII 2 siecle Le partage de la Pologne et le traite de Kainardj, Paris 1889; Sybel, Heinrich von „Die erste Teilung Polens", in: Deutsche Rundschau 1 1974), S. 16–35; Waitz, Georg, „Neue Mitteilungen über die erste Teilung Polens", in: Historische Zeitschrift 6 (1861), S. 1–12; Zahorski, Andrzej, Centralne instytucje policyjne w Polsce w dobie rozbiorów (Die zentralen Polizei-Einrichtungen in Polen im Zeitraum der Teilungen), Warszawa 1959, Saint-Priest, Alexis de, Etudes diplomatiques et litteraires. Bd. 1: Le partage de la Pologne en 1772, Paris 1850; Eversley, Lord, The Partitions of Poland, London 1915.

87 Weber, ebenda, 554.

88 Rhode, ebenda, S. 312; zu dem Problembereich der ersten Teilung Polens siehe auch; Halecki, ebenda, S. 159, 160; Kraszewski, J. I., ebenda, 3. Band, S. 59–70; Michnik, Mosler, ebenda, S. 355–357; Kieniewicz, Kula, ebenda, S. 35, 36; Kraszewski, ebenda, 8. Band, S. 4; Schmitt, Henryk, ebenda, S. 39, 44; Kalinka, ebenda, S. 88, 89, 90; Pöltitz, ebenda, S. 2; Baron Manteuffel – Szoege, ebenda, S. 7, 8, 9; „Die polnische Verfassung vom 3. Mai 1791", ebenda, S. 675; Wąsicki J. Ziemie polskie pod zaborem pruskim. Prusy południowe 1793–1806. Studium historyczno-prawne (1957), l Band (Das polnische Gebiet unter preußischer Fremdherrschaft. Südpreußen 1793–1806. Ein historisches Studium, 1957, 1963; Loret, M. Watykan a Polska w dobie rozbiorów (1772–1795), in: Przegląd Współczesny, J.13, 1934, S. 337–360 (Vatikan und Polen in der Zeit der Teilungen (1772–1795); Beer, Adolf, Die erste Teilung Polens, Band 1–3, Wien 1873; Forst Battalia, „Maria Theresia pierwszy rozbiór Polski, 1926, in: Kalendarz Historryczny, 40 Band, S. 411–416 (Maria Theresia und die erste Teilung Polens), Konopczyński, Władysław, Fryderyk Wielki a Polska, Poznań 1947, (Friedrich der Große und Polen); Konopczyński, Pierwszy rozbiór Polski. Sprawozdanie z czynności i posiedzeń PAN, 47 Band, 1946, (1947) (Die erste Teilung Polens. Ein Bericht aus der Tätigkeit und den Sitzungen der PAN); Volz, G. B. Friedrich der Große und die erste Teilung Polens. Forschungen zur Brandenburgischen und Preußischen Geschichte,

Sogar ein so mit Polen verbundenes Land wie Frankreich unternahm nichts, um die Teilung Polens zu verhindern. Der Philosoph Voltaire begrüßte sogar die erste Teilung Polens und sandte am Friedrich den Großen einen Brief in dem unter Anderem Folgendes zu lesen ist:

> „Die Leute glauben, dass E.M. die Teilung Polens geplant hat, ich glaube es, weil Geist darin ist."[89]

D' Alambert sprach in dieser Hinsicht folgendes Urteil aus:

> „C'est peu pres le tableau que je me fais de L'etat actuel de la Pologne, et je suis nullement surpris, que V.M. travaille a empecher si Elle peut, que la guerre ne s'y allume encore davantage, et que les maux de l'hummanite, deja si accumules dans ce malheureux pays, ne s'y enttassent encore par des nouvelles devastations. Ges projets sont bien dignes de V.M."[90]

Am 30. September 1772 wurde der englischen Regierung seitens der drei Teilungsmächte die offizielle Note über die erste Teilung Polens überreicht. Suffolk, der diese Note im Namen seiner Regierung entgegennahm, erklärte den drei Gesandten der Teilungsmächte:

> „Der König will gern glauben, dass die drei Mächte von der Gerechtigkeit ihrer Ansprüche überzeugt sind, obwohl seine Majestät die Motive ihrer Handlungsweise nicht kennt."[91]

Der englische Historiker Garlve widmete der Ursache der ersten Teilung Polens folgende Beschreibung:

> „Two things seem to be tolerably clear, though not yet known in Liberal circles: firstly that the partition of Poland was an event inevitable in Polish history: an Operation of Almighty Providence and of the eternal Laws of Nature.... and, secondly that Frederick had nothing special to do with it. It is certain, the demands of eternal justice must

23 Band, 1910, S. 71–143; Konopczyński, Wolnomularstwo a rozbiór Polski, in: Kalendarz Historyczny, 50 Jahrgang, 1936, S. 677–695 (Das Freimauertum und die Teilung Polens), Perrero, D. La diplomazia üiemontese el primo membramento della Polonia, Torini 1894; Schmitt; Friedrich, Suworov und Polens Untergang, Leipzig 1958; Schmitt, Friederic II, Catharine et le partage de la Pologne, Paris 1861.

89 Krupiński, ebenda, S. 11; Der Autor dieser Arbeit kam zu der Überzeugung, dass Kurt Krupiński zu den wenigen nicht-polnischen Autoren gehört, die sich sehr gründlich mit der Einstellung, besonders der europäischen Staaten und nicht nur Preußens und Russlands, zu Polen und dessen Schicksal, beschäftigten.

90 S. Krupiński, ebenda, s. 11, 22.

91 S. Krupiński, ebenda, S. 11, 22.

be fulfilled....if the laws and judgments are verily those of God, there can be no clearer merit than that of pushing them forward, regardless if the barking of gazettes".[92]

Der Bewunderer der polnischen gewaltlosen Revolution Burke bezieht bezüglich der ersten Teilung Polens folgende Stellung und sagt:

„Whatever were his sentiments with regard to Poland he should think it wise to hold his tongue, for was it possible for Great Britain to go to war with Austria, Russia and Prussia with no ally but France? And what government was there in France with which he could form an alliance. The situation of France rendered any such alliance unpractical ....The partition of Poland might possibly be made so as not to destroy or even to affect in any degree the balance of Power in Europe. "[93]

Wieder in den „Letters concerning the present state of Poland", die im Jahre 1793 in London erschienen, hieß es:

„The Poles had long established an oligarchic tyranny on the ruins of the legal authority. The different branches of the executive power had been thrown into the hands of a few great officers who, having no legal check, made such use of delegated to them as best saved their own private advantage: and had seldom anything in view but to humble the King, and to aggrandize themselves."[94]

Die Haltung der Vereinigten Staaten von Nordamerika zur ersten Teilung Polens erfuhr folgende Beschreibung:

„The European coldness and disregarded toward Poland at the time of the first Partition was shared by America and affected a large part if its public opinion."[95]

John Adams sah die Gründe der Teilung Polens folgendermaßen:

„The present wrenched state of the towns, compared with their former flourishing condition, the poverty of the peasants, whose oppressions have increased in proportion to the power of the nobles, having lost a protector, when the king lost his weight in the constitution: the total confusion in all public affairs, the decline of importance and loss of territory: all show, that absolute monarchy is preferable to such a republic."[96]

Diese und andere Aussagen Adams erfuhren folgende Wertung:

„His views may be taken as typical of opinion on Poland after the first Partition."[97]

---

92 Krupiński, ebenda, S. 24.
93 Ebenda, S. 28.
94 Ebenda, S. 28.
95 Ebenda, S. 32.
96 Ebenda, S. 28, 32, 33.
97 Ebenda, S. 33, 34.

Die drei Teilungen des polnischen Staatsgebietes führten zur Auflösung des polnischen Staatswesens und konnten durch die Reformbestrebungen nicht verhindert werden. Die Ursachen sind im innenpolitischen aber auch – oder vor allem – im außenpolitischen Bereich zu suchen.

In der Literatur gibt man betreffend die Gründe des Untergangs des polnischen Staates im 18. Jh. folgende Ursachen an:[98]

Interne Ursachen:

1. Verleihung der szlachta (dem Adel) zu viele Privilegien
2. Die Union zwischen Litauen und Polen als Ursache des Krieges im Osten
3. Die Agrarkrise in der ersten Hälfte des 18. Jh.
4. Einführung der „goldenen Freiheit“ der szlachta (Liberum Veto)
5. Schaffung der Klientel der Magnaten
6. Rokosze
7. Privatinteressen der Schlachta (der Adligen) und der Magnaten
8. Niedergang der Städte
9. Der herrschenden Schicht war das Wohlergehen von Polen fremd. Sie stammte aus fremden Dynastien.
10. Chmielnicki Aufstand – ernste Schwächung des Landes
11. Aufteilung der Magnaten auf zwei feindliche Lager
12. Fehlende Rechte für die Bauern und für die Bewohner der Städte
13. Konföderationen

Externe Ursachen:

1. Invasion des Schweden
2. Steigerung der Position der Nachbarn Polens
3. Kriege mit der Türkei
4. Verlust eines Teils von Ukraine
5. Kriege im Norden
6. Sejm der „Stumme“ 1717 – Einmischung von fremden Staaten in die polnischen Angelegenheiten. Infolgedessen verlor Polen den staatlichen Charakter für 123 Jahre und die Polen sind für 123 Jahre ein Volk ohne Staat geworden.

98 Bryk pl, Ausarbeitung betreffend die I, II und III (1772, 1793, 1795) Aufteilung Polens; Paweł Jasienica, Polska Anarchia – Polnische Anarchie, Ausgabe 2000.

II. Zweites Kapitel

Das Zeitalter der Aufklärung in Polen. Tendenzen und Strömungen und deren wesentlichen Bestandteile

> „Wie in den Tagen der Renaissance eine Weltliteratur die europäischen Kulturländer durchdrang, die auf dem neuerwachten Altertum aufgebaut, die Menschheit mit den Ideen des Humanismus verjüngen wollte, so entstand zwei Jahrhunderte später eine zweite Weltliteratur, die in England und Frankreich gleichzeitig zur Entfaltung kam ... Auch diese zweite Weltliteratur hatte einheitliche Zwecke und Tendenzen; sie wollte die herrschenden Anschauungen und Bildungsformen mit der Fackel der Vernunft eines erleuchteten Rationalismus durchdringen, die überlieferten Vorstellungen, Lehrsatzungen und Sitten mit den Waffen des prüfenden und denkenden Verstandes bekämpfen und vernichten, an die Stelle veralteter abgelebter Institutionen, Doktrinen und Sittengebote eine neue sich auf Philosophie und Humanität gründende Weltanschauung und Seelenverfassung, setzen."[1]

Die Revolution in England und ihr Ablauf hinterließen bleibende Werte. Sie wurden ein Beispiel und Muster zugleich für fast alle nachfolgenden Revolutionen in Europa.

Auf die „Habeas Corpus Akte", die Stuart Karl II. im Jahre 1679 billigte, folgte nach dem Sturz der Stuarts in der Revolution des Jahres 1688 die „Declaration of Rights" (1689). Dadurch erhielt das Bürgertum die Garantie der Respektierung der Menschenrechte und eine Anteilnahme am politischen Leben Englands.

Die englische „Declaration of Rights" beeinflusste die weitere Entwicklung der Menschenrechte.[2] Die parlamentarische Monarchie Englands wird zum Vorbild und Ideal aller unter dem Absolutismus lebenden Europäer. Die Idee des Naturrechts sowie die Vertragstheorie Lockes beeinflussen dann Nordamerika und führen zur amerikanischen und zur Französischen Revolution.

In der berühmten Deklaration aus dem Jahre 1776 erklärt der Kongress der dreizehn Neu-England-Staaten seine Trennung und Unabhängigkeit von England. Er berief sich dabei auf das Naturrecht der Aufklärung und auf die angeborenen Menschenrechte.

---

1 Weber, ebenda, S. 110.

2 Verosta, Stephan, Das Europäische Staatensystem und das „klassische Völkerrecht", sowie „Das Völkerrecht nach der amerikanischen, französischen und der industriellen Revolution", in: Völkerrecht von Alfred Verdross, 5 Auflage, Wien 1964, S. 63–68, 68–78.

William Pen kaufte das Land Pennsylvania, das „als Wiege der Freiheit für die Neger und für die Welt“ mit der Hauptstadt der Bruderliebe – Philadelphia gelten sollte.

George Washington entwarf das Staatssiegel der Vereinigten Staaten von Nordamerika. Letzteres betont die Nachfolge Roms durch die vergilischen Verse „Annuit coeptis novus ordo seclorum“, umrahmt von einem Symbol der johanneischen Freimaurerei, der Pyramide mit dem Auge Gottes.

Die Französische Revolution proklamierte die berühmte „Deklaration der Menschenrechte“ und verkündete die Parole der „Freiheit, Gleichheit und Brüderlichkeit“. Sie sollte die Bewohner aller Länder ansprechen.

In der Regel wird das „Zeitalter der Vernunft“ auch das „Jahrhundert der Lichter“ genannt und mit dem 18. Jh. identifiziert.[3] Nach der Ansicht von einigen Autoren muss man den Ursprung des Zeitalters der Aufklärung bis zum Erscheinen von Isaac Newtons „Principia“ im Jahre 1687 und zu John Lockes „Essay Concerning Human Understanding“ zurückverfolgen.[4]

Horace Walpole geht in seinen „Memoires of the Reign of George II.“ sogar noch weiter zurück und setzt den Anbruch des Zeitalters der Aufklärung mit dem Jahre 1657 fest.

Es wird auch die Meinung vertreten, dass die Aufklärung ihren Höhepunkt mit der Veröffentlichung der französischen Enzyklopädie in den Jahren 1751-1776 erreichte.[5]

Das Zeitalter der Aufklärung sollte „ein Jahrhundert kühler Sachlichkeit, wachsender Toleranz und steten sozialen und industriellen Fortschritts“ sein, in dem gesunder Menschenverstand das menschliche Leben nicht unmissverständlich auslegen lässt.[6]

John Locke stellte eine neue Erziehungsmethode auf, sie sollte „den Menschen befähigen mit unbefangenem Blick und ohne Vorurteile die höchsten Probleme zu erforschen und des Menschen Wesen und geistige Beschaffenheit zu ergründen“. Bolingbroke, Lord Ghaszelsbroke und die Deisten übernahmen

---

3 Verosta, ebenda; vgl. auch Cartelieri, Ulerander, Geschichte der neueren Revolutionen vom englischen Puritanismus bis zur Pariser Kommune (1642–1871), Leipzig 1921, besonders die Seiten 1–77.

4 Nicolson, Harold, Das Zeitalter der Vernunft, Wien, München, Basel, S. 8.

5 Ebenda.

6 Ebenda, S. 12; vgl. auch Valjavec, Fritz, Geschichte der abendländischen Aufklärung, Wien, München 1960; Bredvold, Louis, The brave new world of the Enlightenment; Gay, Peter, The Enlightenment: An Interpretation. The Rise of Modern Paganism, New York 1967; Weber, ebenda, S. 109 und folgende.

und entwickelten weiter die neuen philosophischen Ansichten. Es entstand eine neue Moralphilosophie, die den Begriff der Sittlichkeit von den religiösen Kriterien trennte und an die Werte der Natur anknüpfte (s. Weber, ebenda, S. 111). Francois-Maria Ärouet Voltaire (1694–1778) erklärte: „Voulez-vous avoir de bonnes lois? Brulez les votres et faites-en de nouvelles" (s. Thieme, Hans, Die preußische Kodifikation, S. 359, sowie, Rostworowski, Ostatni…, S. 34–8).

Die Enzyklopädisten forderten die Freiheit des Handels und hofften die Bereicherung der Menschen noch miterleben zu können. Die Rationalisten des 18. Jh. haben versucht, das soziale Gewissen der Menschheit zu erwecken und zur Humanität anzuregen. Den Krieg als Mittel der Austragung internationaler Streitigkeiten lehnten die Aufklärer ab.

Der aus Mailand stammende Beccaria (1738–1794) verurteilte in seinem Werk „Dei delitti e delle pene", das im Jahre 1766 erschien, die Folter und bezeichnete diesen Missbrauch, als die Schande der Menschheit. Der Engländer John Howard schenkte sein ganzes Leben der Reform des Gefängniswesens.

Auf geistiger Ebene hatte auch Polen seine Zeit der Aufklärung, die, wie in allen Ländern, mehr oder weniger sowohl einheimischen als auch ausländischen (England, Frankreich, Deutschland, Italien, Vereinigten Staaten von Nordamerika, Niederlande, Schweden und Schweiz) Ursprungs war.[7]

In der Regel identifiziert man die polnische Aufklärung mit der Regierungszeit König Stanisław August Poniatowski „epoka Stanisławowska" – „Stanislausepoche" (1764–1795).

Das Zeitalter der Aufklärung beginnt in Polen im Jahre 1763 (mit der Veröffentlichung des Werkes Konarskis „O skutecznym rad sposobie" („Über effiziente Ratschläge") und geht im Jahre 1818 mit der Veröffentlichung des Werkes Brodzińskis „O klasyczności i romantyczności" („Über Klassik und Romantik") zu Ende.

Die polnische Aufklärung zeichnet sich vor allem durch die Befreiung des Menschen, der Gesellschaft und der Welt von den Regeln der Scholastik und

---

7 Hoensch, ebenda, S. 2, 5, 212, 213, 371, 373, 411, 412; The Cambridge History of Poland, S. 125, 126; Wegner, ebenda, S. 38; Leśnodorski, Dzieło … S. 59, 69, 70,71; Biskupski, Zarys prawa … S. 158; Feldmann, W., ebenda, S. 2; Michnik, Mosler, ebenda, S. 377; Die polnische Verfassung vom 3. Mai 1791, S. 677, 678; Kraszewski, ebenda, 1. Band, S. 422, 423; Leśnodorski, Kaczmarczyk, ebenda, (1957), S. 382, 387; Gierowski, Josef, U źródeł polskiego Oświecenia, in: Wiek XVIII. Polska i Świat. Warszawa 1974 (An den Quellen der polnischen Aufklärung.), S. 43–49; Bobińska, Geschichte Polens (Makieta), Band 2, ebenda, S. 204; Kutrzeba, Konstytucja trzeciego Maja 1791 roku, S. 18, 19.

des Einflusses der Religion aus. Wissenschaft und Politik, Metaphysik und Geschichte sollen nach Ansicht der polnischen Aufklärer vom Naturrecht des menschlichen Verstandes beherrscht werden.

Es macht sich ein gewisser Übergang vom Denken in religiösen Kategorien zum Denken in solchen der Wissenschaft bemerkbar, die sich an vernunftmäßigen Prinzipien ausrichten soll.

Dieser Zeitabschnitt wird nicht nur wegen der durchgeführten Reformmaßnahmen, aber auch wegen der vitalen, durch Reformwillen und Reformeifer gekennzeichneten politischen Publizistik, als „Epoche der Reformen" bezeichnet.[8] Die politische Publizistik nahm als Instrument der Reformdurchsetzung einen wichtigen Platz ein.

Jedoch erst nach der Thronbesteigung von König Stanisław August Poniatowski kam die polnische, politische Publizistik voll zur Geltung und nahm an politischer Schärfe zu.[9] Sie war vom Inhalt her gesehen von „einem starken Sinn für die eigene Art und Würde und von dem stolzen Bewusstsein einer großen Vergangenheit getragen. Sie war eine gegen den eigenen Stand, die eigene Nation, das eigene Land gerichtete Anklage".[10]

Die Initiatoren der Reformen in Polen bedienten sich in ihren Bemühungen um die Verbesserung des politischen und wirtschaftlichen Zustandes des polnischen Staates mithilfe der Maximen des Empirismus, des Merkantilismus, des Kameralismus und der Physiokraten.

Die Argumentation der katholischen Kirche (Lehre) blieb ihnen fremd. Zugleich nahmen sie Abstand von den Maximen des antiklerikalen und kosmopolitischen französischen Rationalismus.

Die Vertreter der polnischen Aufklärung beriefen sich in ihren Schriften auf die Geschichte des eigenen Landes, aber sie versuchten auch, den eigenen Gedankengang mit Beispielen aus der Spätantike zu untermauern.[11]

---

8 Hoensch, ebenda, Wegner, ebenda, S. 34; vgl. auch Gierowski, ebenda, S. 41, 42; Hinz, Sikora, ebenda, S. 7, Leśnodorski, Dzieło ..., S. 21, 22, 291.

9 Hoensch, ebenda, S. 120, 308; vgl. auch The Cambridge History ..., S. 126; Gierowski, ebenda, S. 49, 50; Schmitt, Henryk, Dzieje panowania ..., S. VIII, S. 16.

10 Hoensch, ebenda, S. 6.

11 Hoensch, ebenda, S. 6; vgl. auch Kaczmarczyk, Leśnodorski, ebenda, (1957), S. 366; Leśnodorski, Dzieło..., S. 83. Einige Reformen wurden in Polen vor dem Jahre 1788 durchgeführt. Der Gutsherr verlor (1768) das Recht, die Todesstrafe über seine Leibeigenen zu verhängen. Im Strafvollzug wurde früher als in Frankreich und England die Folterung abgeschafft, und ebenso durfte „Hexerei" nicht mehr als Verbrechen geahndet werden (1776). Anstelle der alten langatmigen Reden in den Landtagen gab es jetzt eine öffentliche Meinung, die mehr der Neuzeit entsprach und zeitgemäße

Auf diesem Wege entstand eine polnische, politische Reformpublizistik mit stark national ausgeprägtem Charakter, die zur Entstehung eines polnischen politischen Pluralismus führte, der das Vorhandensein der politischen Opposition nicht mehr infrage stellte.[12]

Die Aufklärer waren daran interessiert, in Polen eine neue geistige Entwicklung ins Leben zu rufen, die die politische und wirtschaftliche Schwäche des polnischen Staates, die sozialen Missstände in der polnischen Gesellschaft, den Zustand der politischen Anarchie, die in den Prinzipien der „goldenen Freiheit" zum Ausdruck kam, mithilfe einer neuen, den politischen und wirtschaftlichen Realitäten entsprechenden Verfassung beseitigen sollte.[13]

Es wird auch die Meinung vertreten, dass sich mit der Aufklärung die kameralistische Richtung verbinde, die aus Deutschland nach Polen kam und die neuen Vorstellungen von der Wichtigkeit der Finanzen und des Heeres für den Staat und seine politische und wirtschaftliche Substanz zum Ausdruck brachte.

Fragen behandelte (s. Palmer, ebenda, S. 4–52; vgl. auch Leśnodorski, Kaczmarczyk, ebenda, (1957), S. 427; Dzieło …,S. 26. Die vom Sebastian Czochron verfasste „Dysertacja o prawodawstwie kryminalnym" – „Dissertation über die Strafgesetzgebung" (1788), auch die vom Tomasz Kuźnierski herausgebrachte „Uwagi …o powadze praw i karze śmierci" – „Bemerkungen über die Wichtigkeit der Gesetze und die Todesstrafe", entstanden unter dem direkten Einfluss der französischen „Deklaration der Menschenrechte"; siehe zu diesem Thema: Hinz, Sikora, ebenda, S. 4–1; Wegners, S. 25; Feldmann, W., ebenda, S. 18; Bardach, ebenda, S. 48, 49; Michnik, Mosler, ebenda, S. 380, 403; Kraszewski, ebenda, Band 2, Warszawa 1902, S. 4, 6, 7; Ajnenkiel, Leśnodorski, Rostocki, ebenda, S. 8; Bobińska, ebenda, S. 95; Kaczmarczyk, Leśnodorski, ebenda, (1957), S. 367; Leśnodorski, Opałek, Karol, Nauka polskiego Oświecenia w walce o postęp, Warszawa 1951 (Die polnische aufgeklärte Wissenschaft im Kampf um Fortschritt); Suchodolski, Bogdan „Idee społeczne doby stanisławowskiej" (Die Vorstellungen von der Gesellschaft in der stanislauischen Zeit) Warszawa 1948; Szacki, Jerzy, Ojczyzna, naród, revolucja. Problematyka narodowa w polskiej myśli szlachecko-rewolucyjnej (Vaterland, Nation, Revolution). Die nationale Problematik im revolutionären Denken der polnischen Schlachta), Warszawa 1962.

12 Hoensch, ebenda, S. 6; Baron Manteuffel-Szoege, ebenda, S. 9, 10.

13 Kutrzeba, Grundriss der polnischen …, S. 197, sowie Hoensch, ebenda, S. 144, 167; Leśnodorski, Dzieło …, S. 96, 97. Zu den hervorragendsten Vertretern der kameralistischen Richtung in Polen gehörte Josef Wybicki (s. Leśnodorski, Dzieło …, S. 367, 368). Jan Potocki gründete eine eigene „Freie Druckerei", in der er alle Schriften und Reformentwürfe der polnischen Patrioten druckte (s. Rostworowski, Ostatni …, S. 35, 120; Hoensch, ebenda, S. VIII).

Neue Anschauungen verbreiteten die englische und die noch mehr aussagefähigen französischen Theorien von Rousseau und Montesquieu, die Polen mit der Absicht den Staat im Geiste der Volkssouveränität und des modernen Parlamentarismus zu reformieren bekannt machten. Ebenso wurden in der zweiten Hälfte des 18. Jh. zwei hervorragende Schriftsteller von großem Weltblick bekannt, die ein vielseitiges Reformprogramm der Erneuerung und der Wiedergeburt Polens ausgearbeitet hatten: Staszic und Kołłątaj. Die politische und Flugschriftenliteratur nahm an Aussagekraft ständig zu. Sie beeinflusste das politische Denken der polnischen Gesellschaft und gab ihr neue Auffassungen von neuen politischen Prinzipien.

Die polnische Literatur der zweiten Hälfte des 18. Jh. stellte ein wichtiges Element der polnischen Aufklärung dar. Sie entwickelte sich vor allem unter dem Einfluss der klassischen Literatur Frankreichs des 17. und des 18. Jh und war vom „bon sens" und vom „bon gout" gekennzeichnet. Sie verfolgte die Prinzipien der „l'Art poetique" des „legislateur du gout" – Boileau.

Von denen im 17. und 18. Jh. lebenden französischen Schriftstellern beeinflussten am meisten das polnische literarische Leben: Boileau, Moliere und seine Schule, Racine, La Fontaine, Voltaire, Rousseau und de Condillac. Der „leichte und klare" französische, literarische Stil und Humor verdrängte aus der polnischen Literatur den „schweren sarmatischen Barock", sowie den einfachen Humor.

Die aufklärerische und reformatorische Tätigkeit beherrschte auch die Literatur der „Stanislausepoche" (1764–1795). Sie stellte einen Kompromiss zwischen der polnischen Tradition und dem angestrebten Fortschritt dar.

Die didaktisch-satirische Richtung der Poesie der „Stanislausepoche" (Komödie, Satire, satirischer Roman, Roman) wird in Polen von Krasicki, Trembecki, Naruszewicz, Węgierski, Zabłocki und Niemcewicz vertreten.

Später entstand in der Literatur unter dem Einfluss von Gessner und Rousseau, eine sentimentale Richtung, der sogenannte „Sentimentalismus", deren Repräsentanten in Polen Karpiński, Kniaźnin und Szymański waren. Der „Sentimentalismus" war mit dem Sitz der Magnatenfamilie der Czartoryskis in Puławy verbunden.

Am Ende der „Stanislawepoche" gab es erste Anzeichen von neuen literarischen Strömungen, nämlich von:

- der Volkstümlichkeit (ludowość) und von
- dem sogenannten „Osianismus".

Das ist eine literarische Richtung, die in Schottland ihren Anfang nahm.

Beide oben genannten Richtungen wurden später Bestandteile der polnischen Romantik.[14]

Das polnische Theater der zweiten Hälfte des 18. Jh. wäre aus der damaligen Gegenwart nicht wegzudenken gewesen, welches einen wesentlichen Bestandteil der polnischen Aufklärung darstellte und eine wichtige Rolle zu erfüllen versuchte.

Eigene Theater hatten der Jesuitenorden, der Piaristenorden, das „Collegium Nobilium" Konarskis sowie auch die „Ritterschule". An diesen Theatern führte man Theaterstücke Voltaires, Marivaux, Diderot, Racine, Corneille, Marcier und d'Arbes auf. Das polnische Theater des 18. Jh. war von dem Piaristenorden und der Tätigkeit Konarskis geprägt, besonders aber vom Jesuitenorden und Franciszek Bohomolec. Bohomolec und Czartoryski waren die Hauptrealisatoren der königlichen Theaterpolitik.

Das Verhältnis zum Theater wurde als Maß für die Einstellung zur königlichen Politik und den Reformen angesehen. Das königsfeindliche Lager war von Anfang an gegen die aufklärerische Tätigkeit des Theaters eingestellt. Das königliche Lager sah sich gezwungen, sich gegen die angestrebte Schirmherrschaft der Opposition und des jeweiligen russischen Botschafters in Polen über das polnische Theater zu behaupten.

Während der Zeit des „Vierjährigen Sejm" (1788–1792) erhielt das polnische Theater einen öffentlichen und politischen Charakter. Er sollte neben den Zeitschriften, der Literatur und dem Schulwesen als Instrument der Patrioten bei der Verwirklichung der angestrebten Reformen dienen. Das polnische Theater sollte eine Schule der patriotischen Erziehung sein und zugleich eine geistige Verbindung zum kulturellen Leben Westeuropas, besonders Frankreichs und

---

14 Literatura Polska od początków do powstania styczniowego, T. II, od pol. XVIII w. do r.1820, (Die polnische Literatur seit dem Beginn bis zum Januaraufstand, Band 2, seit der zweiten Hälfte des 18. Jh. bis zum Jahre 1820), Warszawa, Lublin, Łódz 1918, S. 66, 67; Langer, Dieter, Grundzüge der polnischen Literaturgeschichte, Darmstadt. 1975. S. 60–69, 132–182; vgl. auch Milosz, Czesław, The history of Polish Literature. London und New York 1969; Brückner, Alexander, Dzieje kultury polskiej (Geschichte der polnischen Kultur), Bände, Warszawa 1957, 1958; Brückner, Encyklopedia staropolska (Altpolnische Enzyklopädie), Warszawa 1939; Brückner, Geschichte der polnischen Literatur, Leipzig 1901; Chałasiński, Josef, Kultura i naród. Studia i szkice (Kultur und Nation. Studien und Skizzen). Warszawa 1953, Historia polskiej literatury od średniowiecza do XIX wieku (Geschichte der polnischen Literatur vom Mittelalter bis ins 19. Jh., Warszawa 1953).

Italiens, aufrechterhalten. Diese Aufgaben nahm insbesondere das im Jahre 1765 gegründete „Nationaltheater" – „Teatr Narodowy" wahr.[15]

Die Architektur Polens der zweiten Hälfte des 18. Jh. ist von dem „Stil Stanisław August" geprägt und auch ein Beweis dafür, welchen geistigen Strömungen das damalige kulturelle Leben Polens unterlag. Dieser Stil stellte eine Mischung von Klassizismus, Renaissance und Barock dar. Der „Pałac Łazienkowski" (Schloss Lazienki) kann dieser Stilrichtung zugerechnet werden.

Unter anderem gehörten die Architekten Dominik Merlini, Szymon Zug, Jan Kamsetzer sowie die Maler Bacciarelli, der die Warschauer Malerschule leitete und als Autor von allegorisch-mythologischen und historischen Gemälden im Łazienki-Schloss gilt, Canaletto, der Maler der topografischen Ansichten von Warschau sowie der Pole Jan Piotr Norblin, zu den Mitgestaltern des „Stanisław August Stil".

Würde man die Musik nicht erwähnen, wäre eine wichtige Komponente der polnischen Aufklärung verborgen geblieben.

In der „Stanislaw Epoche" gab es in der polnischen Musik erste Ansätze zur Entstehung einer Nationalmusik. Die Volksmusik und das Lied wurden in der zweiten Hälfte des 18. Jh. in den Bereich der angewandten Kunst einbezogen.[16]

Die polnischen Aufklärer beriefen sich – was die eigene literarische Tradition betrifft– auf Andrzej Frycz Modrzewski (1503–1572), Łukasz Górnicki (1527–1603), den Staatsmann, Feldherrn, Gelehrten, Verfassungstheoretiker und Kongresskanzler Jan Zamoyski (1542–1605), und suchten in deren Schriften nach brauchbaren Lösungen für die Probleme der damaligen Gegenwart. Man erinnerte sich auch gern an die Gedanken von Szymon Starowolski (1588–1656), Andrzej Maximilian Fredro (1620) und des Jesuiten Piotr Skarga (1536–1622).[17]

Die Reformatoren versuchten, die exekutive Behörde des polnischen Staates nach Vorbild der konstitutionellen Monarchie Englands und der Niederlande einzurichten und ihr dadurch den nötigen Inhalt zu verleihen.

Aber auch die republikanischen Einrichtungen der Schweiz, Venedig und Genua dienten ihnen als Beispiel für die Lösung der polnischen Probleme.

15 Langer, ebenda, S. 51–55, 69–71.

16 Langer, ebenda, S. 59.

17 Hoensch, ebenda, S. 6, 7; siehe auch die dort angegebene Literatur sowie Balzer, Konstytucja trzeciego maja ..., S. 44.

Im 18 Jh. gehörten die meisten polnischen Schriftsteller, Herausgeber, Gelehrten, Politiker und Staatstheoretiker dem geistlichen Stande an.[18] Die geistliche Masse des polnischen katholischen Klerus blieb jedoch der Lehre der katholischen Kirche treu.[19] Als Beispiel können unter anderen Stanisław Konarski, Ignacy Krasicki, Adam Naruszewicz, Hugo Kołłątaj und Stanisław Staszic dienen.[20] Ohne ihr Wirken wäre das Reformbestreben während der Regierungszeit von König Stanislaw August Poniatowski kaum sichtbar geworden.

Wie das Beispiel der Person des Königs August Poniatowski selbst zeigt, waren die großen Geister der polnischen Aufklärung mit den Grundgedanken des Freimaurertums, des Deismus und des Liberalismus vertraut. Die polnischen Reformatoren des Zeitalters der Aufklärung waren gezwungen, Kompromisse zu schließen, um zumindest teilweise die Verwirklichung ihres Reformvorhabens zu erreichen.

Die Auflösung des Jesuitenordens durch den Papst (1773), welcher aus politischen Gründen in Russland Schutz fand, hatte, wie auch in anderen katholischen Ländern, insbesondere in Frankreich, eine bedeutende Reform des Unterrichtswesens zur Folge.[21]

Die erste wichtige Entscheidung war in Polen gefallen, als man versuchte, das Schulwesen mithilfe des Ministeriums für Schulwesen zu reformieren.

Der Jesuitenorden und dessen Schulen wurden liquidiert; zugleich stärkte man das von Stanisław Konarski ins Leben gerufene Schulwesen „szkolnictwo pijarskie“ – „pijaristisches Schulwesen“.[22]

Es entstand die „Komisja Edukacji Narodowej“ – „Kommission für Erziehung und Unterricht“, die in Polen eingesetzt wurde. Sie ist als das erste, in Europa bestehende Kultusministerium anzusehen.[23] Diese „Kommission“ führte einen neuen Lehrplan in den von Jesuiten verlassenen Schulen ein.[24]

---

18 Hoensch, ebenda; S. 9,120 s. auch Gierowski, ebenda, S. 46, 47.

19 Hoensch, ebenda, S. 120; siehe auch Lelewel, Panowanie krola polskiego, S. 126, 127.

20 Hoensch, ebenda, s. auch Lelewel, Panowanie krola plskiego-Die Herrschaft des polnischen Königs.

21 Feldman, W., ebenda, S. 21; vgl. auch Rostworowski, Ostatni …, S. 108, Kraszewski, ebenda, Band 1, S. 419.

22 Hinz, Sikora, ebenda, S. 16, 17, 93; vgl. auch Godebski, ebenda, S. 9, 10.

23 Hinz, Sikora, ebenda, S. 10, 11, 93; vgl. auch Michnik, Mosler, ebenda, S. 4–9, 383, Kutrzeba, Konstytucja trzeciego maja 1791, S. 19, 20; Schmitt, ebenda, S. 46; Kutrzeba, Grundriss … S. 222, 223; Godebski, Reformy społeczne w Polsce …, S. 6–10; Ajnenkiel, Leśnodorski, Historia ustroju …,S. 8; Balzer, Konstytucja trzeciego maja …, S. 51; Konopczyński, Dzieje Polski nowożytnej, Band 2, S. 354.

24 Halecki, ebenda, S. 161; s. Leśnodorski, Dzieło …, S. 176.

Die Erfahrungen aus der ersten Teilung Polens hatten die Regierung davon überzeugt, dass es wichtiger war, den jungen Menschen eine neue staatsbürgerliche Erziehung und Kenntnisse in den Staatswissenschaften zu vermitteln, als klassische Literatur und Rhetorik.[25]

Die Modernisierung der Universität Krakau - sie wurde im Jahre 1364 gegründet, wurde im Jahre 1777 von der „Komisja Edukacji Narodowej“ unter der Leitung von Hugo Kołłątaj durchgeführt.

Hugo Kołłątaj gründete auch gemeinsam mit Tadeusz Czacki das berühmte „Lyzeum in Krzemieniec“ (1803–1806).[26] Er bemühte sich in politischer und wirtschaftlicher Hinsicht, die Studenten zu verantwortungsbewussten Staatsbürgern zu erziehen.[27]

Daher wurde in den neuen Schulen, wie z.B. im „Kollegium Nobilium“ des Piaristenordens in Warschau, aus welchem viele spätere Führer der Revolutionszeit hervorgingen, das „Liberum Veto“ aus den akademischen Übungen entfernt.[28]

In den 80er-Jahren des 18 Jh. wurden sowohl die Werke von Beccaria und Filangieri, von Adam Smith und Blackstone als auch die Werke von Voltaire, Diderot, d'Alembert, Rousseau, Montesquieu, Mably und de Condillac in polnischen Übersetzungen bekannt.[29]

Teodor Ostrowski veröffentlichte (1786) die eigene Übersetzung des Werkes von Blackstone „Commentaries on the Laws of England“[30]

---

25 The Cambridge History of Poland... S. 125; vgl. auch Denkwürdigkeiten über Polen ..., S. 6; Wegner, ebenda, S. 37.

26 Hinz, Sikora, ebenda, S. 11, 93. Michnik, Mosler, ebenda, S. 4–9, 383; Kutrzeba, Konstztu ka 3 Maja 1791.

27 Hinz, Sikora, ebenda, (1957) S. 34; vgl. 21–25, 93; vgl. auch Smolenski, Wladysław, Przewrót słowy w Polsce w XVIII wieku, Warszawa 1949 (Der geistiger Umschwung in Polen); Kurdyba, Statroolski ideał wychowaczy (Das altpolnische Drziehunsmodell).

28 Konopczyński, Dzieje Polski nowożytnej (Geschichte Polens der Neuzeit), Band 2, S. 354; Palmer, ebenda, S. 450.

29 The Cambridge History of Poland... S. 126; Leśnodorski, Dzieło S. 82, 83; Kutrzeba, Konstytucja trzeciego Maja ..., S. 18, 19; Michnik, Mosler, ebenda, S. 377, 378; Staszic, Uwagi nad życiem (Bemerkungen über das Leben), S. 17, 36; Biskupski, ebenda, S. 158; Godebski, ebenda, S. 11; Konopczyński, Dzieje Polski nowożytnej (Geschichte Polens der Neuzeit), Band 2, S. 354; Palmer, ebenda, S. 450.

30 Kaczmarczyk, Leśnodorski, ebenda (1957), S. 426. Die Übersetzung Ostrowskis erschien in Polen unter dem Titel „Prawo kryminalne angielskie“ – „Das englische Strafrecht“ (1786). Das Werk Mablys „De la legislation ou Principes des lois“ (1789–1790) erschien in Polen unter dem Titel „Zasady praw“ – „Prinzipien des Rechtes“,

Der Franzose Brissot de Warville war der Herausgeber einer Enzyklopädie des Strafrechtes von verschiedenen Ländern und beeinflusste mit seinen Ansichten sehr stark den Polen Teodor Ostrowski.[31]

Schon in den 50er-Jahren des 18 Jh. wurden in Polen die ersten Werke Voltaires polnischen Lesern vorgestellt. Auch die Freimauer vermittelten internationale Verbindungen. Etliche Berater des Königs Stanisław August Poniatowski in Fragen der Reformen waren, wie der Schweizer Glayre und der Italiener Piatolli, Freimaurer. [5]

Die Beziehungen mit dem Ausland und das Lesen von Büchern aus dem Ausland sind Beweise eines Reifungsprozesses der politischen und intellektuellen Kreise. Große Geister der damaligen Gegenwart nahmen zu polnischen Problemen des 18. Jh. Stellung, so unter anderem auch J. J. Rousseau (1712–1778). Sein Werk erschien unter dem Titel „Considerationssur le gouvernement de Pologne et sur sa reformation projetee en avril 1772“ (Londres 1782).[32]

Der Küchenmeister von Litauen Michael Wielchorski regte Gabriel Bonnot de Mably an, das Werk „Du gouvernement et des lois de la Pologne“ (Londres 1781) zu verfassen. In der Schrift „Observations de M. Labbedee Mably sur la reforme des lois de la Pologne“ wurde ihm auf sein Werk in Polen geantwortet. Der Autor dieser Schrift blieb unbekannt. Daraufhin schrieb Mably die „Secondes observations sur la reforme des lois en Pologne a Monsieur,le comte Wielhorski“. Beide Werke waren den Reformatoren aus der Zeit des „Großen Sejm“ (1788–1792) gut bekannt.[33]

Sogar Francois Marie Arouet Voltaire (1694–1778) schrieb im Jahre 1766–1767 auf Wunsch der Zarin Katharina II. eine Abhandlung unter dem Pseudonym Boudillon über die politischen und geistigen Missstände in Polen, welche im Jahre 1767 in Basel unter dem Titel „Essai historique et critique sur les dissentions des eglisis de Pologne“ erschien.[34]

---

s. Hinz, Sikora, ebenda. S. 14, wie auch Rottek, Karol, Rozprawa o konstytucji (Betrachungen, Abhandlung über die Verfassung), Lwów, 1848, S. 6; die Abhandlung über die Verfassung wurde übersetzt aus dem Deutschen von Henryk Nowakowski; Kaczmarczyk, Leśnodorski, ebenda (1957); S. 246; Bobińska, ebenda, S. 95; Palmer, ebenda, S. 451; Kaczmarczyk, Leśnodorski, ebenda (1966), S. 521

31 Palmer, ebenda, S. 451; Konopczyński, ebenda, S. 345; Gierowski, ebenda, S. 48.

32 Hoensch, ebenda, S. 169; vgl. auch Godebski, ebenda, S. 11; Palmer, ebenda, S. 440, 441, 451; Wegner, ebenda, S. 35, 36.

33 Godebski, ebenda, S. 11; vgl. auch Hoensch, ebenda, S. 169, Fußnote 39 und die dort angeführte Literatur; Leśnodorski, Dzieło ..., S. 116, 380; Michnik, Mosler, ebenda, S. 377; Kutrzeba, Konstytucja..., S. 18, 19; Palmer, ebenda, S. 451; Wegner, ebenda.

34 Palmer, ebenda.

Claude Carloman Rulhiere (1735–1791) verfasste in den Jahren 1769–1771 die „Historique l'anarchie de la Pologne et du demembrement de cette republique" (1807), A. F. Ferrand wiederum „Historique trois demembrements de la Pologne pur faire suite a l'Histoire de l'anarchie de Pologne par Rulhiere" (Par lauteur de l'Histoire et de la theorie des revolutions, Band 1–3, Paris 1920).

Die Lehren Rousseaus, Montesquieus und Lockes haben das politisch-reformatorische Denken Polens des 18. Jh. wesentlich beeinflusst.[35] Außer Frankreich hatte kein Land dieser Zeit eine so ansehnliche politische Literatur wie Polen aufzuweisen.[36]

Sowohl die traditionelle-republikanische Partei, die in der Stärkung des Königs sogleich einen Despotismus vermutete, als auch die „Partei der Reformer", die eine unabhängige Verwaltung schaffen wollte, beriefen sich in ihren Schriften auf die Lehre von Montesquieu vom Gleichgewicht der Gewalten.[37]

---

35 Rostworowski, Ostatni ..., S. 9, 345; vgl. auch Palmer, ebenda; Schmitt, ebenda, S. 16, 20, 21, 36, 37, 41, 42; Wołoszyński, R., Polska w opisie Francuzów XVIII w. Rulhiere i jego współczesni (Polen in der Beschreibung der Franzosen des 18. Jh. Rulhiere und seine Zeitgenossen), Warszawa 1964; Lelewel, ebenda, S. 6, 7; Leśnodorski, Dzieło ..., S. 98, 100–107, 380; Hoensch, ebenda, S. 31, 204, Fußnote 36; Cornut, Romain, Voltaire et la Pologne, Paris 1846; Rostworowski, Voltaire et la Pologne, in: Studies on Voltaire and the 18th Century 62 (1968), S. 101–121; Smolarski, Mieczysław, Studia nad Wolterem w Polsce (Studien über Voltaire in Polen), Lwów 1818; Roepell, J. J. Rousseaus Betrachtungen über die polnische Verfassung, in: Zeitschrift der Historischen Gesellschaft für die Provinz Posen 3 (1888), S. 129–150; Starzewski, Maciej, Wstęp, (Einleitung zur polnischen Übersetzung von J. J. Rousseaus, Considerations sur la gouvernement de Pologne, unter dem Titel, Uwagi nad rządem Polski), Kraków 1924, S. III–LXI; Szyjkowski, Maryan, Rozmowa Francuza z Polakiem (Gespräch eines Polen mit einem Franzosen), in: Myśl Jana Jakuba Rousseau w Polsce XVIII wieku (Das Gedankengut J. J. Rousseaus in Polen im 18. Jh.), Kraków 1913, S. 9–105; Fabre, Jean, „Jean-Jacque Rousseau et le destin polonais", in: Europe-Revue mensuelle 39 (1961), Nr. 391/392, S. 206–227; Konopczyński, Jan, Jakob Rousseau doradca Polaków (J. J. Rousseau als Ratgeber der Polen), in: Themis polska 1 (1913) 2, S. 1–28; Smoleński, Montesquiusz w Polsce XVIII wieku, nadto fragment pamiętnika jego autora i pełna bibiografia jego pism (Montesquieu in Polen des 18 Jh., ... dazu mit einer vollständigen Bibliographie seiner Schriften). Warszawa 1928; Smoleński, Monteskjusz w Polsce (Montesquieu in Polen), in: Monteskiusz i jego dzieło. Sesja naukowa w dwusetną rocznicę śmierci. (Montesquieu und sein Werk. Wissenschaftliche Tagung zum 200. Todestag). Wrocław; 1956, S. 239–291, Montesquieu (Charles-Lois de Secoridat). Vom Geist der Gesetze, Hrsg. von E. Forshoff., 2 Bde, Tübingen 1951.

36 Die polnische Verfassung vom 3. Mai 1791, ebenda, S. 678; auch Leśnodorski, Dzieło ..., S. 48, 83.

37 Palmer, ebenda, S. 451.

Auch für die polnischen Monarchisten schien Montesquieu eine unfehlbare Autorität gewesen zu sein, also für jede Partei, die Reformen durchzusetzen erhoffte, indem sie im Sejm das Gleichgewicht gegen die Aristokratie zu bilden versuchte.

Im übrigen Europa wurde Montesquieu im Allgemeinen von Aristokraten bevorzugt, die die konstitutionellen Körperschaften beibehalten wollten, wie z.B. das ungarische und das französische Parlament oder das englische House of Lords.

Das Wirken von Stanisław Konarski in den 40er-Jahren des 18 Jh. ist als Beginn einer neuen Epoche des Zeitalters der Aufklärung, anzusehen. Aber erst nach der dritten Teilung (1795) erschienen einige Schriften, die als die wichtigsten der polnischen Aufklärung bezeichnet worden sind.[38]

Zu ihnen gehören „Porządek moralno" - „fizyczny" - „Die körperliche und moralische Ordnung" von Hugo Kołłątaj, welche erst im Jahre 1810 erschien. Das Werk Kołłątajs „Rozbiór krytyczny zasad historii" - „Eine kritische Betrachtung der geschichtlichen Prinzipien" wurde in den 50er-Jahren des 18. Jh. geschrieben, aber erst im Jahre 1842 veröffentlicht.

Stanisław Staszic hat sein Werk „Ród ludzki" - „Das menschliche Geschlecht" erst in den Jahren 1819–1820 der Öffentlichkeit vorgestellt.[39]

Im 18. Jh. war die polnische Geschichte von tragischen Ereignissen gekennzeichnet. Das Jahr der Errichtung eines polnischen Ministeriums für

38 Leśnodorski, Kaczmarczyk, ebenda, S. 427: vgl auch Michnik, Moser, ebenda, S. 359; Sojka-Zielińska, K., Wielkie kodyfikacje prawa cywilnego XIX w., Warszawa 1973 (Große Kodifikationen des Zivilrechtes im 19. Jh.); Salmowicz, S., Prawo karne oświeconego absolutyzmu. Z dziejów kodyfikacji karnych przełomu XVIII/XIX w. Toruń 1966 (Große Kodifikationen des Strafrechts des aufgeklärten Absolutismus. Aus der Geschichte der Kodifikationen des Strafrechtes um die Wende des 18. und 19. Jh.); Handelsmann, Marceli, Kara śmierci w najdawniejszym prawie polskim (1908) (Die Todesstrafe in dem ältesten Recht Polens); Handelsmann, Marceli, Kara śmierci w statutach Kazimierza Wielkiego (1908), (Die Todesstrafe in den Statuten von Kasimir dem Großen); Radwański, Z., Wąsicki J, Najdawniejsze zmiany w polskim prawie cywilnym w okresie Oświecenia. CPH, t. 1, 1952, S. 37–93 (Die wichtigsten Änderungen im polnischen Zivilrecht in der Zeit der Aufklärung), Czasopismo Prawno-Historyczne, Band 4, 1952, S. 37–93; Czechowicz, J., Praktyka kryminalna, to jest wzór rozumnego i porządnego spraw kryminalnego sądzenia (1769) (Kriminalstische Praxis, das heißt Muster einer vernünftigen und anständigen Rechtssprechung); Balzer Konstytucja trzeciego Maja ..., S. 45; Hinz, Sikora, ebenda, S. 52.

39 Hinz, Sikora, ebenda, S. 7, 8, 179, 180.

Schulwesen, das erste in Europa (Komisja Edukacji Narodowej 1772), war zugleich das Jahr, in welchem die Ratifizierung der ersten Teilung Polens stattfand.[40]

Die Tatsache der ersten Teilung Polens (1772) und die Möglichkeit weiterer Teilung haben die polnische Aufklärung vom Inhalt her wesentlich beeinflusst.[41] Der „Donnerschlag der ersten Teilung hat so gewaltsam die Seelen aufgerüttelt, dass sie gleich wie von neuem Leben elektrisiert wurden".[42]

Die Probleme des Volkes, dessen geschichtliche Vergangenheit und Zukunft sind Merkmale, die bei allen Vertretern der polnischen Aufklärung zu finden sind. Besonders deutlich zeigt sich das in den geschichtlich-philosophischen Betrachtungen von Stanisław Staszic, einem der wichtigsten Vertreter des Jahrhunderts, ebenso in den Werken von Hugo Kołłątaj. Die beiden zuvor genannten Autoren beschäftigen sich in ihren Werken besonders mit dem Thema des Beginnes des Slawentums und der neuesten Geschichte Polens und Europa.[43]

Das Informieren, Lernen und Aufklären der Menschen stellten sich die Aufklärer Polens als die Hauptaufgabe ihres Wirkens vor.[44]

In den 70er-Jahren und zu Beginn der 80er-Jahre des 18. Jh. betätigten sich die polnischen Reformatoren hauptsächlich im Bereich des „Ministerium für Schulwesen", wo die Ideen des Zeitalters in die Praxis umgesetzt werden sollten.

Der Schulbildung in der Zeit der Aufklärung in Polen wurde die Aufgabe zugeteilt, das Volk, mit den neuen Ideen der Aufklärung vertraut zu machen und damit die Einstellung des Menschen den politischen, gesellschaftlichen und wirtschaftlichen Angelegenheiten Polens gegenüber zu ändern.[45]

---

40 Feldman, W., ebenda, S. 18, vgl. auch Hinz, Sikora, ebenda, S. 8; The Cambridge History …, S. 126; Denkwürdigkeiten über Polen …, S. 3; Meyer, ebenda, S. 70; Baron Manteuffel-Szoege, ebenda, S. 9.

41 Rhode, ebenda, S. 315; vgl. auch Hoensch, ebenda, S. 3, 4, Schmitt, Henryk, ebenda, S. 15,16; Huber, Stanisław; Poglądy na prawo narodów w Polsce czasów Oświecenia, Wrocław 1960 (Ansichten über das Völkerrecht in Polen in der Zeit der Aufklärung).

42 Feldman, W, ebenda, S. 18.

43 Hinz, Sikora, ebenda, S. 8, 9; s. Bardach, ebenda, S. 22; Leśnodorski, Dzieło …, S. 35, 83.

44 Hinz, Sikora, ebenda, S. 9; vgl. auch Konopczyński, Władysław, Polscy pisarze polityczni XVIII w (Die polnischen politischen Publizisten im 18 Jh.), do Sejmu Czteroletniego (bis zum Vierjährigen Sejm), Hrsg. von E. Rostworowski, Warszawa, 1966.

45 Denkwürdigkeiten über Polen …, S. 4; vgl. auch Kowecki, Jerzy, Posłowie debiutanci na Sejmie Czteroletnim w wieku XVIII. Polska i Świat. Księga poświecona Bogusławowi Leśnodorskiemu (Die Abgeordneten Debütanten im Vierjährigen Sejm), Warszawa 1974, S. 203, 204; Der Woiwode von Posen Stefan Garczyński,

Eine Schilderung dieses Prozesses der Veränderungen in Polen ist in folgenden Ausführungen zu finden:

> „Gewiss ist, und niemand vermag dies zu leugnen, dass unter dieser Nation im Ganzen, so wenig zusagenden Regierung, eine Veränderung in der Art der Erziehung und in der Denkweise der Polen eintrat, durch welche eine Generation entstand, die sich sowohl durch ihre Kraft als auch ihre Talente auszeichnete und im Stande war sowohl dem Vaterlande nützlich zu sein als auch dem Schmach und Entwürdigung hervorzuziehen, in welche dasselbe seit langem schon versunken war."[46]

In der polnischen Literatur, die das 18. Jh. betrifft, wird sehr oft die Meinung zum Ausdruck gebracht, dass durch die Tätigkeit des Ministeriums für Schulwesen für die Gegenwart Polens und auch für die Zukunft eine geistige Grundlage geschaffen wurde, die das Überleben der polnischen Kultur in der Zeit nach der ersten Teilung möglich machte.[47]

Die geistigen Führer der polnischen Aufklärung, die dem „Ministerium für Schulwesen" den geistigen und praktischen Inhalt gaben, waren Hugo Kołłątaj, Jan Śniadecki und Franciszek Salezy Jezierski. Mithilfe des Ministeriums für Schulwesen wurde das Schulwesen von Grund auf reformiert. Ebenfalls mithilfe dieses Ministeriums bekämpfte man die jesuitische Tradition; zugleich verbreitete man die neue Wissenschaft und Philosophie.

Seit dem Beginn der 80er-Jahre des 18. Jh. hat sich der Kampf zwischen den Vertretern der Aufklärung und den Vertretern der alten Geistesströmung in Polen verstärkt.[48]

Die polnische Philosophie der Aufklärung hatte eine besondere Aufgabe zu erfüllen, denn sie sollte dem polnischen intellektuellen Leben die Werte, die in der Zeit der Gegenreformation und in der Ära der Sassen verloren gegangen waren, wiedergeben. Dazu leistete vor allem die „philosophia recentiorum" einen wichtigen Beitrag.[49] Diese „Philosophia recentorium" versuchte die

---

Anatomia Rzeczypospolitej Polskiej, synom Ojczyzny ku przestrodze i poprawie tego, co z fug wypadło – Anatomie des polnischen Staates, den Söhnen des Vaterlandes zur Warnung und zur Verbesserung dessen vorgestellt, was aus den Fugen gegangen ist (1733) schrieb und sah in der nationalen Bildungsmiserie eine wesentliche Ursache des Niederganges Polens. Ähnliche Ansichten vertraten z.B. Leszczyński und Konarski; Hoensch. ebenda, S. 34, 35.

46 Ebenda.

47 Ebenda.

48 Schmitt, Henryk, ebenda, S. 16–18; s. Hoensch, ebenda, S. 6.

49 Hinz, Sikora, ebenda, S. 12; vgl. Gierowski, ebenda, S. 48, 49. Diese „Neue Philosophie" bekämpfte in Polen Andrzej Rudzki in seinem Werk „Aristoletica philisophia quaestionibus eruditis ac notis sententiarum Illustrata". Authore R. P. Andrea

Lehren von Gelehrten des 17. und des 18. Jh., wie z.B. von Newton, Descartes, Leibnitz auf polnischen Boden zu verpflanzen. Bei der Betrachtung des Themas sollte man nicht vergessen, dass die Vertreter der polnischen Aufklärung ganz von vorne beginnen mussten.

Die ersten Versuche (von Antoni Wiśniewski), das neue geistige Leben wiederaufzubauen (die „philosophia recentorium") nahmen ihren Ursprung in der Tätigkeit des „Collegium Nobilium", das von Stanisław Konarski im Jahre 1740 gegründet wurde.[50]

Professor Antoni Wiśniewski hat als Erster im „Collegium Nobilium" die neue Philosophie vorgetragen. Seine philosophischen Anschauungen hat er in einem Werk „Propositionies philosophicae ex physica recentorium" 1746) niedergelegt. Das von Wiśniewski verfasste Werk brachte ihm von Seite der Jesuitenschule, die von der Autorität der Lehre des Aristoteles und des hl. Thomas geprägt war, scharfe Kritik. Im Jahre 1753 übersetzte Antoni Wisniewski das Werk von Montesquieu „Bemerkungen über die Ursachen der Größe und des Niederganges des Römischen Reiches" ins Polnische.

Die Tätigkeit von Stanisław Konarski und Antoni Wiśniewski machte es möglich, mithilfe der „Philosophia recentorium" in den 50er-Jahren des 18. Jh. in verschiedenen Schulen Polens die Gedanken Bacons, Descartes, Gascendies und John Lockes zu verbreiten.[51]

Auch die Lehre von Lebnitz und Christian Wolff („Jus naturae") fand ihren Platz in den polnischen Schulen des 18. Jh. statt. Die Grundlage der „wolfischen Schule" bildet die mathematische Methode und der Gedanke (Idee) der zwingenden Ableitbarkeit des Rechts aus Begriffen.[52]

Die Lehren von Christian Wolff wurden in Polen von Wawrzyniec de Kolof (1705–1770) weiterverbreitet, der als Herausgeber der Zeitschriften „Warschauer Bibliothek, Acta Litteraria, Nowe Wiadomości Ekonomiczne i Uczone" – „Neue ökonomische und wissenschaftliche Nachrichten", Monitor, die Lehren von

Rudzki soc. Jusu eiusdem scientiae publico professore, Lublin 1750 (siehe Hinz, Sikora, ebenda, S. 93).

50 Hinz, Sikora, ebenda, S. 12, 14, 93.

51 The Cambridge History of Poland, S. 126.

52 Thieme, Die preußische Kodifikation, in: Zeitschrift der Savigny-Stiftung für Rechtsgeschichte, Weimar 1936, Band 56, S. 365, 366, 382, 390, 401; Thieme, Die Zeit des späten Naturechts. Eine privatrechtliche Studie, in: Zeitschrift der Savigny-Stiftung, Band 56, Weimar 1936, S. 202–263; Sojka-Zielinska, Katarzyna, Wiek XVIII – Wiekiem Kodyfikacji, in: Wiek XVIII, Polska i Świat, Warszawa 1974, S. 274, 275 (Das 18.Jh., Zeitalter der Kodifikation. Polen und die Welt, Warschau 1794, S. 274–275).

Wolff an die polnische Öffentlichkeit bringen konnte.[53] Christian Wolff wurde sogar der Lehrstuhl für Philosophie an der Universität Krakau angeboten. Diesen nahm er jedoch nicht an und lehrte weiter an der Universität Halle; seine dortigen Vorlesungen sind von vielen polnischen Studenten besucht worden.[54]

Im Jahre 1760 gelang es, an der Universität Krakau die „Philosophia recentorium" als Fachbereich durchzusetzen. Sie kennzeichnete den geistigen Angang der polnischen Aufklärung, wird aber von einigen Autoren auch als Vorstufe der polnischen Aufklärung gesehen. Zu erwähnen wäre, dass neben der Rezeption der fremden Gedanken durch die „Philosophia recentorium" eine Kontinuität in der Entwicklung des eigenen geistigen Lebens in Polen festzustellen war. Man versuchte, auch das Gedankengut des Zeitalters der polnischen Renaissance zu pflegen und weiterzuentwickeln.

Schriftsteller und Gelehrte, wie Kochanowski, Kopernikus, Frycz Modrzewski, die zeitweise im westlichen Europa bekannter waren als im eigenen Land, wurden in ihrer Heimat wiederentdeckt und gelesen.[55]

Hugo Kołłątaj und Jan Śniadecki schätzten die Grundgedanken der Lehre des Kopernikus hoch ein. Das hat auch dazu beigetragen, dass Kopernikus im Jahre 1816 auf dem Index der verbotenen Werke nicht mehr zu finden war.[56]

Nach 200 Jahren der Vergessenheit wurde auch das Werk von Andrzej Frycz Modrzewski „O naprawie Rzeczypospolitej" – „Über die Verbesserung, Reparatur der Republik" der polnischen Öffentlichkeit wieder zugänglich gemacht.[57]

Marian Świątkowski, ein Schüler Wolffs, schrieb im Jahre 1765 das Werk „Prodromus Polonus eruditae veritatae tractatus de dignitatae et utitate" (Berlin 1765) und berief sich auf die Lehre Bacons. Von seinen Zeitgenossen wurde er auch „recentiores" genannt. Zugleich sprach er sich für die Naturwissenschaften und gegen die Theologie aus. Er verlangte, dass nur eine solche Wissenschaft an den Schulen Zugang finden sollte, die für die Menschen praktische Bedeutung besitze.[58]

---

53 Hinz, Sikora, ebenda, S. 12, 13, vgl. auch Sojka-Zielinska, ebenda, S. 274; Sojka-Zielinska, Rola prawa rzymskiego w pracach kodyfikacyjnych wieku Oświecenia (Die Rolle des römischen Rechts in den Kodifikationsarbeiten des Zeitalters der Aufklärung), CPH, 27, S. 111.

54 Hinz, Sikora, ebenda, S. 13, 14; s. auch Thieme, Die preußische Kodifikation, ebenda, S. 365 und folgende.

55 Hinz, Sikora, ebenda, S. 15; s. Staszic, ebenda, S. VIII.

56 Michnik, Mosler, ebenda, S. 15; Staszic, ebenda, S.VIII.

57 Hinz, Sikora, ebenda, S. 16.

58 Hinz, Sikora, ebenda, S. 133; vgl. auch Suchodolski, B., „Nauka polska w okresie Oswiecenia, Warszawa 1953 (Die polnische Wissenschaft in der Zeit der Aufklärung).

In den 70er-Jahren des 18. Jh. verpflanzte man die Ideen der französischen „ökonomischen Schule" – „der Physiokraten" nach Polen, die mit ihrer Auffassung die polnische Philosophie der Aufklärung sehr stark beeinflusste. Die polnischen Magnaten (u.a. Czartoryski, Chreptowicz) und Intellektuellen fanden den ersten Kontakt zu der „ökonomischen Schule" in den Salons Mirabeaus. Einige Vertreter der französischen „ökonomischen Schule" waren im Jahre 1774 zuerst nach Polen eingeladen worden.[59]

Dupont de Nemours beteiligte sich an den Arbeiten zu den Reformen des Schulwesens in Polen.[60] M. Beudeau, Le Mercier de la Riviera dienten der polnischen Seite mit Ratschlägen bei der Reformierung der polnischen Wirtschaft.[61]

Der französische Physiokrat Cesar Felicitas Pyrrhys de Varille war in Polen mit der Ausbildung des Fürsten Sanguszko beauftragt. In den 80er-Jahren des 18. Jh. hielt er sich einige Jahre in Polen auf und aufgrund seiner Beobachtungen

---

59 Hinz, Sikora, ebenda, S. 17, 43, vgl. Hoensch, ebenda, S. 78, 79, 166, 167, 171, Kaczmarczyk, Leśnodorski, ebenda, (1966), S. 366; Leśnodorski, Dzieło …, S. 42, 43, 45, 92, 93; Gierowski, ebenda, S. 44; Marchlewski, Fizjokratyzm w Polsce, (Züricher volkswirtschaftliche Abhandlungen, Heft 2) Zürich 1897 (Der Physiokratismus in Polen); Opałek, Karol, Prawo natury u polskich fizjokratów (Das Naturrecht bei polnischen Physiokraten), Warszawa 1953, S. 68–101; Konopczyński, Dzieje Polski nowożytnej (1648–1795), Band 2, Warszawa 1936, Die polnische Verfassung…, S. 676; Opałek, Hieronim Strojnowski – przedstawiciel postępowej myśli prawniczej polskiego Oświecenia (Vertreter des fortschrittlichen juristischen Denken der polnischen Aufklärung), in: „Państwo i Prawo", 1 (1952) 1. Außer Hugo Kołłątaj zählten sie zu den hervorragendsten polnischen Vertretern der Physiokraten; Antoni Popławski „Zbiór niektórych materii politycznych" – „Eine Sammlung von einigen politischen Materien" (1774), Sebastian Czochron „Uwagi moralne gruntujące się na prawie natury" (1782) (Moralische Bemerkungen, die sich auf das Naturrecht stützen) und Hieronim Stroynowski, „Nauka prawa przyrodzonego i politycznego, ekonomiki politycznej i prawa narodów" (Die Wissenschaft des Naturrechts, des politischen Rechts, der politischen Ökonomie und des Völkerrechtes) (1785), s. Kaczmarczyk, Leśnodorski, ebenda, (1957) S. 425; vgl. auch Jobert, A., Magnats polonais et Physiokrates Francais (1767–1774), Paris 1941. Später rief man ins Leben eine „Sejmdeputation", deren Aufgabe sein sollte die Ausarbeitung eines Entwurfes der „Landesökonomie für das ganze Gebiet", s. Leśnodorski, Dzieło …, S. 96

60 Sojka-Zielińska, ebenda, S. 276. Dupont de Nemours schrieb „Tableau raisonne des principes de l economie politigue", 1775 und auch „Constitution naturelle du gouvernment" (1768). Beide Werke fanden Zugang zum polnischen „Ministerium für Schulwesen".

61 Hinz, Sikora, ebenda, S. 17; Sojka-Zielinska, ebenda, S. 276, Le Mercier de la Riviera verfasste das Werk „L'orde naturel et essentiel des societis politiques" (1767).

verfasste er ein Werk über das Verfassungsrecht in Polen. Diesem gab er den Titel „Reflexions politiques sur la Pologne, ou lettres d'un patriote moderne a son ami" (London 1772). Im Jahre 1760 schloss er das „Compendium politicum seu brevis dissertatio de variis polonii imperii vicibus" ab, welches Franciszek Bohomolec im Jahre 1763 in polnischer Sprache herausgab.[62]

Der französische Geistliche und Physiokrat Nicolas Badeau versuchte mithilfe seines Werkes „Lettres historiques sur l'etat actuel de la Pologne et sur l'origini de ses malheurs" (Amsterdam und Paris 1772), die Aufmerksamkeit der Öffentlichkeit in Westeuropa auf die polnische Gegenwart zu lenken.[63]

Die polnischen Aufklärer suchten in Anbetracht der eigenen Probleme auch bei Bentham, Rousseau und Mably um Rat nach.[64]

Wie sich die Art und Weise des Denkens der französischen Physiokraten über das menschliche Wesen und die Welt als solche auf das Denken in Polen auswirkte, ist am besten bei Antoni Popławski, Hieronim Stroynowski, Wojciech Bogusławski, Hugo Kołłątaj und Garycki zu sehen.[65]

Als Folge der Diskussionen, die das Werk von Jean Jacques Rousseau „Eine Betrachtung über die Wissenschaften und Künste" (1750) auslöste, entstand in Polen eine vielfältige Publizistik. Als einer der Ersten sprach sich in Polen Stanisław Leszczyński im Jahre 1751, danach Jan Albertrandi, Szymon Wybowski dafür aus, dass der Staat mit seinen Institutionen sich mehr für den fortschrittlichen Teil der polnischen Wissenschaft einsetzen solle.[66]

Mit diesem Aufgabenbereich beschäftigte man sich im Jahre 1794 weiter.[67] Dazu lieferte das Buch von Józef Sołtykiewicz „Rozprawa nad przyczynami uwłaszczajacymi naukom mnieman odradzających się w różnych wiekach świata" – „Eine Betrachtung über die schädlichen Ursachen von Meinungen für

62 Hoensch, ebenda, S. 166 Fußnote 32; Kaczmarczyk, Leśnodorski, ebenda, (1966), S. 235. Cesar Felicitas Pyrrhys de Varille schrieb auch „Lettres sur la constitution actuelle de la Pologne et de la tenue de ses dietes", 1769. Er wird auch als der Vorläufer der Lehre Rousseau in Polen angesehen, s. Leśnodorski, Dzieło…, S. 98, 99, 100; vgl. Smoleński, Władysław, Cezar Pyrrhys de Varille, Pisma historyczne, Tom I (Cezar Pyrrhys de Varille. Geschichtliche Schriften, Band 1), Kraków 1901.

63 Hoensch, ebenda, S. 166, Fußnote 32.

64 Wegner, ebenda, S. 35.

65 Hinz, Sikora, ebenda, S. 18, 19; vgl. Leśnodorski, Dzieło …, S. 92, 93.

66 Hinz, Sikora, ebenda, S. 19, vgl. auch Jarra, ebenda, S. 262, 263.

67 Wegner, ebenda, S. 35. Zur Feder griffen auch Jan Potocki, Łojko, Dogiel, Ostrowski, Skrzetuski, Węgierski, Kniaźnin, Karpiński, Niemcewicz, Bogusławski und Zabłocki.

die Wissenschaften, die in verschiedenen Jahrhunderten und Teilen der Welt zur Geltung kommen", einen klaren Beweis.[68]

Der Wissenschaftler Jan Śniadecki veröffentlichte im Jahre 1783 sein Werk „Rachunku algebraicznego teoria przystosowania do geometrii lini krzywych" – „Die Theorie der algebraischen Rechnung der Anwendung zur Geometrie der krummen Linien".[69] Besonders wertvolle Arbeit leistete er bei der Reorganisation der Universität Krakau. Er errichtete neue Arbeitssäle, Laboratorien, Kliniken, die ein wissenschaftliches Arbeiten an der Universität erst möglich machen sollten.

Diese Zeit wird auch als die Periode der Erneuerung der Wissenschaften in Polen genannt.

Stanislaw Staszic bearbeitete im Jahre 1786 die polnische Fassung „Epoka natury" – „Epoche der Natur" von Buffon, in der er ein eigenes Programm der Wissenschaften in Polen aufbaute, das auf den Prinzipien des Empirismus und des Sensualismus beruhte.[70]

Zu den hervorragendsten Wissenschaftlern der reformierten Universität Krakau gehörte Jedrzej Śniadecki (1768–1838). In seiner wissenschaftlichen Tätigkeit befasste er sich mit Medizin, Chemie, Physiologie und Biologie.[71] Besonders geschätzt wird sein Werk „Theoria jestestw organicznych" – „Theorie des organischen Daseins", das in die deutsche und französische Sprache übersetzt wurde. Dieses Buch zählt zu den hervorragendsten Leistungen der europäischen Wissenschaft im 18. Jh.[72]

Gegen die neue geistige Strömung und ganz im Geiste der „sentit Sancta Romana Catholica et Apostolica Ecclesia" sprach sich der Geistliche Benedykt Chmielowski in seinem Buch „Nowe Ateny, albo Akademia wszelkiej sciencyi, na rożne tytuły jak na classes podzielona, Mądrym dla Memoryału, Idiotom dla Nauki, Politykom dla praktyki, Melancholikom dla rozrywki" – „Neues Athen, oder die Akademie aller Wissenschaften..." (1745), aus.[73]

Kazimierz Narbutt (1738–1807) schrieb in seinem Buch „Logika, czyli rozważania i rozsadzania rzeczy nauka" – „Logik, das heißt Überlegungen und Betrachtungen der Wissenschaft" (1769), im Geiste der Lehre von Christian

68 Hinz, Sikora, ebenda, S. 19, 20.
69 Ebenda, S. 21.
70 Ebenda, S. 22, 179.
71 Sikora, ebenda, S. 379.
72 Ebenda, S. 22.
73 Ebenda, S. 22.

Wolff, John Locke und A. Genovesie. Dieses wurde nicht als Schulbuch angenommen.[74]

Die „Komisja Edukacji Narodowej" – „Ministerium für Schulwesen" beauftragte im Jahre 1777 den französischen Gelehrten Condillac, ein Buch für die polnischen Schulen zu schreiben. Condillac nahm den Auftrag an und verfasste die Schrift „Logika, czyli pierwsze zasady sztuki myślenia" – „Logik, das heißt die ersten Prinzipien der Kunst des Denkens" (1802). Es hatte grundlegende Bedeutung für die Wissenschaft der polnischen Aufklärung.[75]

Der Autor Luikier war Verfasser des Buches „Elementarna matematyka dla szkół polskich" – „Elementare Mathematik für polnische Schulen".[76]

Die polnischen Aufklärer vertraten die Meinung, dass man die formelle Logik verwerfen sollte. Die wissenschaftliche Analyse allein sollte richtungsweisend für die Untersuchung sein. Der Analyse als einer Methode der wissenschaftlichen Untersuchung sollte sich auch der Historiker bedienen. Diese Ansicht vertrat auch z.B. Hugo Kołłątaj.

In den 70er-Jahren des 18. Jh. beschäftigten sich die polnischen Aufklärer mit der Reform des Schulwesens und der Einführung der neuen Wissenschaften in das Leben Polens.[77]

In den 80er-Jahren und den nachfolgenden Jahren des 18. Jh. bis zur Niederschlagung des polnischen Aufstandes im Jahre 1794 kennzeichnete die polnische Aufklärung eine politische Tätigkeit, die den polnischen Staat reformieren und im politisch-wirtschaftlichen Leben erhalten sollte. Die Philosophie der Aufklärung wurde so „zu einer politischen Philosophie".[78]

Als Stammvater der polnischen, politischen Philosophie des Zeitalters der Aufklärung wird Stanisław Konarski (1700–1733) angesehen.[79] Seiner anerkannten publizistischen Tätigkeit war eine politische Tätigkeit vorangegangen, die darauf abzielte, die politischen Verhältnisse in Polen zu ändern und zu verbessern. Ein eigenes Programm der Verbesserung der politischen Verhältnisse in Polen stellte vorher Stanisław Leszczyński im Jahre 1749 auf.[80]

Die polnische, politische Publizistik der Zeit der Aufklärung setzte sich zum Ziel, die Durchsetzung der „neuen Wissenschaften der Vernunft", als auch den

---

74 Ebenda, S. 22.
75 Hinz, Sikora, ebenda, S. 25; Michnik, Mosler, ebenda, S. 382.
76 Godebski, ebenda, S. XXVII.
77 Hinz, Sikora, ebenda, S. 23, 25, 26.
78 Hinz, Sikora, ebenda, S. 27, 28.
79 Ebenda, S. 28.
80 Ebenda.

polnischen Staat gesellschaftlich zu reformieren, was den gesellschaftlichen Status quo in Polen aufheben sollte.[81]

In politischer Hinsicht verlangten Stanisław Leszczyński und Stanisław Konarski, dass das „Liberum Veto" abgeschafft werde und dass eine Stärkung des Sejms, der königlichen Gewalt sowie der Armee stattfindet.

Die Reformatoren waren überzeugt, die Schwächen des polnischen Staats mithilfe des natürlichen, menschlichen Verstandes aufdecken zu können und zugleich die Heilmittel dafür zu finden. Sie meinten, dass die politischen Institutionen des Staates nach rationalen Maßstäben geleitet werden sollen. Dies führte wieder zur Entstehung einer Mischung von einem gewissen politischen Rationalismus und Optimismus. Man verwarf den Traditionalismus, Pessimismus und Konformismus.[82]

Mit der Notwendigkeit der polnischen Reformen setzt sich auch Józef Wybicki in seinen „Listy patriotyczne" – „Patriotische Briefe" auseinander.

Als eine neue Etappe in der Evolution des politischen Denkens ist das Werk Stanisław Staszic „Uwagi nad życiem Jana Zamoyskiego" – „Bemerkungen über das Leben von Jan Zamoyski" (1785), anzusehen.

Sie alle wollten in Polen eine gesellschaftliche Ordnung errichten, die den Regeln der Vernunft entsprechen sollte. Die rege politische Tätigkeit der obengenannten Aufklärer war vom Erscheinen vieler Schriften begleitet.

Józef Wybicki schreib seine „Listy patriotyczne" – „Patriotische Briefe", Hugo Kołłątaj die „Listy Anonima" – „Briefe eines Anonymus." Ihnen folgte Stanisław Trembecki, Tomasz Węgierski, Jakub Jasiński, Kopczyński, sowie Franciszek Salezy Jezierski, der auch durch seine Ansichten den Ruf des „Vulkans von Blitzen der Kuźnica Kołłątajowska" – „Werkstatt Kołłątajs" zuzog.

Zu erwähnen wäre auch der Astronom Poczobut, der Physiker Strzelecki, Śniadecki, Skrzetuski und unter anderem der Jesuit Władysław Smoleński.[83]

Im Jahre 1791 veröffentlichte Franciszek Salezy Jezierski sein Werk „Niektóre wyrazy porządkiem abecadła i stosownymi do rzeczy uwagami objaśnione" – „Einige Wörter nach den Regeln des ABC gesammelt…", es wurde nach dem Vorbild der französischen Enzyklopädie verfasst. Er stellte dem polnischen, politischen Leser ein politisch-gesellschaftliches Programm im Geiste des

81 Hinz, Sikora, ebenda, S. 27, 28.

82 Ebenda, S. 28, 29.

83 Denkwüdigkeiten über Polen …, S. 5; der Autor Kopczynski verfasste eine Grammatik und unterwarf die polnische Sprache festen Regeln, s. J. Bardach, enbenda (1957), S. 32.

Anfangsstadiums des polnischen Jakobinismus vor. Agitieren, Lernen, Aufklären gehörten zu den meistgebrauchten Wörtern des Werkes.[84]

Die Aufklärer dachten an einen „politischen Bürger", der frei von einer göttlichen Vorstellung sei. Dies bedeutet aus politischer Sicht, dass alle Bürger eines Staates eine politische Ganzheit, Einheit darstellen, unabhängig von ihrem Bekenntnis zu einem Glauben oder einem Bekenntnis zum Nichtglauben.[85]

Vor dem Wirken des polnischen „Vierjährigen Sejm" versuchten die Reformatoren, das Funktionieren der polnischen politischen Institutionen zu verbessern.

Die Reformatoren - Jakobiner - in der Zeit des „Vierjährigen Sejm" und des Kościuszko-Aufstandes im Jahre 1794 befanden sich auf der Suche nach einer neuen gesellschaftlichen Ordnung.[86]

Begriffe wie „Volk", „Unabhängigkeit", „Bürger", „Patriot", „Vaterland" gehören zu den größten Werten der polnischen, politischen Aufklärung.[87] Die Rechte und die Stellung eines Volkes unter den anderen Völkern sieht man ähnlich wie die Stellung und die Rechte eines Bürgers in der Gesellschaft.[88]

Nach der Meinung von Stanisław Staszic, besteht das menschliche Geschlecht aus gleichberechtigten Personen, Völkern, die vom Inhalt her gesehen, gleichartig, homogen seien.

Die Problematik der „Unabhängigkeit" wurde als Begriff in die politische Publizistik Polens zum ersten Mal durch Stanisław Konarski eingeführt.[89] Er bekam eine besondere Bedeutung in der polnischen, jakobinischen Literatur.

Hugo Kołłątaj, Ignacy Potocki und Feliks Dmochowski vertraten die Meinung, dass jedes Volk von Natur aus frei und unabhängig sei und dass das Volk selbst seine Regierungsform zu bestimmen habe. Ein fremder Staat hat kein Recht, sich in die Verfassungsangelegenheiten eines anderen Staates einzumischen.[90]

---

84 Jarra, ebenda, S. 245; Hinz, Sikora, ebenda, S. 32; Michnik, Mosler, ebenda, S. 408.

85 Heinz, Sikora, ebenda, S. 33.

86 Ebenda.

87 Hinz, Sikora, ebenda, S. 35; Leśnodorski, Dzieło…, S. 50.

88 Hinz, Sikora, ebenda, S. 36.

89 Hinz, Sikora, ebenda, S. 36; s. auch Kaczmarczyk, Leśnodorski, ebenda, (1957), S. 367. In der polnischen Rechtsgeschichte beschäftigte sich Prof. Bardach sehr ausführlich mit der Frage der Entstehung der Doktrin der staatlichen Suveränität und der Intergrität des polnischen Territorium, s. J. Bardach, ebenda, (1965), S. 51–55.

90 Hinz, Sikora, ebenda; vgl. auch Leśsnodorski, Polscy jakobini (Die pplnischen Jakonbinen), Warszawa, 1960.

Franciszek Salezy Jezierski verlangte, dass das „gemeine Volk" zum Volk gerechnet werden sollte. Das Bürger- und Bauerntum sollten also auch dem eigentlichen Volk angehören.

Nach der Meinung der polnischen Aufklärer (Hugo Kołłątaj, „O ustanowieniu i upadku Konstytucji polskiej 3 Maja 1791 roku" – „über die Schaffung und Niedergang der polnischen Verfassung vom 3. Mai 1791") ist die Revolution als Mittel der Änderung der gesellschaftlichen Ordnung durch Gewalt in der Wissenschaft anerkannt.[91]

In Polen des 18. Jh. beruft man sich auf die Maximen der Französischen Revolution, die als ein Versuch einer zielstrebigen und vernunftmäßigen Änderung der gesellschaftlichen Ordnung gewertet wurde.

In Polen und Frankreich hatten die Ausdrücke „Philosoph" und „Philosophie" in der zweiten Hälfte des 18. Jh. nicht nur eine formelle Bedeutung. „Philosoph" bedeutete eine für die Aufklärer engagierte Stellung eines Menschen im Kampf um die Durchsetzung der Ideen der Aufklärung.[92]

Auch der Deismus war ein wesentlicher Bestandteil der polnischen Aufklärung. Als Schöpfer des europäischen Deismus gilt Voltaire, der seit den 70er-Jahren des 18. Jh. bei dem politischen Leser Polens kein Unbekannter mehr war.

Die polnischen Aufklärer – Deisten, vor allem Hugo Kołłątaj („Rozbiór krytyczny i Porządek fizyczno – moralny" – „Kritische Analyse und Physich – moralische Ordnung"), Stanisław Staszic, Jan Śniadecki beriefen sich jedoch in ihren Werken auf die Ideen Voltaires, obwohl sie sich ähnlich wie Voltaire selbst, die Gedanken von Newton, Locke und Clark aneigneten.[93]

Francois-Marie Auret Voltaire (1694–1778) als Deist stellt sich die Frage: Y-a-t-il und Dieu; n'y en a-t-il pas?, die er bejahte.[94] Gott bedeutet für ihn die erste Ursache, einen moralischen Grundsatz.

Bei den polnischen Deisten wird die Frage nach der Existenz Gottes überhaupt nicht gestellt. Der Begriff „Gott" als „erste Ursache" bleibt ihnen fremd.

Die Aufklärer in Polen stellten sich auch die Fragen: Was ist eigentlich Geschichte? Wie kann man die Existenz von Menschen erklären, die im Gegensatz zum Recht der Natur steht? Dies alles versuchten die fortschrittlichen

91 Hinz, Sikora, ebenda, S. 11, 36, 37.

92 Ebenda, S. 38.

93 Hinz, Sikora, ebenda, S. 41, 42.

94 Ebenda, S. 42; s. auch Rostworowski, ebenda, S. 348.

Historiker, Schriftsteller, Dichter und Publizisten der Zeit der polnischen Aufklärung für sich und ihre Zeitgenossen zu klären und zu beantworten.[95]

Zu den bekanntesten Autoren, die sich mit diesen Fragen auseinandersetzten, gehörte Adam Naruszewicz (1733–1796). Auf Wunsch des Königs Stanisław August Poniatowski stellte er 200 Bände der sogenannten „Teki Naruszewicza" fertig und schrieb auch eine sechsbändige „Historia Narodu Polskiego„ – „Geschichte des polnischen Volkes".[96] In seinen geschichtlichen Untersuchungen nimmt er von Legenden und Theologie Abstand. Geschichte sollte nach Naruszewicz das Lehrbuch des Volkes sein.

Im Zeitalter der Aufklärung entstand in Polen der „historische Roman", der von Ignacy Krasicki, Dymitr, Michał Krajewski, Franciszek Salezy Jezierski geschaffen wurde. Dieser „historische Roman" stellte sich die Aufgabe, die moralischen und politischen Ideen der Aufklärung in Polen zu verteidigen.[97] Zu den Helden der Geschichte zählt Krasicki zum Beispiel die Gesetzgeber, Moralisten, Verteidiger der Heimat, große Philosophen und Gelehrte, aber nicht die Führer und Eroberer, die nur das Blutvergießen der Menschen verursachten.[98]

Im 18. Jh. ist in der politischen Publizistik nicht nur das Operieren mit historischen Beispielen populär. Man unternimmt fernerhin den Versuch, ein politisches Programm aufzustellen, um mit dessen Hilfe in der Praxis Veränderungen durchzuführen. Als Beispiel eines solchen Versuches kann der Roman von Franciszek Salezy Jezierski „Rzepicha – matka królów" – „Rzepicha, die Mutter der Könige" 1790), angesehen werden.

Der theoretische Teil der polnischen Historiografie wurde später von Hugo Kołłątaj und Stanisław Staszic weiterentwickelt, die den Menschen als geschichtlichen Faktor darstellten. Die philosophisch-geschichtliche Betrachtung von

---

95 Hinz, Sikora, ebenda, S. 45, 54; s. auch Michnik, Mosler, ebenda, S. 389; Kraszewski, ebenda, Band 1, S. 420, 421.

96 Jarra, ebenda, S. 259–262; vgl. auch The Cambridge History of Poland, S. 126–128; Michnik, Mosler, ebenda, S. 281, Wegner, ebenda, S. 35; Baron Manteuffel-Szoege, ebenda, S. 9.

97 Halecki, ebenda, S. 161; vgl. auch Jarra, ebenda, S. 339–342; The Cambridge History of Poland…, S. 114; Denkwürdigkeiten …, S. 5; Rhode, ebenda, S. 318; Baron Manteuffel-Szoege, ebenda, S. 9; Hinz, Sikora, ebenda, S. 45; Bardach, ebenda, Band 1, 1965, S. 22.

98 Hinz, Sikora, ebenda, S. 46; vgl. auch Skwarczynski, Z, Franciszek Salezy Jezierski, jako ideolog antyfeudalny (Franciszek Salezy Jezierski, als antifeudaler Ideologe), in: „Przegląd Naukowo-Historyczny i Społeczny", Band 2, 1952, S. 81–106.

Hugo Kołłątaj wurde durch die historiografischen Arbeiten Lelewels weiterentwickelt.[99]

Zu den wichtigsten kulturellen Ereignissen Polens der zweiten Hälfte des 18. Jh. gehört die Schaffung:

- der ersten weltlichen, staatlichen und bürgerlichen Schule, der sogenannten „Ritterschule“ (szkoła rycerska, szkoła kadetów, 1765),
- des Nationaltheaters (Teatr Narodowy, 1765) sowie
- des ersten Kultusministeriums Europas (Komisja Edukacji Narodowej, 1773).

Den Verlauf der polnischen Aufklärung kennzeichnet aus politischen, sozialen, ideologischen und wirtschaftlichen Gründen, ein anderer als der westeuropäische Weg.

„Die Ohnmacht des polnischen Staatsapparates, die Bedrohung des Landes durch die Nachbarstaaten, die politische Schwäche des Bürgertums und die sarmatische Adelsideologie verleihen der polnischen Kultur der Aufklärung eine besondere Prägung.“[100]

---

99 Hinz, Sikora, ebenda, S. 46–48; vgl. Jarra, ebenda, S. 245–246; Bardach, ebenda, Band 1, (1965), S. 24–26; Kniaziewicz, Kula, Geschichte Polens, Band 2,1958, S. 14–16.

100 Langer, Dietger, ebenda, S. 56; vgl. auch Bobińska, Celina, Społeczne i ekonomiczne idee polskiego Oświecenia (Soziale und ökonomische Ideen der polnischen Aufklärung) in: Przegląd Historyczny 42 1951), S. 82–106; Bobińska, Szkice o ideologach polskiego Oświecenia. Staszic i Kołłątaj (Skizzen zu den Ideologen der polnischen Aufklärung. Staszic und Kołłątaj) Wrocław 1952; Dany, Charles, Les idees politiques et lesprit publique en Pologne a'la fin du XVIII siecle. La constitution du 3 mai 1791 Paris 1901; Dembiński, Bronisław, Polska na przełomie (Polen im Umbruch). Warszawa 1913; Epoka wielkiej reformy. Studia i materiały do dziejów oświaty w Polsce w XVIII wieku (Die Epoche der großen Reformen. Studien und Materialien zur Geschichte der Aufklärung in Polen im 18. Jh.), hrsg. von St. Lempicki, Warszawa 1923; Goldscheider, Eduard, Wege und Ziele der polnischen Kultur, Wien 1916; Grabski, Stanisław, Zarys rozwoju idei społeczno-gospodarczych w Polsce od pierwszego rozbioru do r. 1831. Bd. 1: Od pierwszego rozbioru do trzeciego (Abriß der Entwicklung der gesellschaftlichen und der wirtschaftlichen Ideen in Polen. Bd. 1; Von der ersten bis zur dritten Teilung) Kraków 1903; Hausmann, Kurt Georg, Die politischen Begriffe und Wertungen in der polnischen Aufklärung. Zum Selbstverständnis der Polen in ihrer Reformpublizistik am Ende der Adelsrepublik (zweite Hälfte des 18. Jh.) Phil. Diss. Göttingen 1957 hektographiert, Kaleteu, Roman und Mieczysław Klimowicz, Prekursorzy Oświecenia. Monitor na tle swoich czasów. Mitzier de Kolof redaktor i wydawca (Vorläufer der Aufklärung. Der Monitor aus dem Jahre 1763 vor dem Hintergrund seiner Zeit. Mitzier de Kolof, Redakteur und Verleger), Wrocław 1953; H. Kołłątaj, Stan oświecenia w Polsce w ostatnich latach

1. Teil: Die ersten Reformansätze von Stanisław Dunin Karwicki, Andrzej Stanisław Zakuski, Franciszek Radzewski, Stefan Garczyński und Antoni Dębowski

Die polnischen Reformer waren sich bewusst, dass „nur mit Hilfe von außen, durch die aktive Unterstützung oder wenigstens wohlwollende Billigung einer der sich für das Schicksal der Republik verantwortlich fühlenden Nachbarmächte, eine Möglichkeit zur Verwirklichung ihrer Programme zu bestehen schien".[101]

Die 40er-Jahre des 18. Jh. charakterisiert auf verschiedenen Gebieten eine Anzahl praktischer Lösungen, an die man nach dem Jahre 1764 anknüpfte.

Der Parteigänger Stanisław Leszczyński, Stanisław Dunin Karwicki (1639–1724) schrieb in den Jahren 1705–1707 das Werk „De ordinanda seu de corrigendis defectibus in Status Republicae", in dem er sich mit dem Widerspruch der Grundsätze der Monarchie, Aristokratie und Demokratie auseinandersetzte. Die „reine Republik" schien ihm für Polen die „angemessenste Staatsform" zu sein.

Er sprach sich für die Einschränkung des „Liberum Veto", einen größeren Geltungsbereich der Landtage und des Sejms, für die Ausschließung des besitzlosen Adels bei Wahlen zu den Landtagen, das allgemeine Aufgebot (pospolite ruszenie) und gegen die Vorrechte des Monarchen aus.[102]

Andrzej Załuski sprach sich in den Jahren 1738–1748 für eine Reform des Finanz-, Heeres-, Bauern,- und Städtewesens aus, die von der „Familie" Czartoryski" verwirklicht wurde.

Franciszek Radzewski, ein Freund von Stanisław Leszczyński, veröffentlichte im Jahre 1743 seine Broschüre „Kwestye polityczne obojętne" – „Politische unwichtige Angelegenheiten", in der er sich um eine Reform der polnischen Verfassung bemühte.[103]

---

panowania Augusta III (1750–1764) (Der Stand der Aufklärung in Polen in den letzten Regierungsjähren August III.), hrsg. von J. Hulewicz, Wrocław 1953, Kott, Jan, Osnowa syntezy polskiego Oświecenia (Um eine neue Synthese der polnischen Aufklärung), in: Przegląg Historyczny 42 (1951), S. 107–128; Leśnodorski, Les facteurs intellectuels de la formation de la societe Polonaise moderne au siecle de lumieres, in: La Pologne au X Gongres International des sciences historigue a Rome. Warszawa 1955, S. 167–216; Libera, Zdzisław, Problemy polskiego Oświecenia. Kultura i Styl (Probleme der polnischen Aufklärung, Kultur und Stil).

101 Hoensch, ebenda, S. 27.

102 Hoensch, ebenda, S. 12–13.

103 Ebenda, S. 27.

Der Woiwode von Polen, Stefan Garczyński, schrieb im Jahre 1733 die „Anatomia Rzeczypospolitej„ – „Die Anatomie der Republik“, die im Jahre 1751 veröffentlicht wurde. Das Hauptthema dieses Buches bildet die Schaffung eines modernen Schulwesens sowie die Lösung der Bauernfrage.

Bischof Antoni Dębowski charakterisierte in seinen „Memoires sur le gouvernement de Pologne“ (1759) den polnischen Staat des 18. Jh. als eine „mittelalterliche Anomalie“. Die französische Fassung der „Memoires ...“ knüpfte an das Buch Dębowskis an und stellte eine Ergänzung und Überarbeitung von Poniatowskis „Brief eines Landbesitzers “ durch den Freund der Czartoryskis Jan Beniamin Steinhäuser dar, der auch die deutsche Fassung des „Grundrißes der heutigen Staatsverfassung von Polen...“ (1763) in Frankfurt am Main veröffentlichte.[104]

Die erste Person der Hofpartei, Jerzy Mniszech, versuchte aus seiner Stellung für sich selbst Kapital zu schlagen und enthielt alle ihm vorgelegten Entwürfe der Öffentlichkeit vor.

Im Jahre 1764 legte Antoni Potocki dem Sejm ein eigenes Reformprogramm vor. Er plädierte für eine Reform der Wirtschaft, besonders im Bereich der Städte, eine Kapitalbeteiligung des Adels und des geistlichen Standes. Kronhetmann Józef Potocki stellte im Jahre 1764 das erste konkrete Programm einer Reform der Städte und des Parlamentswesens Polens auf.[105]

2. Teil: Das Reformvorhaben der „Familie“ Czartoryski

Unter den polnischen Magnatenfamilien der zweiten Hälfte des 18. Jh. gehörte die Familie Czartoryski zu den politisch und wirtschaftlich mächtigsten und auch einflussreichsten. Ähnlich wie z.B. die konservative Partei der Republikaner, entwickelte sie politische Initiativen, die jedoch nicht zusammenfassend dargelegt wurden.

Die Czartoryskis entstammen der litauischen Dynastie der Gedyminiden. Mit dem Übertritt von der orthodoxen Kirche zu der katholischen Konfession des lateinischen Ritus im 17. Jh. war einer politischen Betätigung der „Familie“ das letzte Hindernis aus dem Wege geräumt. Im 18. Jh. genoss die „Familie“ in Polen beträchtliches Ansehen.

Durch kluge Heiratspolitik, durch Kompromisse und Schmeichelei, aber auch im Wege von Bestechung und Förderung, gelang es den Mitgliedern der

104 Hoensch, ebenda, S. 32–35.
105 Ebenda, S. 30, 31.

„Familie“ ihr politisches und wirtschaftliches Potential wesentlich zu erweitern. Nach dem Tode August II. schloss sich die „Familie“ dem Lager vom Stanisław Leszczyński an.

In ihren Reformbestrebungen setzten sich die Czartoryskis für die Errichtung:

- einer funktionsfähigen Regierung,
- einer sachlichen Rechtsprechung,
- einer stabilen Währung, und für
- eine allgemeine Stärkung der Republik ein.

Außenpolitisch war die „Familie“ prorussisch eingestellt. Sie suchte aber auch eine politische, militärische und finanzielle Absicherung ihres Betätigungsfeldes (der Durchführung ihrer Reformpläne) bei den an Polen interessierten Mächten Preußen, England, Frankreich und Österreich, zu erreichen.

Die Bedeutung des in mehreren Punkten gescheiterten Reformversuches ist wohl vor allem darin zu sehen, dass die Reformpläne der „Familie“ fast alle staatlichen und gesellschaftlichen Bereiche erfassten und die Czartoryskis als „Transformatoren Konzeptionen der Vergangenheit aufnahmen, für ihre Zeit und die politischen Bedürfnisse Polens umwandelten und die wichtigsten Anstöße für das Reformwerk des ‚Großen Sejm‘ lieferten“.

Von der Abschaffung der Institution des „Liberum Veto“ machte die „Familie“ das Gelingen weiterer Reformen abhängig. Sie legte ihre Reformpläne in zwei von Stanisław August (dem späteren König Polens) entworfenen Denkschriften vom 14. und 15. Dezember 1762 nieder, die der Zarin Katharina II. mit der Bitte um Billigung, vorgelegt wurden.

Die oben genannten Reformpläne stellten eine Verarbeitung von älteren polnischen Entwürfen und auch von fremden Vorbildern dar, und zielten hauptsächlich auf eine Reform der Organisation des polnischen Sejms ab.

Die Reformversuche der Familie scheiterten am Einspruch der Zarin, auf die angeblich Friedrich II. einen starken Druck ausübte. Im Juli–August 1763 sprach sich die Zarin schon offen gegen die Konföderationspläne der „Familie“ aus.[106]

Nach den Vorstellungen der „Familie“ sollte(n):

- der Sejm einen festen Tagungsort haben,
- der Sejm nach britischem Vorbild im zweijährigen Turnus tagen und eine ständige Einrichtung sein,

106 Hoensch, ebenda, S. 254, 255, 368, 369, 371, 372.

- die Landtage zu bestimmten Terminen und an festen Orten zusammentreten,
- nur in „materiae Status“, das Einstimmigkeitsprinzip eingehalten werden,
- der polnische Sejm aus zwei Kammern bestehen,
- die Exekutive als kollegiales Organ fungieren, sowie ihre Beschlüsse mit Stimmenmehrheit fassen, dem Sejm unterstehen und unter anderem vom König unabhängig sein,
- ein „Consilium Secretum“ errichtet werden,
- eine tiefgreifende Reform des Gerichtswesens durchgeführt werden. Sie sollten in erster Instanz Burg- (Gród-)gerichte, in zweiter Instanz Landgerichte und in dritter Instanz Tribunale errichten,
- eine Kodifikation des geltenden Rechts erfolgen,
- das „ Liberum Veto“ abgeschafft werden und die einfache Stimmenmehrheit eingeführt werden.

In wesentlichen Punkten stimmt das Reformvorhaben der „Familie“ mit Gedanken Stanisław Konarskis überein.

Im Grunde genommen trugen die Reformpläne Czartoryskis einen selbstständigen Charakter und spiegelten die damalige moderne Staats- und Rechtsauffassung wieder.

Nach Auffassung der „Familie“ sollte

- der besitzlose Kleinadel und die Magnaten politisch entmachtet werden und
- in Polen ein Zweiparteiensystem errichtet werden (Hofpartei und Opposition).

Als Vorbild diente der „Familie“ die britische konstitutionelle Monarchie. Aber auch die schwedische Verfassung vom 1757, die Grundsätze der Generalstaaten und die politischen Strukturen der Stadtrepubliken Genua und Venedig, wurden von der „Familie“ in Betracht gezogen.

Alle diese Reformpläne scheiterten am Veto Preußens und Russlands. Die Zarin, die unter dem Einfluss Friedrich II. handelte, war fest entschlossen, alle ihr zur Verfügung stehenden Mittel einzusetzen, um „keine Russland schädlichen Neuerungen“ zuzugestehen bezüglich der von der „Familie“ eingeleiteten Erneuerungen des polnischen Staates.[107]

---

107 Hoensch, ebenda, S. 257, 258, 259, 266, 267, 597; vgl. auch Konopczyński, Materiały do dziejów polityki „familii“ (Materialien zur Geschichte der Politik der „Familie“), in: Kwartalnik Historyczny 25 (1911), S. 245–254 und 455–472; Kisielewski, Władysław, Tadeusz, Reforma książąt Czartoryskich na sejmie konwokacyjnym roku 1764. Z poprzednim poglądem na stan Polski z czasów saskich i literaturę polityczną

3. Teil: Stanisław Leszczyński (1677–1766) und sein Reformvorhaben

Der in Frankreich an seinem Hof in Luneville und Nancy in Exil lebende Exkönig, auch „Roi Philosophie" genannt, leistete einen wichtigen Beitrag zum Gedankengut der polnischen Aufklärung.

Stanisław Leszczyński wird die Autorenschaft, die bis zum heutigen Tag noch nicht ganz geklärt ist – des Werkes „Głos wolny wolność ubezpieczający – Eine freie Stimme zur Sicherung der Freiheit" zugeschrieben.[108]

In Luneville gab Stanisław Leszczyński der polnischen Jugend die Möglichkeit, sich mit den reformatorischen Ideen vertraut zu machen. Er beeinflusste mit seinen reformatorischen Ideen die polnischen Reformer (z.B. die Czartoryskis) des polnischen Erziehungswesens, der polnischen Jurisdiktion und auch die Piaristen, besonders den hervorragendsten unter ihnen, Pater Stanisław Konarski (1760–1763).[109]

Die Schrift „Głos wolny wolność ubezpieczający" beinhaltet ein Regierungsprogramm. In der Literatur ist auch die Meinung laut geworden, dass dieses Buch eine Gemeinschaftsarbeit des französischen Diplomaten Jean Pierre Tercier, Leszczyńskis Sekretär – Joseph Lamimpie, Cavalier de Solignac und Józef Andrzej Załuski ist, oder auch, dass es von dem litauischen Starosten Mateusz Piotr Biollozor verfasst wurde.

Die zweite, französische Ausgabe erschien unter dem Titel „La voix libre du citoyen". In dieser Schrift ist der Einfluss Fenelon, Saint-Pierre, Montesquieu, aber

---

XVIII wieku aż do Sienickiego1764 roku włącznie (Die Reform der Fuersten Czartoryskis auf dem Konvokationssejm des Jahres 1764. Von den früheren Ansichten über den Zustand Polens während der Sachsenzeit und der politischen Literatur), Sambor 1880; Michalski, Plan Ćzartoryskich naprawy Rzeczypospolitej (Der Plan der Czartoryski zur Reform der Republik), in: Kwartalnik Historyczny 65 (1956) 4–5, S. 29–45; Waliszewski, Potoccy i Czartoryscy. Walka stronnictw i programów politycznych przed upadkiem Rzeczypospolitej 1754—1765 (Die Potocki und die Czartoryski. Der Kampf der Parteiungen und der politischen Programme am Vorabend des Untergangs der Republik), Bd. 1; 1754—1754, Kraków 1887; Zdrada, Jerzy, Zmierzch Czartoryskich (Der Untergang des Czartoryski Geschlechts), Warszawa 1969, Handels, Marcelli, Adam Czartoryski, 2 Bde., Warszawa 1948, 1949.

108 Hoesch, ebenda, S. 20, vgl. auch Kaczmarczyk, Leśnodorski, ebenda, 1966, S. 232–234; Michnik, Moser, ebenda, S. 344, Staszic, ebenda, S. VIII; Feldmann, W., ebenda, S. 16.

109 Feldmann, W, ebenda, S. 16; vgl. auch Ostworowski ..., Ostatni ... 13; Hoensch, ebenda, S. 40, 116.

auch der Enzyklopädisten und J. Rousseau zu sehen.[110] Stanisław Leszczyński verfolgte das Ziel, „der politische Lehrer seines Volkes zu sein und zugleich als intellektueller Botschafter seines Volkes in seiner Umwelt, mit der er den Kontakt verloren hatte, zu fungieren".[111]

Der polnische „Roi Philosophe" plädierte für eine Reform:

- des polnischen Heeres
- der Finanzen,
- für die Schaffung eines ständigen Sejms; der nach englischem Muster (Vorbild) errichtet werden sollte,
- des „Liberum Veto",
- der Leibeigenschaft und für
- die Einführung des Mehrheitsprinzips bei der Wahl der Abgeordneten und Deputierten.

Stanisław Leszczyński war sich der ungünstigen Lage der polnischen Bauern bewusst, aber er sagte zugleich selbstbewusst:

> „Ich wäre kein Szlachcic, wenn der Bauer nicht Bauer wäre.
> Was bewirkt denn die Vornehmheit meiner Geburt, wenn nicht die Distinktion? Und wenn es die nicht zwischen dem Bauern und dem Edelmann gäbe, wären ja alle gleich."[112]

Er stand für die Umwandlung der Leibeigenschaft in ein Pachtverhältnis und für eine gerechte Justiz, rechtliche Sicherheit und Erbrecht für die polnischen Bauern.

Wie sehr Stanisław Leszczyński Denken von Maximen seiner Zeit beeinflusst war, zeigt folgender Ausschnitt aus seinem „Głos wolny"–„Freie Stimme":[113]

> „Allein dieser Name des Titelstandes denotat die Vornehmlichkeit unseres adeligen Standes, denn es sollte bei und ein und dasselbe bedeuten, ein Ritter wie ein Edelmann zu sein. Andere Nationen haben ihre Ehre in Orden, welche distinquunt merita civium, in einem solchem Maße, dass man dort große Verdienste aussteigen muss um ein Kavalier zu werden.
> Wir werden mit ihnen geboren – Kavalier und eques nämlich sind Synonyma. Und das ist richtig so, denn ohne Schmeichelei sagte ich es: alle Tugenden und Talente sind uns durch Geburt natürlich. Ich behaupte darüber hinaus, wenn bei uns dazu

110 Hoensch, ebenda, S. 20, 21, 25 und die dort angegebene Literatur.

111 Hoensch, ebenda, S. 22; s. Halecki, ebenda, S. 155.

112 Hoensch, ebenda, S. 22–24, 368, 435.

113 Hoensch, ebenda, S. 22–24, 368, 435, vgl. Die polnische Verfassung vom 3. Mai 1791, S. 676.

noch eine solche Applikation vorhanden wäre, sie auszuüben, wie diese woanders da ist, dass sich dann kaum irgendeine Nation mit der unsrigen in allen Wissenschaften vergleichen könnte, ebenso wie sie sich messen kann in den Prärogativen. Denn es steht fest, dass in ganz Europa, ja auf der ganzen Welt nichts der Kondition eines polnischen Szlachcic gleichkommt, mit der absoluta potestas verbunden ist, da es ihm noch erlaubt ist pro libitu in seinem Erbbesitz zu schalten und zu walten".

Auf einer anderen Stelle seines Werkes sagt er:

„Eigentlich gehört es nicht, das gemeine Volk (pospólstwo) inter materias Status zu mischen, denn non componunt einen Stand in unserer Republik, und die nehmen mit Ausnahme der Städte im königlichen Preußen auch nicht an irgendwelchen Beratungen teil, wie es in den anderen Reichen geschieht, die sich freiheitlich regieren. Und obwohl sie bei uns in solcher Verachtung stehen – dies opprobrium et ab jecto plebis -, dass sie nicht einmal der Erwähnung würdig scheinen, kann ich selber sie daraus nicht gering schätzen....Was schafft denn unser Wohlergehen und andere Güter, wenn nicht die plebei, unsere wahren Brotgeber, wenn sie da unablässig im Erdboden graben und die Schätze hervorholen? Aus Ihren Mühen kommt unser Vermögen, aus ihrer Arbeit der Reichtum des Landes, aus ihrem Handel commercia, aus ihrem Schweiße die Annehmlichkeit für uns: Sie tragen die Last der Steuern aus ihnen rekrutieren sich die Armee, schließlich nehmen sie uns alle Arbeiten ab, so weit dass wir selbst zu Ackerbauern werden müssten, wenn es die Bauern nicht gäbe".[114]
„... und das eben ist das größte Unglück un statu nostro, dass die ungezügelte Freiheit generat in gubernio die allgemeine Unordnung; dieses wiederum gibt jedem Augenblick Gelegenheit ab excessum der Freiheit. Das ist ein circulus vitiosus, in dem wir zu keinem Ende kommen können, auch bei unseren vortrefflichen Eigenschaften und selbst den allerbesten Intentionen nicht".[115]

Stanisław Leszczyński beklagt sich über den Zustand in Polen:

„dass man zur Erlangung aller Würden in statu keine Verdienst braucht, keine Bildung, keine Erfahrung, sondern dass es genügt, als Edelmann geboren zu sein, im generell infusam scientiam zu haben...., dass die Geburt nicht immer die Präeminenz vor den Verdiensten hat".[116]

In seinem Werk „La Voix libre du Citoyen, ou observations sur le Gouvernement de Pologne" sagte er Folgendes:

„Je ne puis sans horreur ici cette loi qui n'impose qu'une amende de quinze ätout Gentilhomme qui aura tue un paysan. C'est auce prix qu'on se rachete dans notre nation

114 Hoensch, ebenda, S. 73, Fußnote 26.
115 Ebenda, S. 74.
116 Hoensch, ebenda, S. 109.

de rigueurs de la justice....La Pologne est le seul pays ou la populace soit comme dechue de tous les Droits de l' humanite".[117]

Die Gedanken des „Głos wolny" – „Freie Stimme" bildete den Ausgangspunkt für spätere Reformen. Stanisław Leszczyński selbst knüpfte in seinem Gedankengang an das Gedankengut von Frycz Modrzewski und Opaliński an. Um das Bildungsniveau in Polen zu heben, gründete er in Luneville am 1. Mai 1737 die „L'Ecole de Gadets Gentilhommes".[118] Sein Wirken verlieh der polnischen Aufklärung bleibende Werte.

4. Teil: Stanisław Konarski (1700–1773) und sein Lebenswerk

Stanisław Konarski gehörte zu denjenigen polnischen Reformatoren des Zeitalters, die mit „offenen Blick, Initiative, Energie, und Ausdauer" der polnischen Aufklärung einen sehr konstruktiven und praktischen Inhalt gaben. Er war der Neffe des Woiwoden von Sandomir Jan Tarlo und Neffe des Bischofs von Posen und stammte selbst aus einer kleinen Adelsfamilie.

Pater Stanisław Konarski besuchte in der Zeit von 1709 bis 1715 die Piaristenordensschule in Piotrków.[119] Von 1715 an besuchte er Schulen in Podoliniec. Am „Collegium Nazarenum" in Rom studierte er in der Zeit von 1725 bis 1729. Während seines Studienaufenthaltes in Rom hatte er die Gelegenheit, die Lehre vom hl. Thomas kennenzulernen. In der Zeit seines Aufenthaltes in Paris haben ihn Montesquieu, Rektor der Sorbonne – Rollin, Descartes, Pascal,

---

117 Ebenda, s. oben.

118 Ebenda, S. 25; vgl. auch zu diesem Thema folgende Literatur: Rostworowski, Czy Stanisław Leszczyński jest Autorem „Głosu wolnego". Legendy i fakty XVIII w (Ist Stanisław Leszczyński der Autor der „Freien Stimme...", Legenden und Fakten des 18. Jh.). Warszawa 1963; Lechicka, J, Rola dziejów Stanisława Leszyńskiego (oraz wybór jego pism) (Die geschichtliche Rolle Stanisław Leszczyński- und eine Auswahl seiner Schriften, Rocznik TNT LIV, 1951 (za rok 1949); Die polnische Verfassung. S. 676, 677; Leśnodorski, Dzieło ... S. 120, 121; Boye, Pierre, La cour Polonaise de Luneville (1733–1766). Nancy 1926; Boye, Stanisław Leszczynski et le troisieme traitede Vienne. Paris 1898; Hoensch, Bemerkungen zu M.K. Dziewanowskis Aufsatz King Stanisław Leszczyński: Some Remarks and Questions Marks, in: Jahrbücher für Geschichte Osteuropas NF 16 (1968), S. 557; Lechicka, Rola dziejów Stanisława Leszczyńskiego oraz wybór z jego pism (Die historische Bedeutung St. L. nebst einer Auswahl aus seinen Schriften) Toruń 1951, Lech, Marian, J, Stanisław Leszczyński, Warszawa 1969; Rostworowski, Stanisław, Leszczynski et l'idee de la uaix generale, in: La Lorraine dans l'Europe des lumieres. Nancy 1968, S. 51–68.

119 Halecki, ebenda, S. 155; S. Hoensch, ebenda, S. 36.

Melebranche und Gassendi spürbar mit ihren Gedanken beeinflusst. Nach einem einjährigen Studienaufenthalt in Paris (1729–1730), kehrte er nach Polen zurück.[120]

Stanisław Konarski, als Angehöriger des Ordens der Piaristen, war in der Tat ein großer Pädagoge und Reformator des damals herrschenden Erziehungssystems, dessen Zustand viele Reformen benötigte.[121] Er sprach sich auch für politische Reformen in Polen aus. Konarski forderte die Gründung einer stabilen Regierung, ein in Permanenz tagendes Parlament, geordnete Finanzen und ein starkes Heer.[122]

Das reformierte Schulwesen sollte der polnischen Nation eine Elite von gebildeten Menschen schenken, die Reformen durchführen sollten.[123]

Man bezeichnete Stanisław Konarski auch als einen „echten Repräsentanten der polnischen Adelsgesellschaft", der sein Werk „O skutecznym rad sposobie ..." nur für den Adelsstand und nicht für die polnischen Massen schrieb. Deswegen stufte man Stanisław Konarski als Denker und Reformator eindeutig hinter Leszczyński und Garczyński ein.

Das Reformvorhaben Konarskis trägt einen wesentlich breiteren Charakter als bei allen seinen Reformvorläufern.[124] Er war der Erste, der die Frage des „Liberum Veto" und des Systems der polnischen „Parteiung" sachliche Aufmerksamkeit schenkte.[125]

---

120 Jarra, ebenda, S. 231; Hoensch, ebenda, S. 37.

121 Michnik, Mosler, ebenda, S. 345; s. Leśnodorski, Dzieło ..., S. 87.

122 Denkwürdigkeiten über Polen und die Polen ..., S. 5; vgl. auch Rhode, ebenda, S. 308; Rostworowski, Ostatni ...., S. 38; Konopczyński, Stanisław Konarski, Warszawa 1926; Kraszewski, ebenda, Band 3, S. 1; Michnik, Mosler, ebenda, S. 345; Hüppe, ebenda, S. 19, 20; Nowak-Blużewski, J. Stanisław Konarski, Warszawa 1951; Konarski, Stanisław Wybór pism politycznych. Eine Auswahl von politischen Schriften. Hrsg. v. W.T. Konopczyński Kraków 1921, Snowacki A., Stanisław Konarski, sein Leben und Wirken, Phil.Diss. Wrocław-Poznań, 1903; Gierowski, Józef, U źródeł polskiego Oświecenia (An den Quellen der polnischen Aufklärung), in: Wiek XVIII. Polska i Świat. Księga poświęcona Bogusławowi Leśnodorskiemu, 1974, S. 47; Hoensch, ebenda, S. 441, 442.

123 Kowecki, ebenda, S. 203–205.

124 Hoensch, ebenda, S. 36, 44, 345; vgl. Schmitt, Henryk, Dzieje panowania Stanisława Augusta Poniatowskiego ..., S. 43.

125 Feldman, W., ebenda, S. 16, 17; vgl. auch Leśnodorski, Dzieło ..., S. 127; Rostworowski, Ostatni ..., S. 37 5, Hoensch, ebenda, S. 42–49, 254.

Der preußische Resident in Warschau berichtete Folgendes aus Polen seiner Regierung:[126]

> „Der Pater Konarski, der seit einem oder zwei Jahren eine Reform der Verfassung Polens predigt, findet gegenwärtig ebenso viele Anhänger, als er zuvor Gegner gehabt hat… Sie sprachen von nichts anderem als vom Ruhm der Verfassung Englands, die sie sich als Muster nehmen wollen".

In seinem Brief „Reflexions d'un gentilhomme Polonoise" (1764), den er an Herzog von Coiseul schrieb, wobei er den französischen Gesandten Paulmy um Übergabe bat, wie auch in seinem Traktat „Suum cuique" (1771), suchte er nach Lösungen für die aktuellen politischen Fragen Polens.

Konarski wurde mit folgenden Worten charakterisiert:

> „ein Mann von klassischer Bildung, aber zugleich ohne alle Religion (gewesen), er sprach dem religiösen Toleranzismus und der neuen Philosophie öffentlich das Wort und war der Theologe des Königs und der Czartoryskis sowie der russisch gesinnten Partei in Polen…. Konarski habe sich nicht als Patriarch, sondern als der Verderber, der „Pauperes Matris Dei" und als ein wahrer Häresiarch erwiesen und nur solche Ordensleute gefördert, die einen ganz weltlichen Sinn besitzen, Apostel des allgemeinen Unglaubens und Verteidiger des schismatischen Systems der Russen sind, sie deshalb bei Hofe angesehen".[127]

Was die Einführung der Stimmenmehrheit und die Abschaffung des „Liberum Veto" anlangt, so ist bei Konarski eine weitgehende Übereinstimmung mit der „Familie" festzustellen.[128]

Was die Kompetenzen des Königs betrifft, wollte Stanisław Konarski dem Monarchen nur ein Bestätigungsrecht geben.

Anlässlich seiner Reise nach Westeuropa entstand im Jahre 1746 in Frankreich sein Werk „O skutecznym rad sposobie albo o utrzymaniu ordynaryjnych seymow" – „Von einem nützlichen Mittel zum Bestände der ordentlichen Sejms in Polen", dessen deutsche Übersetzung Lorenz Mitzier de Kolof herausgab.[129] In diesem Werk klagte er sämtliche Gruppen, Fraktionen und Stände Polens an. Die Kenntnis der Verfassungen der Schweiz, Venedigs, Schwedens, Englands

---

126 Hoensch, ebenda, S. 47–49; vgl. auch Leśnodorski, Dzieło …, S. 62; Balzer, Konstytucja trzeciego Maja …

127 Hoensch, ebenda, S. 130, Fußnote 35.

128 Michnik, Mosler, ebenda, S. 346; s. Biskupski, ebenda, S. 158.

129 Michnik, Mosler, ebenda, S. 345, 349; s. Rostworowski, Ostatni …, S. 37; Staszic, ebenda, S. VIII; Hoensch, ebenda, S. 42; Hinz, Sikora, ebenda, S. 93; Gierowski, ebenda, S. 46, 49.

und der Vereinigten Staaten kommt hier klar zum Ausdruck. Anhand des Beispiels der schwedischen und insbesondere der englischen Verfassung zeigte Konarski die Vorteile einer konstitutionellen Monarchie für Polen.[130]

Er las Werke von solchen Autoren, wie: Ajschylos, Herodot, Cicero, Seneca, Matthaus, Augustinus, Machiavelli, Richelieu, Johannes Althusius, Grotius, Pufendorf, Locke, Hume, Montesquieu und Rousseau sowie die der Polen Karwickis, Szczuka, Leugnich und Leszczyński.[131]

In seinem Buch „O naprawie wad wymowy“ – „Über die Verbesserung der Aussprachfehler“ setzte er sich für „Reinheit“ der polnischen Sprache ein.[132]

Stanisław Konarski verfasste auch Lehrbücher für die Schulen des Piaristenordens, sowie auch Theaterstücke, Studienpläne und Bücher der Grammatik der polnischen Sprache.[133]

Konarski selbst führte ein bescheidenes Leben und diente damit anderen als Beispiel.[134] In seiner geistigen und pädagogischen Tätigkeit lässt er sich von politischen Motiven leiten.

Er knüpfte an das breite Programm der politisch-gesellschaftlichen Reformen von Stanisław Leszczyński an, das er in „Głos wolny“… – „Freie Stimme“ im Jahre 1749 darstellte.

Seine geistig-politische Tätigkeit in den 40er- und 60er-Jahren des 18. Jh. bildet den Ausgang einer neuen Epoche in Polen, nämlich der Aufklärung.

Stanisław Konarski vertrat, wie Stanisław Leszczyński ebenfalls die Meinung, dass die polnische Republik des Adels „mole propria ruit“. Trotz sehr guter Beziehungen zu königlichen Kreisen hielt er sich fern von einer geistlichen und öffentlichen Karriere.

Am 15. Februar 1754 billigte Papst Benedikt XIV. die von Stanisław Konarski vorgeschlagenen Reformen des Piaristenschulwesens in Polen.[135]

Stanisław Konarski las, wie schon erwähnt, klassische Literatur, besonders Cicero. Er versuchte, eine Analogie zwischen den von Cicero kritisierten römischen Verhältnissen und den in Polen herrschenden Zuständen herzustellen. Der Geschichte schenkte Stanisław Konarski unter den Wissenschaftlern die

130 Hoensch, ebenda, S. 36, 43, 44.
131 Hoensch, ebenda, S. 43; s. Jarra, ebenda, S. 232.
132 Michnik, Mosler, ebenda, S. 345.
133 Hoensch, ebenda, S. 42.
134 Jarra, ebenda, S. 232, vgl. Godebski, ebenda, S. 8, 9; Hoensch, ebenda, S. 39.
135 Jarra, ebenda, S. 232; s. Hinz, Sikora, ebenda, S. 93; Kaczmarczyk, Leśnodorski, ebenda, (1966), S. 234.

größte Aufmerksamkeit.[136] Für ihn war die Geschichte ein Zweig der Wissenschaft, die von den menschlichen Tugenden, den Fehlern und von den Schicksalen der Völker und deren Unglück handelte.

Konarski interessierte sich auch für Rhetorik, die er in der Schule unterrichtete. Seine Gedanken zur Rhetorik legte er in seinem Buch „Lei arte bene cogitandi … necessarie" (1767) nieder.[137] In den Piaristenschulen hielt er Vorlesungen aus den Fachbereichen der Philosophie, Ethik und Politik. Sein sechsjähriger Studienaufenthalt in Westeuropa gab ihm die Möglichkeit, die Unterschiede zwischen dem Schulwesen und dem politischen Leben Westeuropas zu studieren und näher kennenzulernen.

Stanisław Konarski kam zu der Überzeugung, dass das rückständige Schulwesen Polens das gesellschaftspolitische Bild Polens determiniert. Es gelang ihm, das Piaristenschulwesen zu reformieren und damit anderen Zweigen des Unterrichts zu positiven Veränderungen zu verhelfen.

Stanisław Konarski besaß gute juristische Kenntnisse. Nicht lange nach seinem Studium erhielt er von seinem Verwandten Józef Jerzy Załuski, der Kronreferendar, Schriftsteller und später Bischof von Kiew war, den Auftrag, eine „Edition der polnischen Verfassungsgesetze und Konstitutionen von 1374–1736" zu verfassen.[138] Damit befasst er sich in der Zeitspanne 1732–1739. Diese Arbeit gab ihm die Möglichkeit, sich unter anderem mit dem Ursprung und Wesen des polnischen Verfassungsrechts zu befassen, löste Diskussionen aus und gab dem ehemaligen Erzieher Stanisław August Poniatowski Gottfried Lengnic den Anstoß die Schrift „Jus publicum Polonaise" zu schreiben.

Stanisław Konarski versuchte in seiner „Volumina legum…" möglichst alle Gesetze Polens zusammenzufassen. Der vollständige Titel des von ihm verfassten Werkes lautet: „Volumina legum – Prawa, Konstytucje i przywileje Królestwa Polskiego, Wielkiego Księstwa Litewskiego y wszystkich prowincji należących na walnych seymach koronnych od seymu wiśnickiego roku pańskiego 1347 aż do ostatniego seymu uchwalone" – „Rechte, Konstitutionen und Privilegien des Königreiches Polens, des Großfürstentums Litauen und aller Provinzen".[139]

---

136 Jarra, ebenda, S. 232.

137 Ebenda, S. 37.

138 Jarra, ebenda, S. 232; vgl. auch Hoensch, ebenda, S. 37; Grodziński, S. Pogląd St. Konarskiego na rozwój prawa polskiego w świetle jego wstępu do Volumina legum (Die Ansichten über die Entwicklung des polnischen Rechtes im Lichte seiner Einleitung zu Volumina legum), in: Przegląd Historyczny (1953), S. 109–123.

139 Hoensch, ebenda, S. 37, 38, und die auf diesen Seiten angeführte Literatur.

Mit seiner im Jahre 1732 für den im Februar 1733 einberufenen Sejm, geschriebenen Schrift „Rozmowa pewnego ziemianina ze swoim sąsiadem o teraźniejszych okolicznościach roku 1733" – „Das Gespräch eines Landbesitzers mit seinen Nachbarn über die gegenwärtigen Zustände im Jahre 1733", beteiligte er sich zum ersten Mal an den tagespolitischen Angelegenheiten Polens. In dieser Schrift zeigt Stanisław Konarski Bedenken gegen ein verantwortlich-kritisch ausgeübtes „Liberum Veto".[140]

Mit dem 7. und 8. Band, wurden die polnischen Gesetze nach dem Jahre 1782 veröffentlicht.

In den Jahren 1736–1737 hielt er in der Piaristenschule in Krakau Vorlesungen über Recht und Politik. In seinem Programm der Reformen des Piaristenschulwesens räumte er auch der Rechtslehre einen wichtigen Platz ein. Besonders das Staatsrecht und das Völkerrecht sollten den Studenten bekannt gemacht werden.

Die Lehre von Bolingbroke, Montesquieu und Voltaire waren ihm geläufig.

Die Reform des Schulwesens und die Verwirklichung der Ideen der Aufklärung sah er als „home d'action" und mit „esprit practique", als wichtigste Aufgabe seines Wirkens.[141]

Als Krönung seiner Bemühungen ist das im Jahre 1740 in Warschau ins Leben gerufene „Collegium Nobilium" anzusehen.[142]

Das Erziehungsmodell von John Locke, sowie der Franzose Charles Rollin, welcher sein Lehrer war, haben sein Denken beeinflusst.

Im Jahre 1740 gründete er das schon erwähnte berühmte „Collegium Nobilium".

Das Studium an dem Collegium wurde später durch ein zweijähriges, juristisches Studium ergänzt. Das gesamte Studium sollte den Absolventen die nötige Vorbereitung für den öffentlichen Dienst geben. Der Unterricht erfasste Naturrecht, politisches Recht, Völkerrecht, römisches Recht und Staatsrecht. Das von Stanislaw Konarski verfasste Werk „Volumina legum" gehörte zur Pflichtlektüre des Studiums.

---

140 Honesch, ebenda, S. 39; vgl. auch Jarra, ebenda, S. 233 Leśnodorski, Kaczmarczyk, ebenda, (1966), S. 234. Derselbe Autor zitiert an einer anderen Stelle seines Buches die Meinung Konarskis, dass „kein Gesetz in der Welt niemals erlauben kann, die Sejmsitzungen zu zerreißen". (Hoensch, ebenda, S. 42).

141 Ebenda.

142 Ebenda.

Dank der Tätigkeit des reformierten Piaristenschulwesens erhielt Polen solche Staatsmänner, wie Ignacy Potocki, Mitverfasser der Verfassung vom 3. Mai 1791.

Von dem Geist der Reformen Konarskis waren auch später die „Ustawy dla stanu akademickiego i na szkoły w krajach Rzeczypospolitej" – „Gesetze für den akademischen Stand und für Schulen der Länder der Republik", sowie die Tätigkeit der „Komisja Edukacji Narodowej" – „des Kultusministerium" selbst, die eine Kontinuität der Reformen Konarskis, darstellen, beeinflusst.

Aufgrund der genannten Gesetze wurde in den Schulen, die der „Komisja Edukacji Narodowej" unterlagen, die „Einführung in die Rechtslehre" unterrichtet.

Um den Weg für die zukünftigen politischen Reformen vorzubereiten, versuchte Konarski die Einstellung der Adeligen zu den politischen und gesellschaftlichen Problemen Polens zu ändern, nicht nur durch seine Tätigkeit im Rahmen des Piaristenschulwesens, sondern auch durch seine Schriften, also auf publizistischem Wege.[143]

In den „Epistolae familiares sub tempus interregni" (1733) sprach sich Stanisław Konarski für das Recht der Selbstbestimmung der eigenen Angelegenheiten eines Staates und für die Wahl Stanisław Leszczyński aus, und definierte zum ersten Mal die Voraussetzungen für die Aufrechterhaltung der polnischen Unabhängigkeit.

Im Jahre 1750 verfasste Konarski die Schrift „Tragedia Epaminondy".

In seinem Werk „De wire honeste et feono cive" (1754) stellte er dem polnischen Leser das Idealbild eines anständigen Bürgers und Vaters vor.

Das bedeutendste Werk Konarskis trägt den Titel „O skutecznym rad sposobie....", welches aus vier Bänden besteht und im Jahre 1760–1763 entstanden ist. Das Werk beinhaltet das reifste Reformprojekt in der Zeit vor dem „Vierjährigen Sejm". In diesem Werk bekämpft Konarski die polnischen Freiheiten,

---

143 Jarra, ebenda, S. 233, 234; vgl. auch Anjnenkiel, Leśnodorski, Rostocki, ebenda, S. 8, Hoensch, ebenda, S. 42; Leśnodorski, Dzieło ..., S. 87. Die „Gesetze der Komisja Edukacji Narodowej für den akademischen Stand ..." wurden im Jahre 1783 vom Piramowicz herausgegeben. Innerhalb der „Komisja Edukacji Narodowej" entstand auf Antrag Ignacy Potockis im Jahre 1775 das „Towarzystwo do Ksiąg Elementarnych" – die Gesellschaft für Grundbücher (1775–1794). Zu Mitgliedern dieser Kommission (Gesellschaft) zählten: Albertrandi, Piramowicz, Hugo Kołłątaj, Onufry Kopczynski, Marcin Poczub, Józef Wybicki, Franciszek Zabłocki und andere. Als Vorsitzender dieser Gesellschaft fungierte Ignacy Potocki, und als Sekretär Grzegorz Piramowicz.

besonders das „Liberum Veto". Er bediente sich einer praktischen Methode der historischen Untersuchung. Konarski analysiert die politischen Realitäten Polens und sucht geeignete Lösungen. Seine empirische Einstellung zu historischen Daten ist der Leitfaden seiner Untersuchung. In diesem Werk sprach sich Konarski auch gegen blinde Übernahme von fremden Beispielen aus. Gerechtigkeit und Gehorsam gehören zu den zwei wichtigsten Ausbildungsprinzipien im „Collegium Nobilium".

Bei der Veränderung des politischen Bildes Polens verlangt er die Stärkung der Position des Sejms. Er verbreitete die Meinung, dass von Natur aus alle Menschen gleich sind, und hat sich für die Gleichstellung aller Menschen vor dem Gesetz ausgesprochen. Wenn jemand seine adelige Abstammung nachweisen kann, so ist das nach seiner Meinung nur ein Zeichen des Zufalls und eine Güte des Schicksals.

Stanisław Konarski vertrat die Absicht, dass ein Bürger nur in einer Weise berechtigt ist, sich über die „natürliche Gleichheit" aller Menschen zu erheben, nämlich durch seine Tugend.[144] Er forderte die Gleichberechtigung von Städtern und Bauern und die Einführung einer hohen Strafe für die Tötung eines Armen (Plebejusz 1768 erstmals bewilligt). Konarski riet dem polnischen Volke, wenn es der Unfreiheit und fremder Herrschaft entrinnen wolle, die Einheit zu bewahren.

In seinen Betrachtungen über das Wesen des Staates bezeichnete er die Souveränität des Staates als die höchste Gewalt, die vom Gott selbst gegeben wurde und von fremden Mächten nicht weggenommen werden darf.

Konarski unterscheidet zwischen folgenden Formen gesellschaftsökonomischer Grundordnungen:

- absolute Monarchie,
- Despotie und Tyrannei.

Diese Einteilung entspricht der modernen Einteilung der gesellschaftlich-ökonomischer Grundordnungen in:

- absolute und gerechte Monarchien (absolutne i praworządne Monarchie),
- volksvertretene und direkte Republiken (Rzeczypospolite przedstawicielskie i bezpośrednie).

Die Republik bedeutet für Stanisław Konarski eine schwächere Grundordnung im Vergleich zur Monarchie.

---

144 Jarra, ebenda, S. 234, 235; s. auch Hoensch, ebenda, S. 39.

Konarski warnt vor den Folgen der „Sprengungen" von Sejmtagungen durch das „Liberum Veto", die im Auftrage der reichen Magnaten durch die armen Adeligen durchgeführt waren.

Er lässt wissen, dass das zu Anarchie, politischer Unfreiheit und Despotie führt.

Hier wird der Einfluss der Lehre Aristoteles sichtbar, welche besagt, dass die Staatsstreiche zu Degenerationen der Demokratie und zu Oligarchie und Tyrannei führen.

Was die Bauern betrifft, so verlangte Konarski, dass sie das Recht zu Verlegung ihres Wohnsitzes, des Verkaufs ihres Gutes, sowie die Möglichkeit der Austragung der Streitigkeiten mit den Gutsherren vor einem staatlichen Gericht erhalten sollten.[145]

In dem reformierten polnischen Sejm sollte nach Meinung Konarskis, der Schwerpunkt in der „izba poselska" – „der Kammer der Abgeordneten" liegen, deren Beschlüsse der Senat nur mit 9/10 der Stimmen zurückweisen konnte.

Konarski wünschte sich die Zerschlagung der Übermacht der polnischen Magnaten, indem er die ganze Verwaltung einem zentralen Organ, dem sogenannten „Residentschaftsrat", der unter die Kompetenzbefugnisse des Königs fallen sollte, unterordnen wollte.

Dieses Organ sollte aus 45 Mitgliedern bestehen, darunter aus 24 vom König gewählten Senatoren, 8 Ministern und aus dem Primas.

In der Zeit des Interregnums und der Abwesenheit des Königs sollte es die königlichen Funktionen übernehmen. Zu Kompetenzen des „Residenschaftsrates" sollten die Bereiche des Handels, der Industrie, des Schulwesens, der Landwirtschaft, des Heeres und der auswärtigen Angelegenheiten gehören. Dieses Organ sollte seine Beschlüsse nach dem Prinzip der einfachen Mehrheit fassen.

In seiner publizistischen und politischen Tätigkeit hat sich Konarski am meisten mit den Funktionen des Sejms in Polen als solcher, und dessen lähmendem Prinzip der Einstimmigkeit befasst.

Konarski nannte den Sejm die „Seele der polnischen Republik". Der Sejm war für Konarski ein Organ, welches die Befugnisse besaß, Gesetze zu beschließen und ihre Ausführung zu überwachen. Er wollte den Sejm in Polen als ständige Einrichtung sehen, sowie anstelle des „Liberum Veto" die dauernde Anwendung des Prinzips der Stimmenmehrheit bei Abstimmung im Sejm.

145 Jarra, ebenda, S. 235, 236; s. auch Hoensch, ebenda, S. 46, 47.

Das dem Prinzip der Einstimmigkeit im Sejm widersprach nach seiner Auffassung der Natur von Menschen. Unterschiedliche Meinungen unter den Menschen schienen ihm eine natürliche Tatsache zu sein.

Nach dem römischen Prinzip „malus usus abolendusest“ sollte man in Polen sobald wie möglich das „Liberum Veto“ und das Prinzip der Einstimmigkeit bei Abstimmungen im Sejm abschaffen.[146]

Im Namen des königlichen Hofes antwortete anonym Wacław Rzewuski auf das Werk Konarskis mit dem Pamphlet „Objaśnienie nieszczęśliwych skutków z tylo zerwanych sejmów wynikających“ – „Erläuterungen der unglücklichen Folgen, die sich aus dem häufigen Zerreißen der Sejms ergeben“.

Artikel 6 der polnischen Verfassung vom 3. Mai 1791 verdankt seinen Inhalt unter anderem Stanisław Konarski.

Es wäre zu erwähnen, dass Konarski sich für die Herstellung eines allgemeinen Friedens und für gute Beziehungen Polens mit seinen Nachbarn ausgesprochen hat. Nur den Verteidigungskrieg anerkannte er als einen rechtmäßigen an.

Hinsichtlich der Religion vertrat er die Meinung, dass ohne Religion Tugende wie Treuherzigkeit und gute Sitten ihre Existenzberechtigung verlieren müssten. Konarski war ein Befürworter der Religionstoleranz. Andere Autoren sind der Meinung, dass Konarski ein Gegner der Religionstoleranz war und dass er die Enzyklopädisten als eine „übermütige und gottlose Sekte“ bezeichnete.

Das Verhältnis „Moral-Politik, moralische Pflicht, politisches Interesse“ spielen in seinen Betrachtungen eine wichtige Rolle. Das gleiche betrifft das Verhältnis von Privat- und Nationalinteressen, Staats- und Individualinteressen sowie die Relation Recht und Staat.

Er wünschte sich auch für Polen ein nach englischem Muster errichtetes System der politischen Parteien, das König Stanisław August Poniatowski später weiterzuentwickeln versuchte. Der Leitspruch Konarskis „sapere aude“ veranlasste König Stanislaw August Poniatowski im Jahre 1771, eine Gedenkmünze in Umlauf zu bringen mit der Anschrift „Sapere-auso“ – für einen, der gewagt hat, „weise zu sein“.

Der König schätzte persönlich Stanisław Konarski sehr hoch und um die Verdienste Konarskis zu würdigen, besonders weil er das „Liberum Veto“ bekämpfte und das Werk „Nützliche Mittel zum Bestände der ordentlichen Sejms“ – „O skutecznym rad sposobie“ (1761–1763) schrieb, gab der König die oben genannte Medaille heraus.

---

146 Jarra, ebenda, S. 237–239, 236; vgl. auch Hoensch, ebenda, S. 368–369, 373, 374, 44, 45; Leśnodorski, Dzieło …, S. 125; Rostworowski, Ostatni …., S. 37.

Stanisław Konarski gehörte zu jenem Kreis von Personen, die vom König Stanisław August Poniatowski einmal wöchentlich zur Tafel (der sogenannter „Donnerstagkreis“ - „obiady czwartkowe“) eingeladen waren.[147]

5. Teil: Andrzej Zamoyski (1716–1792) und sein Reformvorhaben

Die Furcht vor dem Veto Russlands und Preußens trieb die polnischen Reformaufklärer dazu, auf mittelbaren und konspirativen Wegen ihr Reformvorhaben zu verwirklichen. Als lebendiges Beispiel dafür kann die reformatorische Tätigkeit von Andrzej Zamoyski angesehen werden.

---

147 Michnik, Mosler, ebenda, S. 344, s. auch The Cambridge History of Poland ..., S. 113; Godebski, ebenda, S. 9; Rostworowski, Ostatni ... ., S. 42, 107; Hoensch, ebenda, S. 42; Jarra, ebenda, S. 237–239; Rylski, Władysław, Ścibor, Pierwsze pisma polityczne ks. St. Konarskiego (Die ersten politischen Schriften des Priesters St.K.) Lwów 1904; Konarski, Stanisław, Listy 1733–1771 (Briefe). Hrsg. von J. Nowak-Dłużewski. Warszawa 1962; O skutecznym rad sposobie albo o utrzymaniu ordynaryjnych seymow (Von einem nützlichen Mittel zum Beständе der ordentlichen Sejms in Polen). 4 Bde., Warszawa 1760–1763) fotomechanischer Druck 1923; Pisma wybrane (Ausgewählte Schriften), Hrsg. von J. Nowak-Dłużewski, 2 Bde., Warszawa 1955; Grodziński, Poglądy Stanisława Konarskiego na rozwój prawa polskiego w świetle jego wstępu do „Volumina legum“ (Die Ansichten St. K. zur Entwicklung des polnischen Rechts im Lichte seiner Einleitung zu den „Volumina legum“), in: Czasopismo, Prawno-Historyczne 5 (1953), S. 109–123; Konopczyński, Promieniowanie myśli politycznej ks. Konarskiego (Die Ausstrahlung des politischen Gedankengutes des Priesters Konarskis), in: Nasza przeszłość. Studia z dziejów kościoła i kultury katolickiej w Polsce 15 (1962) S. 115–136; Konopczyński, Stanisław, Konarski, Warszawa 1926; Majchrowicz, Franciszek, Wielka reforma szkolna ks. Stanisława Konarskiego i Komisji Edukacji Narodowej (Die große Schulreform des Priesters St. K. und der nationalen Erziehungskommision). Lwów 1923; Nowak-Dłużewski, Juliusz, Stanisław Konarski, Warszawa 1951 Pilat, Roman, Nieznane pismo polityczne Stanisława Konarskiego p.t. Suum cuique (Eine unbekannte politische Schrift St. K. mit der Überschrift, Suum cuique), in: Przegląd Polski 4 (1869/1870) 6, S. 417–436; Rose, William, J., Stanisław Konarski, Reformer of Education in XVIII Century Poland. London 1929 Snowacki, A. Stanisław Konarski. Sein Leben und Wirken. Phil. Diss. Breslau 1903; Wernic, H. Stanisław Konarski jego życie i działalność wychowawcza. Zarys biograficzny (St. Konarski sein Leben und seine erzieherische Tätigkeit. Biographischer Abriss). Petersburg 1900; Wojciechowski, Młodość Stanisława Konarskiego (Die Jugend St. Konarski), Lwów 1895.

Nach Absolvierung einer gründlichen Ausbildung bekleidete Andrzej Zamoyski verschiedene hohe Funktionen in der polnischen Verwaltung. Er hatte u.a. den Posten als Woiwode von Inowrazlaw (1757) als Präsident des Sejms - Marschall des Sejms (1764) und später als königlicher Großkanzler - Kanclerz wielki koronny (1767) inne.

Die letztgenannte Funktion hat er im Jahre 1767 aus Protest gegen die am 14. Oktober 1767 erfolgte Verhaftung und Deportation von vier polnischen Senatoren (Bischöfen Soltyk, Zatuski, Hetman Wacław Rzewuski und Sohn Seweryn) niedergelegt.[148] Die erwähnte Verhaftung erfolgte auf Befehl des russischen Gesandten in Polen Repnin und fand während der Tagung des Sejms (der Konföderation vom Radom) statt.

Von Anfang an gehörte er zu den Befürwortern der Reformen in Polen und suchte nach Wegen und Lösungen, um z.B. den polnischen Städten zu einem besseren politischen Status zu verhelfen.[149] Zamoyski arbeitete eng mit Czartoryski zusammen und war einer der innigsten Berater von König Stanisław August Poniatowski. Andrzej Zamoyski beteiligte sich auch an den Arbeiten der „Komisja Edukacji Narodowej" - „Ministerium für Unterricht".[150]

Er befreite die Bauern, die in seinem Amtsbereich lebten, von der Pflicht der Fronarbeit und führte stattdessen den Mietzins ein und etablierte in den Jahren 1760 und 1765 auf seinem Gut Biezun die Pachtzinswirtschaft.[151]

---

148 Michnik, Mosler, ebenda, S. 353; vgl. auch Godebski, ebenda, S. 3; Hoensch, ebenda, S. 177, 208; Sojka-Zielinska, Wiek XVIII - wiekiem kodyfikacji (Das 18. Jh. Ein Zeitalter der Kodifikation), S. 269–282.

149 Jarra, ebenda, S. 272; s. auch Weber, ebenda, S. 573.

150 Staszic, ebenda, S. XXVII, XXVIII.

151 Leśnodorski, Kaczmarczyk, ebenda, S. 460, 461; vgl. auch Maciejowski, W. A., Sprawa włościańska w Polsce (Die Bauerfrage in Polen), in: Prawnik, 16, (1870), S. 69–70; Hoensch, ebenda, S. 170; Staszic, ebenda, S. X, XXIII, XXIV, XXV; Orłowski, Ryszard, Działalność społeczno-gospodarcza Andrzeja Zamoyskiego (1752–1792) (Der sozioökonomische Tätigkeitsbereich von A. Zamoyski). Praca habilitacyjna - Habilitationsschrift). Lublin 1965; Orłowski, Położenie i walka klasowa chłopów w Ordynacji Zamoyskiego w drugiej połowie XVIII w. (Die Lage und der Klassenkampf der Bauern in der Ordination Zamoyskis in der zweiten Hälfte des 18. Jh.) Lublin 1963; Orlowski, Koloniści - rolnicy niemieccy w Ordynacji Zamoyskiej w końcu XVIII wieku (Deutsche Kolonisten-Bauern in der Ordination Zamoyski am Ende des 18. Jh.), in: Annales Universitatis Mariae Curie-Skłodowska, sec. F. 13 (1960), S. 157–179.

Sein Beispiel fand Nachahnung bei Paweł Ksawery Brzostowski, der 1769 als Referendar von Litauen die Pachtwirtschaft auf den eigenen Gütern einführte und sogar einen Status für eigene Bauern publizieren ließ.[152]

Auch Fürstin Anna Jabłonowska, sowie der Neffe des Königs, Fürst Stanisław Poniatowski und der Unterkanzler von Litauen Joachim Litwor Chreptowicz ließen sich vom Beispiel Andrzej Zamoyski beeindrucken und leiteten auf den eigenen Landgütern Reformen ein.[153]

Er war auch Hauptaktionär und Vorsitzender der „Gesellschaft der Wolle-Manufakturen", die im Jahre 1767 gegründet wurde.[154]

Andrzej Zamoyski selbst verlangte in seinem Reformentwurf die Freiheit der Bauern nicht. Den Bauern und ihren Kindern blieb es weiter untersagt, außerhalb des Herrschaftsbereiches des eigenen Herrn der Arbeit nachzugehen. Nur den jüngeren Söhnen der Bauern sollte es erlaubt sein, in den Adelsstädten ein Handwerk zu erlernen und es auszuüben. Einer Bauernfamilie sollte es nur gestattet sein, ihren Gutsherrn zu verlassen, wenn sie imstande war, eine „Gleichkräftige" Bauernfamilie zur Verfügung zu stellen.

Diejenigen Magnaten, die auf ihren Landgütern die Reformen einführten, sahen sich aus politischen und wirtschaftlichen Gründen gezwungen, zu dem System der Fronarbeit zurückzukehren.[155]

In seiner Rede vom 16. Mai 1764 versprach Andrzej Zamoyski die „Wiederherstellung der alten Rechte und Privilegien der Städte".

Während des Konvokationssejms, der in der Zeit vom 7. Mai bis 23. Juni 1764 tagte, hielt Andrzej Zamoyski am 16. Mai 1764 eine Rede, in der er die Hauptgedanken des Reformprogramms der „Familie" darlegte.[156]

Besonders beeidruckend in dieser Rede waren die Worte, welche er in Form eines Gebetes gestaltete:

---

152 Hoensch, ebenda, S. 170; vgl. auch Godebski, ebenda, S. 3; Kraszewski, ebenda, Band 1, S. 419; Schmitt, ebenda, S. 23.

153 Hoensch, ebenda, S. 4, 5, 170; s. auch Kutrzeba, Konstytucja trzeciego maja 1791 (Verfassung vom 3. Mai 1791), S. 26, 27.

154 Staszic, ebenda, S. XXV. Joachim Chreptowicz wird auch als Initiator der Entstehung der „Komisja Edukacji Narodowej" – des Kultusministeriums und als Autor des Gesetzes des „Vierjährigen Sejm" über die Rechte der Städte angesehen (s. Leśnodorski, Dzieło ..., S. 394).

155 Hoensch, ebenda, S. 170, s. auch Orłowski, Oczynszowanie włościan w dobrach (Der Mietzins in den Gütern) in: Annales UMSC sectio H, Vol. I, 1967, S. 119–140.

156 Michnik, Mosler, ebenda, S. 349–382, s. auch Hoensch, ebenda. S. 74, 143, 373, Staszic, ebenda, S. XXIX; Sojka-Zielinska, ebenda, S. 278–283.

> „Gib jedem so viel Eigenliebe, dass er erkennt: seine Integrität hängt von der Freiheit, aber auch vom Gehorsam gegenüber dem Gesetz ab.“.[157]

Am 11. Oktober 1766 erläuterte Andrzej Zamoyski die Schwerpunkte seines Projektes, das von der Finanzkommission verfasst wurde und den Titel „Ordnung für die Beratung der Finanzangelegenheiten“ – „Porządek traktowania materii skarbowych“ trug.[158]

Mit diesem Projekt beabsichtigte er auf indirektem Wege die Institution des „Liberum Veto“ bei Sejmbeschlüssen in wirtschaftlichen, finanziellen und militärischen Angelegenheiten abzuschaffen, was jedoch auf das Veto Russlands und Preußens stieß.

Aufgrund des Bestrebens Andrzej Zamoyski kamen am 6. Oktober 1769 Senatsbeschlüsse zustande, die das Ziel dem polnischen Staate eine Verfassung nach englischem Vorbild zu geben, verfolgten. Diese Verfassung sollte den Bauern und dem Bürgertum die politischen Vorrechte eines Standes einräumen und auch die persönliche Freiheit verleihen.

Zarin Katharina II. legte gegen diese Verfassung ihr Veto ein und sandte daraufhin das russische Heer nach Polen.

Im Jahre 1773 glaubte auch König Stanisław August Poniatowski aufgrund der Ratifizierung der Abtretungsverträge seitens der Nachbarn, die an der ersten Aufteilung Polens beteiligt waren, die Billigung für die Errichtung einer Monarchie mit absolutistisch-aufgeklärten Zügen schaffen zu dürfen. Aber auch diese Hoffnung des Königs erwies sich leider als nur Illusion.[159]

---

157 Hoensch, ebenda, S. 74.

158 Hoensch, ebenda,S. 423.

159 Hoensch, ebenda, S. 143, vgl. auch Leśnodorski,Dzieło…, S. 62, 166, 167; Rostworoski, Ostatni …, S. 46, 52; Kaczmarczyk, Leśnodorski, ebenda, (1957), S. 367; Godebski, ebenda, S. 13; Michnik, Mosler, ebenda, S. 376; Jarra, ebenda, S. 272; Schmitt, H., ebenda, S. 46; Hinz, Sikora, ebenda, S. 10, 11; Die polnische Verfassung vom 3. Mai 1791, S. 677; Bardach, Zbiór Praw Andrzeja Zamoyskiego w nauce (Die Sammlung der Gesetze von Andrzej Zamoyski in der Wissenschaft) Wiek XVIII, Polska i Świat. Księga poświęcona Bogusławowi Leśnodorskiemu. Warszawa 1974, S. 283–305; Sojka-Zielinska, ebenda, S. 281, 272; Wegner, ebenda, S. 33; Kieniewicz, Kula, ebenda, S. 234; Leśnodorski, Rzeczypospolita w drugiej połowie XVIII w. Typ państwa i zmiany formy rządu (Die Republik in der zweiten Hälfte des 18. Jh. Typus des Staates und Änderungen der Regierungsform), in: Przegląd historyczny, Band XLII, 1951; Handelsman, Zbiór praw sądowych Jędrzeja Zamoyskiego. Zasady społeczne (Eine Sammlung der gerichtlichen Gesetze von Jedrzej Zamoyski. Gesellschaftliche Prinzipien), in: Teka Zamoyskiego, 1919, Nr. 4; Schmitt, H., Jedrzej Zamoyski i jego projekt do Księgi Ustaw (J. Z. und sein Entwurf zur

Im Jahre 1776 wurde Andrzej Zamoyski durch den Sejm beauftragt, besonders auf Wunsch des Königs Stanisław August Poniatowski, sich mit der Kodifikation des polnischen Rechts zu befassen, um den polnischen Ämtern und Bürgern zu einer besseren Kenntnis der Gesetze in Polen zu verhelfen und dadurch der Gerechtigkeit in Polen einen neuen Inhalt zu geben.[160]

Zu diesem Zwecke rief der polnische Sejm mit Unterstützung König Stanisław August Poniatowskis eine Kodifikationskommission ins Leben, an deren Spitze Andrzej Zamoyski stand.

Zur Hilfe bei seinen Kodifikationsarbeiten nahm sich Andrzej Zamoyski den Unterkanzler Podkanclerzy litewski Joachim Chreptowicz, der ähnlich wie Zamoyski seine Bauern von der Pflicht der Fronarbeit befreite und mit dem Mietzins belegte und auf dessen Anregung der Sejm einen Beschluss zur Bildung einer Erziehungskommission – der sogenannte „Komisja Edukacji Narodowej" – fasste, die den Besitz des soeben aufgelösten Jesuitenordens für ein säkularisiertes Schulwesen übernehmen sollte.

An dieser Arbeit war auch Krzysztof Szembek, als Vertreter der katholischen Kirche beteiligt, wie auch Antoni Rogalski und Michał Węgrzecki. Über den

---

Gesetzessammlung), in: Dziennik Literacki,1859; Leśnodorski, Andrzej Zamoyski „O uszczęśliwianiu kraju" (A. Z. über das „Glücklichmachen des Landes), in: Ludzie i idee. Warszawa 1972; Leśnodorski, Dwie prace o kodeksie Andrzeja Zamoyskiego (Zwei Arbeiten über den Zamoyski kodex), in: Czasopismo Historyczne, Band 4, 1952, S. 466–480; Kopczyński, Dzieje Polski nowożytnej ..., Band 2, S. 351; Maciejowski, W. A. Pobieżny, Przegląd na kodyfikacje praw w dawnej Polsce z uwzględnieniem głównie pracy jej najnowszej i napomnienem jej stosunku do prawa cywilnego pruskiego, austriackiego i francuskiego (Ein Überblick der Kodifikationen im alten Polen ....) in: Czasopismo poświęcone Prawu i umiejętnościom politycznym, wydane pod red. Wydziału Prawa i Umiejętności Politycznych Uniwersytetu Jagiellońskiego, 4, (1869), 1, S. 3-25; Maciejowski, W. A., Historia prawodawstw słowiańskich (Geschichte der slavischen Gesetzgebungen), Warszawa 1965, S. 736–737; Maciejowski, O kodyfikacji praw w dawnej Polsce i jej znaczeniu europejskim (Über die Kodifikation im alten Polen und über ihre Bedeutung in Europa), in: Na dziś. Pismo zbiorowe poświecone literaturze, naukom, sztuce, Band 2, Kraków 1872, S. 157–192; Kutrzeba, Historia źródeł dawnego prawa polskiego (Geschichte der Quellen der alten Gesetze Polens), Band 1, Lwów, S. 228–229; Staszic, ebenda, S. XXVI, XXVII; Lelewel, ebenda, S. 110, 111, 112; Sojka-Zielińska, Rola prawa rzymskiego w pracach kodyfikacyjnych wieku Oświecenia (Die Rolle des römischen Rechtes in den Kodifikationsarbeiten des Zeitalters der Aufklärung), in: Czasopismo prawno-historyczne, Band 27, 1 Heft, 1975, S. 121–123.

160 Hoensch, ebenda, S. 432.

Gang der Arbeiten berichtete er dem päpstlichen Nuntius in Warschau, der seinerseits dem Papst einen entsprechenden Bericht sandte.[161]

Unter dem Vorwand der Kodifikation des polnischen Rechts versuchte man, politische Reformen zugunsten des Bürgertums und der Bauern durchzuführen.[162] Dies vermuteten die Nachbarn Polens und deswegen drohten auch Russland und Preußen, das Heer in Marsch gegen Polen zu setzen, um somit die Erhaltung des „Liberum Veto" zu sichern. Mit Unterstützung seitens Englands, Dänemarks und Schwedens verlangten Russland und Preußen, die Gleichberechtigung der Andersgläubigen in Polen, um das Reformvorhaben zunichtezumachen.

Während der Kodifikationsarbeiten veröffentlichte Józef Wybicki seine „Listy patriotyczne" – „Patriotische Briefe" (1977). Mithilfe deren versuchte er, die polnische öffentliche Meinung von der Notwendigkeit der Reformen zu überzeugen.[163]

Józef Wybicki gehörte zu denjenigen Publizisten, die den Kodex propagierten.[164] Er stellte auch ein eigenes Programm der Reformen der Grundordnung und der Bauernfrage auf.[165]

Bei seinen Kodifikationsarbeiten stützte sich Zamoyski unter anderem auf ähnliche Versuche in England und Dänemark.[166]

Er wünschte sich, dass alle Bürger Polens dem gleichen Recht und der gleichen Rechtsprechung unterliegen sollten. Jeder sollte die Möglichkeit haben, die Tötung eines Bauern anzuzeigen. Die verhängte Strafe sollte dem Bauer von Amtswegen im Gericht zur Verfügung stehen. Den Bewohnern großer Städte sollte die rechtliche Möglichkeit gegeben sein, Boden zu

---

161 Jarra, ebenda, S. 272, 273; Michnik, Mosler, ebenda, S. 376, 377, s. auch Skalkowski, A. M., Biskup Szembek a kodeks Zamoyskiego (Bischof und der Zamoyski kodex), in: Fragmenty, Poznań 1928, S. 211.

162 Konopczyński, Dzieje Polski nowożytnej ..., Band 2, S. 351; Kieniewicz, Kula, ebenda, S. 234, 235, 236; Bardach, ebenda, S. 293, 302; Rostworowski, Ostatni ..., S. 95.

163 Jarra, ebenda, S. 274–281; s. auch Michnik, Mosler, ebenda, S. 376; Kieniewicz, Kula, ebenda, S. 235; Wybicki, Listy patriotyczne (Patriotische Briefe), Wrocław 1955.

164 The Cambridge History of Poland ..., S. 126; vgl. auch Staszic, ebenda, S. IX, X, XXVI; Sojka-Zielińska, ebenda, S. 275–281.

165 Leśnodorski, Kaczmarczyk, ebenda, (1957), S. 4–18.

166 Leśnodorski, Kaczmarczyk, ebenda, (1957), S. 382; Sobociński, Z zagadnień myśli polityczno-prawnej polskiego Oświecenia (Aus der Problematik der politisch-rechtlichen Gedanken der polnischen Aufklärung), in: Wiek XVIII. Polska i Świat. Księga poświęcona Bogusławowi Leśnodorskiemu, Warszawa 1974, S. 320, 321.

erwerben und ihre Vertreter ins Parlament zu entsenden. Den Kindern der Bauernfamilien sollte der Schulunterricht zugänglich gemacht werden.[167] Auch den Städtern hat man im Kodex gleiche Rechte wie dem Adelsstand eingeräumt.

Der „Zamoyski-Kodex" billigte den armen Adeligen (der sogenannten „gołota szlachecka") keinerlei politische Rechte zu.

Um die Souveränität des polnischen Staates zu stärken, regelte der Kodex das Verhältnis des polnischen Staates zum Vatikan und der katholischen Kirche in Polen selbst neu. Akten des Vatikans (Bullen) sollten nur nach Zustimmung der staatlichen polnischen Stellen ihr Publizitätsrecht – das sogenannte „exequatur" – in Polen erhalten.[168]

Rom war nicht mehr die Berufungsstelle von Entscheidungen der katholischen Kirche in Polen. Viele Klöster, die dem Vatikan direkt unterstellt waren, sollten von jetzt an den polnischen Bischöfen unterstehen. Die untere Grenze des Eintritts ins Kloster wurde im Kodex auf 24 Jahre für Männer und auf 20 Jahre für Frauen erhöht.

Der Zamoyski-Kodex hatte einen antifeudalen und antivatikanischen Charakter und war gegen fremde Einmischungen in die inneren Angelegenheiten des polnischen Staates gerichtet.[169]

Die im Jahre 1778 von Andrzej Zamoyski vorgelegte „Sammlung der Gerichtsgesetze" umfasste 31 Artikeln.[170]

In den Artikeln 1 bis 5 wurde erstmals die Definition der „glebae adscripti" und der Begriff der beabsichtigten Verjährung des Anspruchs auf einen entflohenen Bauern, dargelegt. Beide Begriffe waren der breiten Masse des Adels zu freizügig und deshalb für sie kaum unannehmbar.

---

167 Hejnosz, W., Stanowisko prawne ludności wieśniaczej w Zbiorze praw sądowych A. Zamoyskiego (Die rechtliche Stellung der Bauern in der Sammlung der gerichtlichen Gesetze A. Z.), in: Rocznik Dziejów Społecznych i Gospodarczych, Band 5, 1936; Broda, J., Andrzej Zamoyski a sprawa chłopska w drugiej połowie XVIII w. (A. Z. und die Bauerfrage in der zweiten Hälfte des 18. Jh.) Warszawa 1951.

168 Kieniewicz, Kula, ebenda, S. 236, s. Rostworowski, Ostatni ..., S. 95.

169 Michnik, Mosler, ebenda, S. 376, 377; s. auch Tarnawski, M., Kodeks Zamoyskiego na tle stosunków kościelno-państwowych za czasów Stanisława Augusta (Der Zamoyski-Kodex vor dem Hintergrund des kirchlich-staatlichen Verhältnisses während der Regierungszeit von Stanisław August) Lwów 1916; Furdybacha, L., Dzieje kodeksu Zamoyskiego (Die Geschichte des Andrzej Zamoyski-Kodexes), Warszawa 1951; Bardach, ebenda, S. 294.

170 Hoensch, ebenda, S. 178, 179.

Die Artikel 6 bis 14 beschäftigten sich mit der möglichen Abwanderung von Bauersöhnen (des dritten und vierten Sohnes, was schon die Verfassung aus dem Jahre 1496 garantierte) in die Städte, um dort in die Stände der Handwerker zu treten, mit der Gewährung der Freizügigkeiten bei Eheschließung, wie auch mit Garantien für das Eigentum der Bauern.[171]

Die Artikel 15 bis 17 befassten sich mit dem Klagerecht der Freisassen und Zinsbauern im Falle eines Vertragsbruches seitens des Grundherrn vor einem öffentlichen Gericht. Die Artikel 18 bis 20 besagten, dass die Jurisdiktion über die erbuntertänigen Bauern mit Ausnahme von Kapitalverbrechen in den Amtsbereich des Adels falle.

Dem Artikel 21 zufolge sollte die Strafe über einen Adeligen, der sich des Totschlags eines Bauern schuldig gemacht hatte, aufgrund von einfachen Beweismitteln verhängt werden.

Dem Inhalt der Artikel 23 bis 26 zufolge sollte das bäuerliche Erbrecht frei von irgendwelchen Beschränkungen sein und die Kinder der Bauern sollten die Parochialschulen besuchen und der Schulpflicht unterliegen. Eine nähere Beschreibung der bäuerlichen Lasten und Abgaben ist in der „Sammlung …“ nicht zu finden.

Als das Gesetzbuch mit diesen Bestimmungen dem Sejm im Jahre 1778 vorgelegt wurde, kam es zu Wutausbrüchen der Adeligen.

Der Zamoyski-Kodex wurde in Stücke gerissen und sogar mit Füßen getreten. Man rief Zamoyski zu, er verfolge das Ziel die Adligen zu Leibeigenen zu degradieren, indem er sie vor Gericht gleichstelle.

Man beschloss, diesen Entwurf abzulehnen und hoffte, dass ein ähnlicher Antrag niemals gestellt werden wird.[172]

Das Projekt der Zamoyski-Kodifikation wurde im Jahre 1874 unter dem Titel „Zbiór praw sądowych“ – „Sammlung der Gerichtsgesetze“ gedruckt.

Die zweite Ausgabe des Projektes erschien im Jahre 1874. Herausgeber war der Hauptschulprofessor der Szkoła Główna in Warschau, Walenty

171 Bardach, ebenda, S. 295.

172 Die polnische Verfassung vom 3. Mai 1791 …, S. 677; vgl. auch Leśnodorski, Dzieło …., S. 26; Kieniewicz, Kula, ebenda, S. 235, 237; Lelewel, ebenda, S. 112, 113; Kutrzeba, Grundriß der polnischen Verfassungsgeschichte …., S. 206; Wegner, ebenda, S. 33; Adolphowa, K., Szlachta litewska wobec Zbioru praw Andrzeja Zamoyskiego (Die litauische Szlachta und die Sammlung der Gesetze von A. Z.), in: Księga koła historyków U. S. B. Wilno 1933; Krasuwski, ebenda, Band 1, S. 419, Hoensch, ebenda, S. 423.

Dutkiewicz.[173] Im Jahre 1780 erschien in Warschau und Dresden eine deutsche Ausgabe des Zamoyski-Kodexes. Mit der Übersetzung befasste sich Gottfried Nikisch, ein evangelischer Pastor aus Holstein. Sie erschien unter dem Titel „Sammlung gerichtlicher Gesetze für das Königreich Polens".

Das Projekt der Kodifikation fand unter den Adligen und Magnaten viele Gegner. König Stanisław August Poniatowski sprach sich gegen den Willen der Mehrheit des Sejms für das Inkrafttreten des Kodexes.

Während einer Sitzung des Sejms am 31. Oktober 1780 schlug ein Abgeordneter vor, dass man den Kodifikationsversuch nicht nur für nichtig erklärt, sondern dass man ihn überhaupt vergessen sollte.

Am 2. November 1780, ohne sich vorher mit dem Projekt zu befassen, hat eine große Mehrheit des Sejms (hauptsächlich wegen des Bauernartikels) beschlossen, das Projekt für null und nichtig zu erklären.[174] Die Gegner der Reformen bezeichneten Zamoyski als einen Verräter und meinten, dass der Kodex sich lediglich nur zum Verbrennen eigne.

Als Polen aufgrund des Zamoyski-Kodexes unter anderem die Besserung der Bauernlage anstrebte, gelang es Russland, den polnischen Adel zum Ablehnen dieser humanen Gesetzgebung aufzuhetzen. Der russische Gesandte in Warschau gab der Opposition freie Hand.

Die Ablehnung seines Kodexes beklagte Andrzej Zamoyski mit den Worten „Guravismus Babiloniam".[175]

Der päpstliche Nuntius Archetti und der russische Botschafter Stackelberg sprachen sich gegen das Inkrafttreten des Kodexes aus.

---

173 Bardach, ebenda, S. 301, Der volle Titel der Dutkiewicz-Ausgabe lautet: „Zbiór praw sądowych przez ex-Kanclerza, ordynata Andrzeja Zamoyskiego ułożony i w r. 1778 drukiem ogłoszony, a teraz przedrukowany z domieszczeniem źródeł i uwag (...) przez Walentego Dutkiewicza"; s. auch Kaczmarczyk, Leśnodorski, ebenda, (1957) S. 379. Walenty Dutkiewicz schrieb auch das Buch „Spostrzeżenia nad Historią prawodastw słowianskich przez Wacława Maciegowskiego (....) wydane w latach 1832–1835 (Bemerkungen über die Geschichte der Gesetzgebungen der Slaven); Warszawa 1870.

174 Jarra, ebenda, S. 273, 274; vgl. Kutrzeba, Grundriß ..., S. 235; Konopczyński, ebenda, Band 2, S. 3515, Smoleński, W., Przyczyny upadku Kodeksu Zamoyskiego (Die Ursachen des Niederganges des Kodexentwurfes von Zamoyski), in: Pisma Historyczne, Band 1, Kraków 1901, S. 269–377; Konopczyński, Tragedia ex-Kanclerza (Die Tragödie des ex-Kanzlers), in: Sprawozdania TNW, Band 43, 1950 (1952), S. 35–40.

175 The Cambridge History ..., S. 129.

Im Jahre 1780 marschierten dann russische Truppen in das polnische Staatsgebiet ein.[176]

Dieser Kodifikationsversuch wurde wegen des einstimmigen Einspruches „des gleichen Gremiums, das durch das Gesetzbuch seine politischen, sozialen und wirtschaftlichen Prärogativen gefährdet glaubte und noch nicht bereit war, auf die ständische Justiz zu verzichten."[177] Welche „Erfolgsaussichten" die Reformer in der Zukunft zu erwarten hatten, zeigt sich am besten an dem Kodifikationsversuch Andrzej Zamoyskis.

---

176 Michnik, Mosler, ebenda, S. 377; s. auch Feldman, W., ebenda, S. 21; Kieniewicz, Kula, ebenda, S. 236–237; Lelewel, ebenda, S. 112.

177 Hoensch, ebenda, S. 423, vgl. auch Brahe, Józef, Andrzej Zamoyski a sprawa chłopska w drugiej połowie XVIII wieku (A. Z. und die Bauernfrage in der zweiten Hälfte des 18. Jh.), Warszawa, 1951; Kurdybacha Łukasz, Dzieje kodeksa Andrzeja Zamoyskiego (Die Geschichte des Zamoyskis Kodex), Warszawa 1951; Leśnodorski, Mowy Andrzeja Zamoyskiego na konwokacji 1764 r. (Die Reden Andrzej Zamoyskis auf dem Konvokationssejm des Jahres 1764), in: Księga pamiątkowa 150-lecia Archiwum Głównego Akt Dawnych w Warszawie (Festschrift zum 150. Jahrestag der Gründung des Hauptstaatsarchivs für alte Akten in Warschau), hrsg. von A. Stebski, Warszawa 1958, S. 383–399; Michalski, O rzekomych i rzeczywistych pismach Andrzeja Zamoyskiego (Über vermeintliche und tatsächliche Schriften A. Z.), in: Przegląd Historyczny 61 (1970), S. 453–475; Tarnawski, Mieczysław, Kodeks Zamoyskiego na tle stosunków kościelno-państwowych za czasów Stanisława Augusta (Der Kodex Zamoyski im Licht der Beziehungen von Kirche und Staat zur Zeit St. A.) Lwów 1916; Hejnosz, W., Jeszcze w sprawie przyczyn upadku tzw. Kodeksu Zamoyskiego (Noch in der Sache des Niedergangs des pol. Zamoyski-Kodexes), in: Zeny, Hefte der Universität Mikołaja Kopernika in Toruń, 3. Heft, 1960; Rhode, ebenda, S. 318, Kurdybacha, Projekt kodeksu Andrzeja Zamoyskiego na tle warunków społeczno-gospodarczych epoki (Das Projekt des A. Z. Kodexes vor dem Hintergrund der gesellschaftlich-wirtschaftlichen Bedingungen der Epoche), 1951, Halecki, ebenda, S. 160, 161; Schmitt, ebenda, S. 46; Michalski, Studia nad reformą sądownictwa i prawa sądowego w XVIII w., cz. I (Studien zur Reform des Gerichtswesens und des Prozessrechts im 18. Jh.) 1. Teil, s.Verzeichnis, 1958; Rostworowski, Ostatni …., S. 317; Jarra, ebenda, S. 282; Michnik, Mosler, ebenda, S. 377; Staszic, ebenda, S. IX, X, XXIII. Es wäre zu erwähnen, dass Maciej Ladowski im Jahre 1733 den „Inwentarz Konstytucji koronnych i Wielkiego Księstwa litewskiego" –„Inventar der Konstitutionen der Krone und des Großfürstentums Litauen", Leipzig 1733 schrieb, wieder der Priarist Arnold Żeglicki (1696–1766) veröffentlichte im Jahre 1755 den „Inwentarz praw, statutów, konstytucji koronnych" – „Inventar der Gesetze, Konstitutionen der Krone", (Warszawa 1754), Samuel Brodowski den „Corpus iuris militaris polonicum" (1753), und der Priarist Maciej Dogiel (1715–1760) den „Codex Diplomaticus" (Wilno 1758).

6. Teil: Die Wortführer der polnischen Aufklärung

6.1 Stanisław Staszic (1755–1826) und sein Wirken

Stanisław Staszic ist ein politischer Schriftsteller des Zeitalters der Aufklärung, der sein Leben und Wirken der Rettung der Freiheit des polnischen Volkes und dem Suchen nach den Ursachen des historisch-politischen Schicksals Polens widmete.

Er kam in Piła (Großpolen) als Kind einer Familie, die aus Standesgründen die Folgen der Nichtgleichberechtigung mit dem Stande des Adels sehr stark zu spüren bekam, zur Welt.[178] Er studierte in Leipzig, Göttingen und Paris und arbeitete in Paris mit Buffon zusammen.[179]

Während seines Studiums am College de France erfuhr er vom Buffon, wie die Engländer die Doktrin der Souveränität des Volkes anwendeten.[180] Voltaire, Rousseau, Buffon und Condillac haben Stanisław Staszic mit ihrer Lehre des Sensualismus stark beeinflusst.[181]

Als er von seiner Studienreise nach Polen zurückkehrte, stieß er mit seinen Weltanschauungen auf wenig Verständnis.[182] Aus diesem Grund war er gezwungen, über zwanzig Jahre lang als Lehrer im Hause Andrzej Zamoyski, dem Autor des polnischen Kodifikationsversuches zu verbringen.[183]

Im Jahre 1779 übersetzte er die Schrift „La Religion“ von Luis Racine und das Gedicht Voltaires „Le Lesastre de Lisabonne“.[184]

Stanisław Staszic stellte auch die erste geologische Landkarte Polens fertig.[185]

Das eigene Schicksal und das Schicksal seiner Heimat bestimmten den Inhalt seines Lebens.[186]

---

178 Jarra, ebenda, S. 248; Leśnodorski, Dzieło ..., S. 136.

179 Staszic, ebenda, S. XVIII; Leśnodorski, Dzieło ..., S. 232.

180 The Cambridge History of Poland ..., S. 129; s. auch Leśnodorski, Kaczmarczyk, ebenda, (1957), S. 421–423.

181 Staszic, ebenda, S. XIX, XXX, XXXV, XL, L; vgl. auch Hinz, Sikora, ebenda, S. 179; Sobociński, Władysław, Z Zagadnień myśli polityczno-prawnej polskiego Oświecenia (Aus den Problemen des politisch-rechtlichen Gedankenguts der polnischen Aufklärung), in: Wiek XVIII, Polska i Świat, S. 318, Leśnodorski, Dzieło..., S. 79, 103, 108.

182 Staszic, ebenda, S. XXII.

183 Staszic, ebenda, S. XVII, s. auch The Cambridge History of Poland, ebenda, S. 129; Kieniewicz, Kula, ebenda, S. 240, 241; Michnik, Mosler, ebenda, S. 400, 401.

184 Staszic, ebenda, S. X, XI, XVIII, XIX.

185 Michnik, Mosler, ebenda, S. 380.

186 Jarra, ebenda, S. 248; s. auch Ajnenkiel, Leśnodorski, Rostocki, ebenda, S. 11.

Zu den wichtigsten Werken Stanisław Staszics gehört „Uwagi nad życiem Jana Zamoyskiego“ (1785), wobei er jedoch aus politischen Gründen als Autor anonym blieb. Obwohl dieses Buch in Zamość angefertigt wurde, gab er, um seinen politischen Gegnern unbekannt zu bleiben, als Erscheinungsort des Buches Heidelberg an.[187] Dieses Werk Stanisław Staszic beinhaltete die Hauptthesen seines Programmes der politischen Reformen.

Staszic schrieb auch „Przestrogi dla Polski z teraźniejszych politycznych Europy związków i praw natury wypadające. Przez Pisarza nad życiem Jana Zamoyskiego“ – „Warnungen an Polen, die sich ergeben aus den Bündnissen, in Europa und in den Gesetzen der Natur. Vom Verfasser der Bemerkungen zum Leben Jan Zamoyskis“ (...) und das Werk „Ród ludzki“ – „Das menschliche Geschlecht“.[188]

Das Werk Staszics „Bemerkungen über das Leben von Jan Zamoyski“ verursachte die Herausgabe von 22 kleinen Werken, in denen sich die Autoren für oder gegen die Thesen des Buches Staszic aussprachen.

Zu den Wichtigsten unter ihnen gehören: „O poddanych polskich“ – „Über die polnischen Untertanen“ (1788) und „Myśli polityczne dla Polski“ – „Politische Gedanken für Polen“ (1789).[189]

Das Gedankengut des wichtigsten Werkes Staszics (Bemerkungen über das Leben von Andrzej Zamoyski) übernahm Ignacy Potocki für das Reformvorhaben des „Vierjährigen Sejm“.[190]

Das Werk Staszics „Ród ludzki“ – „Das menschliche Geschlecht“ entstand in der Zeitspanne 1792–1796 und wurde erst später, nach dem Niedergang des polnischen Staates, in den Jahren 1819–1820 gedruckt, und der Öffentlichkeit vorgestellt.

Das Buch „Ród Ludzki“ – „Das menschliche Geschlecht“ ist hauptsächlich darauf ausgerichtet, die Gründe der Entstehung der Unfreiheit eines Volkes und die Möglichkeit der Wiedererlangung der Freiheit zu erforschen.[191] Der Einfluss von der Lehre J. J. Rousseaus ist in dem Werk festzustellen.[192]

187 Staszic, ebenda, S. XXXI; s. auch The Cambridge History of Poland, ebenda, S. 129.

188 Jarra, ebenda, S. 248; s. auch Michnik, Mosler, ebenda, S. 400.

189 Kieniewicz, Kula, ebenda, S. 242; vgl. auch Halecki, ebenda, S. 162; Ajnenkiel, Leśnodorski, Rostocki, ebenda, S. 7, 11. Staszic, ebenda, S. XIII; Szczątska, Zbigniew, Odpowiedzialność rządu w Polsce w latach 1775–1792 (Die Verantwortung der Regierung in Polen in den Jahren 1775–1792), in: Czasopismo Prawniczo-Historyczne, 27 (1975) 1 Historia Polski (Makieta) Geschichte Polens, Makieta, ebenda, S. 200.

190 Staszic, ebenda, S. XXXI.

191 Jarra, ebenda, S. 248; s. Hinz, Sikora, ebenda, S. 179–181.

192 Hinz, Sikora, ebenda, S. 181; S. Leśnodorski, Dzieło ..., S. 111.

Im Alter von 30 Jahren übersetzte Stanisław Staszic das Werk Buffons „Les époques de la Nature“ ins Polnische unter dem Titel „Epoki Buffona wytłumaczone z dodaniem myśli i uwag“ (Warszawa 1786).[193]

Die Ursachen des schlechten wirtschaftlichen und politischen Zustandes in Polen sah Staszic in der gesellschaftlichen politischen Grundordnung Polens.[194] Stanisław Staszic missfiel der damalige soziale Status der Bauern.[195]

Ähnlich wie J. J. Rousseau sah er sowohl in der Benachteiligung der Bauern und Städter, als auch in der Tatsache, dass Mitglieder beider Ständer nicht das Recht hatten, Eigentum zu erwerben, einen Grund der Schwäche Polens.

Den niedrigen Ernteertrag versuchte er, mit der Tatsache der Besitzlosigkeit der Bauern zu erklären, und forderte die Verteilung des Bodens unter die Bauern sowie die persönliche Freiheit für diesen Stand.[196]

Die Lage der polnischen Bauern beschrieb Stanisław Staszic mit folgenden Worten:

> „nur noch ein leidensfähiges Wesen (ist). Nur der Schmerz ist ihm geblieben. Auch tut er nichts, es sei aus Furcht oder Schmerz…. Diese sklavische Maschine, der man den Willen und den Verstand bis aufs letzte genommen hat, tut nun ohne Zwang keinen Schritt mehr.“[197]

Stanisław Staszic klagte in „Przestrogi dla Polski“… – „Warnungen an Polen… (1790)“ mutig die polnische Adelsnation an:

> „Ich will es sagen, wer mein Vaterland geschädigt hat. Die Herren sind schuld am Unglück der Polen. Sie waren es, welche alle Ehrfurcht vor dem Gesetze untergruben. Der Regierung keinen Gehorsam zollend, ließen sie die Gesetze unausgeführt. Sie vernichteten die Idee der Gerechtigkeit in den Gemütern der Polen. Sie verwandelten das Gesetz in eine bloße Formalität, welche nur dann gültig war, wenn das Gesetz ihrem Stolze, ihrer Habgier und ihrem Zorne diente. In einem Lande, wo das Gesetz die Waffe der Verderbnis ist, wird die Republik von Bürgern zu einer Republik von Räubern, Verrätern, Meineidigen, Verkäuflichen, und endet damit, daß vom niedrigsten Beamten bis zum Thron derjenige am höchsten steigt, wer das Meiste wagt. Wer lehrt auf den Landtagen dem Bürger den Verrat, die Gewalttätigkeit, Hinterlist, Gemeinheit, wer ist es, der den Adel, welcher das Beste des Vaterlandes will, betrügt,

193 Staszic, ebenda, S. XX, XXI, XXX.

194 The Cambridge History of Poland …, S. 130.

195 Bobińska, ebenda, S. 113; s. auch Ajnenkiel, Leśnodorski, Rostocki, ebenda, S. 11, 12.

196 Biskupski, ebenda, S. 158; vgl. auch Kieniewicz, Kula, ebenda, S, 241; Kaczmarczyk, Leśnodorski, ebenda, (1957), S. 422, Kaczmarczyk, Leśnodorski, ebenda, (1966), S. 517–519.

197 Hoensch, ebenda, S. 165.

erkauft, verführt? Die Herren! Wer lahmt seit Jahrhunderten die vollziehende Gewalt, wer zerreißt die Sejms? Die Herren! Wer machte die Gerichtstellen zu Märkten der Gerechtigkeit, oder zu Stätten der Völlerei, der Verkäuflichkeit, der Gewalt? Die Herren! Wer verkaufte die Krone? Die Herren! Wer kaufte die Frone? Die Herren! Wer war es, der unter dem Vorwand, die Tätigkeit des Sejm wieder einzuführen, den Willen des Volkes zum Willen des moskowitischen Thrones machte? Die Herren! Wer nahm bei dem Raube an unserem Landes fremdes Geld? Die Herren! Ja, so ist es, die Herren sind es, die mein liebes Vaterland auf die Stufe des Verfalls, der Schwäche, der Verächtlichkeit gebracht haben, aus welchem es nur der Adel allein mit solcher Mühe wieder haben will. Zügellos, leichtsinnig, habsüchtig und verschwenderisch, stolz und gemein, die Gesetze mit den Füßen tretend, allen Leidenschaften ergeben waren die Herren in Polen."[198]

Nach Staszics Meinung sollte der polnische Staat den Ausbau der Industrie in Polen fördern und Zölle gegen fremde Einfuhren errichten. Die Geburtsurkunde eines Städters sollte einem Bürger so viele Vorteile und Nachteile bringen wie die Geburtsurkunde eines polnischen Edelmannes.

Das politische Reformvorhaben Staszics für die Städte aus dem Jahre 1790 fand seinen Niederschlag in dem Werk „Przestrogi dla Polski" – „Warnungen an Polen", in dem er 100 Repräsentanten des Adelsstandes und 100 Repräsentanten des Bürgertums für den polnischen Sejm forderte.[199] Die polnische Reform sollte man in einer „milden Revolution" ins Leben rufen und nicht in einer so gewaltigen wie der französischen.[200]

Die Möglichkeit der Erhaltung der polnischen Unabhängigkeit und der Erhöhung des Verteidigungsgrades sah er nur nach der Durchführung von tief greifenden politischen und wirtschaftlichen Reformen (unter anderen durch eine Steuerreform und Belegung mit Steuerpflichten des Adels und geistlichen Standes).[201]

Stanisław Staszic war der Meinung, dass die Gewaltenteilung von Montesquieu in der praktischen Ausführung zur Sklaverei führt. Als Beispiel des Ergebnisses der Anwendung der Gewaltenteilung diente nach Staszic das „ganze despotische Europa des 18. Jh.".

---

198 Hoensch, ebenda, S. 104, 105. Das Buch Staszic „Przestrogi dla Polski", s. Verz., wurde vom S. Czarowski im Jahre 1926 herausgegeben; es war dem Autor dieser Arbeit zugänglich; vgl. auch The Cambridge History of Poland …., S. 130, 131; Ajnenkiel, Leśnodorski, Rostocki, ebenda, S. 11, 12.

199 Hinz, Sikora, ebenda, S. 179; s. Bobinska, ebenda, S. 109, Michnik, Mosler, ebenda, S. 402; Leśnodorski, Dzieło…, S. 126.

200 Michnik, Mosler, ebenda, S. 402.

201 Michnik, Mosler, ebenda, S. 402.

In den Augen von Stanisław Staszic übte der türkische Sultan die gleiche Macht wie der preußische König aus.

Die Unausführbarkeit des Prinzips der Gewaltenteilung nach Montesquieu bedeutet für ihn die Schaffung eines schlechteren Zustandes für die Gesellschaft, als jenen in dem Menschen als Wilde leben.

Die am 27.–28. März 1775 seitens Russlands geschaffene „Rada Nieustająca" – „Immerwährender Rat" hat die Befugnis eingeräumt, Gesetze auszulegen, was er jedoch als unzureichend empfand und ihn zuletzt dazu veranlasste, nach neuen Lösungen zu suchen.[202]

Ein Sejm, als ständige „parlamentarische Einrichtung und ein für die Lebenszeit gewähltes Staatsoberhaupt, den er König nennt", sieht er für Polen als notwendig an.

Die Wahl des Königs sollte auf diese Art und Weise erfolgen, dass das freie polnische Volk sich auf einem Feld versammelt und dann den Edelstein von allen als König wählt. Da ihm diese Vorstellung von Königswahlen in Polen schwer realisierbar erschien, sollte die Wahl des Königs dem Sejm vorbehalten bleiben, der von den verdienstvollen Bürger Polens die Woiwoden wählt, die wiederum (von Amtswegen) zu den Kandidaten für die Krone zählten.[203]

Nach dem Tode des Königs wählt der Sejm mit Stimmenmehrheit 1/3 der Woiwoden, die zu den Wahlen kandidierten. Unter den gewählten Woiwoden bestimmt man wiederum durch Losziehungen den König.

Stanisław Staszic sehnte sich nach dem Tag, an dem Polens stehendes Heer 100 000 Soldaten zählen würde. Er bezeichnete diesen Tag als den Tag des politischen Daseins Polens, den Anfang des Weges zur Unabhängigkeit. Er vertrat auch die Meinung, dass auch ein 100 000 Mann starkes Heer nicht imstande wäre, Polen zu retten, wenn Polen ohne einen starken Verbündeten bleiben würde. Staszic wollte einen Bund mit einem der stärksten Staaten Europas schließen und den polnischen Thron als erblich erklären.

Die fremde Dynastie sollte volle königliche Gewalt in Polen unter drei Voraussetzungen ausüben:

1. Polen soll immer ein selbstständiges Königreich bleiben,
2. Der jeweilige König darf nicht einen Bürger ins Gefängnis werfen, bevor seine Schuld gerichtlich bewiesen wird,
3. Der König darf nicht ein Gesetz bekannt machen, solange es nicht von einem Rat, der vom Volk gewählt wurde (zapisane) eingetragen wurde.

---

202 Sobociński, ebenda, S. 138.
203 Leśnodorski, Dzieło …, S. 118, 119.

Wenn jedoch der Rat dreimal die Eintragung des Gesetzes verweigert, ist der König selbst befugt, dies zu tun.

Solange die mächtigen Nachbarn Polens unter sich in Frieden leben, bleibt Polen, nach Ansicht Staszic, nichts anderes übrig, als seine Kräfte für die Bildung des Volkes und die Erhöhung des materiellen Wohlstandes einzusetzen.[204]

Erst wenn zwischen den Nachbarn Polens Differenzen eintreten, soll Polen sie ausnutzen und eine fremde Dynastie einsetzen. Wenn zwischen Österreich und Preußen Differenzen auftreten, aber in Russland Frieden bleibe, empfiehlt Staszic, die polnische Krone einem der russischen Großherzöge zu übergeben. Falls Russland und Österreich im Kriege verwickelt werden, soll man Verbindung mit der sächsischen Dynastie aufnehmen und in die deutsche Liga eintreten, oder bis zur Grenze des Möglichen gehen und einen preußischen König für den polnischen Thron bestimmen.

Von den Steuergeldern, zu deren Zahlung alle Bürger Polens, und nicht nur die Masse des Volkes, verpflichtet sein sollte, wollte er die geplanten Reformen finanzieren. Die Zugehörigkeit zum Adelsstande von Geburt aus sollte abgeschafft werden. Das Heer Polens sollte Volkscharakter und nicht Standescharakter tragen.

Die Hierarchie der katholischen Kirche und der Klöster in Polen sollte eine tiefgreifende Reform erfahren und ihr Eigentum dem Wohl des Volkes zur Verfügung stehen. In der Hierarchie der katholischen Kirche sollten die Pfarrer und Bischöfe ihre Ämter behalten. Alle anderen Geistlichen schienen Stanisław Staszic überflüssig zu sein.

In seinen Untersuchungen bedient er sich einer empirischen Methode, die er für einzig wissenschaftlich hält.[205] Er glaubt an eine „ewige Kraft", die mit dem Wirken eines Gesetzes alle Institutionen eines Staates beeinflusst. Er nennt diese „Kraft" „Grundreligion". Der Aberglaube und die menschlichen Fehler seien die Ursachen des menschlichen Unglücks. Das Glück aller sah er in der Wahrheit.

Als die wichtigste Wissenschaft anerkannte er die Wissenschaft der Sittlichkeit und deren leitende Idee der Bürgerlichkeit (obywatelstwo).

Für Stanisław Staszic bedeutet Bürger zu sein, sein ganzes persönliches Können der Gesellschaft zu geben. Als die größte bürgerliche Tugend bezeichnete Staszic die Vergrößerung des Gemeinwohls seiner Mitbürger. An der

---

204 Rostworowski, Ostatni ..., S. 117, 118.

205 Michnik, Mosler, ebenda, S. 402; s. auch Jarra, ebenda, S. 257, 258; Hinz, Sikora, ebenda, S. 39, Rostworowski, ebenda, S. 118, 287, 288.

Gesetzgebung sollten die Bürger beteiligt sein. In den Staaten, in denen das nicht der Fall sei, hat man nach Ansicht Staszic mit „einem Herren" und „einer Herde von Vieh" zu tun.

Stanisław Staszic, ähnlich wie Hugo Kołłątaj forderte für Polen die Errichtung einer erblichen Monarchie, die Abschaffung des „Liberum Veto", Erhöhung der Staatseinnahmen und die Schaffung eines stehenden Heeres.

Unter den damaligen politischen Schriftstellern Polens vertrat nur Stanisław Staszic eine antipreußische Orientierung.[206]

Stanisław Staszic scheint der erste „polnische Publizist zu sein, der das Wesen des preußisch-polnischen Konfliktes in der polnischen Literatur zu eruieren versuchte".[207]

Seine Befürchtungen hinsichtlich des „polnisch-preußischen Bündnisses" äußerte er in seinem Buch „Warnings for Poland" (vom 4. Januar 1790), in dem er sagte:

> „Let us endeavour to gain allies, but let us not buy an ally... let us be armed and have taxes and an army, and allies will no doubt come".[208]

Das Aufgeben von Danzig und Thorn war für ihn ein zu hoher Preis für die Vorteile eines Bündnisses mit Preußen.[209]

In diesem Buch sprach sich Stanisław Staszic für ein „natürliches Bündnis" mit Russland aus.[210]

Professor B. Dembiński behauptete diesbezüglich, dass:

> „Staszic considered the possibility of calling to the throne one of the Russian grand-dukes on condition of granting liberty, and regarded as „natural" an alliance with Russia, for which the Partition of Poland would be disadvantages. He expressed fear of an alliance of three powers concluded not with Poland, but about Poland.[211]

Im selben Jahr gab Hugo Kołłątaj sein Buch „Ostatnie przestrogi dla Polski" – „Die letzte Warnungen an Polen" heraus.

---

206 Hinz, Sikora, ebenda, S. 181, 194; vgl. auch Jarra, ebenda, S. 249–251; Leśnodorski, ebenda, S. 127, 128; Mosler, Michnik, ebenda, S. 413; The Cambridge History of Poland ..., S. 125, Bobińska, ebenda, S. 103; Feldman, W., ebenda, S. 22.

207 Feldman, J., ebenda, S. 31, 44, 45.

208 The Cambridge History of Poland ..., S. 131; s. auch Leśnodorski, Kaczmarczyk, ebenda, (1957), S. 422, 423; Michnik, Mosler, ebenda, S. 400.

209 Bobinska, ebenda, S. 103.

210 The Cambridge History of Poland ..., S. 131; S. Staszic, ebenda, S. XV.

211 Ebenda.

Beide Bücher berühren den gleichen Themenbereich, nämlich die Forderung nach gleichem politischen Status für alle drei Stände in Polen: die Bauern, die Städter und den Adelsstand.[212]

Das Naturrecht bedeutet für ihn den Ausgangspunkt aller rechtlichen Betrachtungen und ein Geschenk Gottes. Die Konzeption des Naturrechts von Stanisław Staszic weist Ähnlichkeiten mit der Konzeption des Naturrechts von J. J. Rousseau auf und nicht mit der der Physiokraten, deren Gedanken Hugo Kołłątaj übernahm.[213] Neben den Begriffen „Gleichheit, Freiheit und Eigentum" bedient sich Stanisław Staszic solcher Begriffe wie „allgemeiner Wille, allgemeine Gültigkeit und Verstand der Gesellschaft". In seinen historischen Betrachtungen stützt er sich auf J. J. Rousseau.

Als die Reformen niedergeschlagen wurden, verließ er unter anderem mit der Zamoyski Familie Polen und begab sich nach Italien.[214] Sein ganzes Leben und Wirken widmete er dem Wohle seiner Heimat und auch der Geologie.[215]

6.2 Hugo Kołłątaj (1750–1812) und sein Reformprogramm

Hugo Kołłątaj gehörte zu den hervorragendsten und fruchtbarsten politischen Schriftstellern des Zeitalters der polnischen Aufklärung und zu den aktivsten Mitgestaltern der polnischen Verfassung vom 3. Mai 1791.[216]

Im Jahre 1768 beendete er sein Studium an der Universität Krakau als Doktor der Philosophie. Ein Jahr später trat er in den geistlichen Stand ein.

Hugo Kołłątaj studierte auch in Wien und fünf Jahre in Rom. In der Heiligen Stadt promovierte er zum Doktor der Theologie und der Rechtswissenschaften. Er war Mitglied der wissenschaftlichen Institute von Bologna und Rom.

Die politisch-ökonomische Systeme Englands, Frankreichs und der Vereinigten Staaten von Nordamerika waren für ihn von besonderer Bedeutung.

Nach seiner Rückkehr nach Polen wird er Mitglied von „Towarzystwo Ksiąg Elementarnych" – „Gesellschaft der grundlegenden Bücher" und der „Komisja Edukacji Narodowej" – „Ministerium für Schulwesen".[217]

---

212 Jarra, ebenda, S. 250, 251–253; vgl. auch The Cambrige History of Poland ..., S. 130; Leśnodorski, Kaczmarczyk, ebenda, (1957), S. 422, 423.

213 Hinz, Sikora, ebenda, S. 179; vgl. auch Michnik, Mosler, ebenda, S. 400; Staszic, ebenda, S. XII, XVIII, XXXV, XXXVI.

214 Hinz, Sikora, ebenda, S. 179; The Cambridge History of Poland ...

215 Staszic, ebenda, S. XIX.

216 The Cambridge History of Poland ...., S. 113, 114; vgl. auch Halecki, ebenda, S. 162; Die polnische Verfassung vom 3. Mai 1791, S. 677, 678.

217 Jarra, ebenda, S. 243, s. auch Leśnodorski, Dzieło ..., S. 63, 64, 66.

In seinem Hause traf sich die politische Avantgarde des „Vierjährigen Sejm", wie z.B. Ignacy Potocki, Działyński, Naruszewicz, Piramowicz, Jezierski, Dekert (Präsident der Stadt Warschau), Bars, Jan Śniadecki.

Kołłątaj selbst wurde von seinen politischen Gegnern, wegen seiner politischen Ansichten, als Revolutionär und Jakobiner bezeichnet.[218]

Im Jahre 1778 führte er die Reform der Krakauer Akademie durch und wurde 1782 deren Rektor.[219]

Er schrieb zu diesem Zwecke das Memorandum „O wprowadzeniu dobrych nauk do Akademii Krakowskiej" – „Über die Einführung guter Wissenschaften in die Krakauer Akademie" (1776).[220]

Als Rektor der Universität Krakau in der Periode 1782–1786 begrenzte er den Wirkungskreis der Theologischen Fakultät und errichtete ein neues Kollegium, das die Aufgaben einer mathematisch-wissenschaftlicher Fakultät wahrnehmen sollte. An diesem Kollegium wirkte auch Jan Śniadecki.[221]

Hugo Kołłątaj versammelte eine Gruppe von patriotischen Reformatoren um sich, die sich „Kuźnica Kołłątajowska" – „Werkstatt" nannte.

Zu diesem Personenkreis gehörten: Hugo Kołłątaj, Pfarrer Franciszek Salezy Jezierski, der gemeinsam mit Kołłątaj die Universität Krakau reformierte, Pfarrer Franciszek Ksawery Dmochowski, Józef Maier, Florian Jelski, Tomasz Maruszewski, Jan Dembowski, Franciszek Zabłocki, Julian Ursyn Niemcewicz, Jan Śniadecki, Bogusław Samuel Linde, der den „Słownik języka polskiego" – „Wörterbuch der polnischen Sprache" herausgab. Zu den Mitarbeitern dieses Kreises zählten auch der Präsident der Stadt Warschau, Jan Dekert und der Rechtsanwalt Bars, wie auch J. Świniarski und J. Baudonin de Courtenay.

---

218 Wegner, ebenda, S. 55, 56, Leśnodorski, Dzieło …, S. 136, 176.

219 Jarra, ebenda, S. 243; s. auch Rostworowski, Ostatni …, S. 123, The Cambridge History of Poland…, S. 131; Kieniewicz, Kula, ebenda, S. 242; Leśnodorski, Kaczmarczyk, ebenda, (1957), S. 419; Hinz, Sikora, ebenda, S. 21; Rhode, ebenda, S. 319, Bobińska, ebenda, S. 94, 95; Patkaniowski, M., Dzieje Wydziału Prawa U. J. od refomy kołłątajowskiej do końca XIX stulecia (Geschichte der juristischen Fakultät der Jagiellonischen Universität seit den kołłontaischen Reformen bis zum Ende des 19. Jh.), Kraków 1964.

220 Leśnodorski, Kaczmarczyk, ebenda, (1957), S. 419–423; Leśnodorski, Kaczmarczyk, ebenda, (1966), S. 515.

221 Hinz, Sikora, ebenda, S. 21.

Die „Kuźnica Kołłątajowska" veranlasste die Gründung der politischen Klubs, der sogenannten „Klony", welche sich auf französische Muster stützten. Als Basis diente der „Kuźnica Kołłątajowska" das Warschauer Bürgertum.[222]

So entstand. z.B. in Warschau der „Klub Radziwiłłowski" und nach dem Jahre 1791 das „Zgromadzenie Przyjaciół Ustawy Rządowej, czyli Klub Przyjaciół Konstytucji 3 Maja" – „Die Versammlung der Freunde des Regierungsgesetzes, das heißt Klub der Freunde der Verfassung vom 3. Mai".

Nach der zweiten Teilung Polens entstand auf Initiative der „Kuźnica Kołłątajowska" der „Klub demokratyczny Wolontariuszy" – „demokratische Klub der Freiwilligen", der nach der Devise arbeitete „bić się za Ojczyznę albo umierać" – „für die Heimat kämpfen oder sterben".[223]

Hugo Kołłątaj, selbst Geistlicher, kritisierte die Aufnahmefähigkeit des geistlichen Standes folgendermaßen:

> „Es war keinem Leibeigenen erlaubt, den geistlichen Stand ohne die Genehmigung (Emanzipation) des Gutsherren anzunehmen. Entweder mußte man sich diese erkaufen oder man mußte sich so verbergen, daß der Grundherr nicht wußte, wo sein Untertan geblieben war. Bei diesem Zustand hingen die Dinge von der geistlichen Obrigkeit ab, denn wer in den geistlichen Stand, eintrat, mußte seine Geburtsurkunde vorlegen".

Der schlechte Zustand des Bildungswesens missfiel ihm. Er übte Kritik an dem an der Pfarrschulen und Ordensschulen gehaltenen Unterricht und lobte das vom Stanisław Konarski geschaffene Piaristenschulmodell.

Kołłątaj befürwortete auch eine Reform des gehobenen Schulwesens und sprach sich gegen Studienreisen ins Ausland, besonders nach Frankreich, aus.[224]

In seinen geistlichen Auseinandersetzungen übernahm er den Begriff einer gesellschaftlichen Klasse von den Physiokraten und teilte die Gesellschaft in drei Klassen ein:

---

222 Wegner, ebenda, S. 54–56; vgl. auch Lelewel, ebenda, S. 10; Michnik, Mosler, ebenda, S. 406, 407, 422; Rostworowski, Ostatni …, S. 291; Hinz, Sikora, ebenda, S. 11, 32; Smoleński, W., Kuźnica Kołłątajowska. Studium historyczne z przedmową Żanny Kormanowej, (Kuźnica Kołłątajowska-Werkstatt. Mit Einleitung von Żanna Kormanowa,Warszawa,1949; Kaczmarczyk, Leśnodorski, ebenda, (1957), S. 370, 371, 418, 419; Kaczmarczyk, Leśnodorski, ebenda, (1966), S. 466; Ajnenkiel, Leśnodorski, Rostocki, ebenda, S. 9; Leśnodorski, Kuźnica, Kołłątajowska (Werkstatt), Wstęp (Einleitung), Wrocław, 1949; Leśnodorski, Dzieło …, S. 46, 83, 174.

223 Rostworowski, Ostatni …, S. 241, 242, 243.

224 Hoensch, ebenda, S. 80, Fußnote 41; s. Leśnodorski, Dzieło …, S. 174, 175.

- der Erbeigentümer (Adel und. Bourgeoisie),
- der Landleute (ohne Landbesitz) und
- der vom Grund und Boden Entfernten (Kaufleute und Handwerker).

Die Lehre der französischen Physiokraten hat das Lenken von Hugo Kołłątaj sehr stark beeinflusst. Bei der Beschreibung der Stellung des Menschen in der Welt bedient sich Hugo Kołłątaj physiokratischer Kategorien der „körperlich-moralischen Ordnung“.[225]

Diese „körperlich-moralische Ordnung“ schließt die Pflichten und Rechte der Menschen im Staatsleben ein und wurde von Hugo Kołłątaj wie folgt gegliedert:

- ganz allgemeine Pflichten und Rechte,
- Rechte und Pflichten eines Menschen gegenüber den Eigentumsständen,
- Pflichten und Rechte eines Menschen in der Gesellschaft.

Die Geschichte der Menschheit teilt er in zwei Zeitabschnitte ein:

- in die Zeit vor der biblischen Überschwemmung und
- in die Zeit nach der biblischen Überschwemmung.

Hugo Kołłątaj behauptet, dass es in der Zeit vor der biblischen Überschwemmung noch keine eigentliche Geschichte gab. Der Mensch habe in Harmonie mit der Natur, die alles nach den Regeln der „körperlich-moralischen Ordnung“ bestimmte, gelebt. In der Zeit nach der biblischen Überschwemmung beginnt für Hugo Kołłątaj die eigentliche Geschichte der Menschheit, die „Geschichte des Irrtums und des Bösen“.[226]

In der Philosophie ist er als Vertreter des Empirismus und des Sensualismus einzuordnen. In seinen geistigen Betrachtungen definierte er den Begriff Gottes als die erste, einzige und alleinnotwendige Ursache des Universums. Das Naturrecht diente ihm als Grundlage seiner Betrachtungen, wobei er das positive Recht dem Naturrecht unterordnete. Die Lehre von hl. Thomas hat seine Denkweise ebenfalls beeinflusst.

---

225 Hinz, Sikora, ebenda, S. 21, 147; s. auch Leśnodorski, Dzieło …, S. 174, 175, 368, 569. Der Titel des Buches Kołłątaj lautet: „Porządek fizyczno-moralny, czyli nauka o należytościach i powinnościach człowieka wydobytych z praw wiecznych, nieodmiennych i koniecznych przyrodzeniu, Kraków 1810 (Die körperlich-moralische Ordnung ….).

226 Hinz, Sikora, ebenda, S. 20, 38, 39, 148, 149.

Hugo Kołłątaj war davon überzeugt, dass die Prinzipien, nach denen eine Grundordnung aufgebaut wird, auf dem Naturrecht beruhen, wobei dieses durch keinen menschlichen Vertrag geändert werden darf.

Aus der „körperlich-moralischen Ordnung" der Natur ergeben sich für Hugo Kołłątaj vier Bedingungen für den Aufbau einer gesellschaftlichen Grundordnung:

- die Erhaltung der natürlichen Rechte und Pflichten der einzelnen Bürger und deren Sicherung,
- die Sicherung der Freiheit,
- die Verpflichtung zur Beachtung gesellschaftlicher Pflichten und
- die Unterordnung der gewählten Regierung.

Als Folge der Annahme der Existenz der „natürlichen Freiheit" folgt bei Hugo Kołłątaj die „natürliche Gleichheit der Menschen", die auf dem Prinzip beruht, dass alle Menschen dem gleichen Recht der Natur unterliegen.

Aus der „natürlichen Gleichheit" aller Menschen folgt wieder die „politische Gleichheit" aller Bürger im Staate.[227]

In seinem „Projekt prawa politycznego narodu polskiego" – „Einem Entwurf der politischen Rechte des polnischen Volkes" (1790), der den letzten Teil der „Listy Anonima" – „Briefe eines Anonymus" bildet und einen Entwurf der polnischen Verfassung beinhaltet, beugt sich Hugo Kołłątaj der Tradition der katholischen Kirche und der dadurch beeinflussten Denkweise in Polen.[228]

Nach seiner Meinung soll der Staat in Polen seine geistlichen Befugnisse aus einem Vertrag, der zwischen ihm und der Kirche geschlossen wird, herleiten.

Die katholische Kirche sollte jedoch auf keinen Fall Vorrechte genießen. Das politische Leben eines Staates muss nach Kołłątaj die Oberhand über das religiöse Leben haben.

---

227 Jarra, ebenda, S. 244, Hinz, Sikora, ebenda, S. 163–171, vgl: The Cambridge History ..., S. 132.

228 Hinz, Sikora, ebenda, S. 163–171; vgl. auch Leśnodorski, Kaczmarczyk, ebenda, (1957), S. 420; Leśnodorski, Dzieło ..., S. 172, 173, 174, 175; Ajnenkiel, Leśnodorski, Rostock, ebenda, S. 10; Kołłątaj sprach sich für eine polnische Armee mit 60 000 Soldaten aus (s. Rostworowski, Ostatni..., S. 167); Kołłątaj, Hugo, Pamiętnik o stanie duchowieństwa katolickiego polskiego i innych wyznań w połowie XVIII wieku (Denkschrift über die Lage der polnischen Geistlichkeit und die der anderen Konfessionen um die Mitte des 18. Jh.), hrsg. von J. K. Żupański, Poznań 1840.

Er versteht die Gesellschaft als eine Sammlung souveräner und von Vernunft geleiteter Personen, die aufgrund natürlicher Notwendigkeit und Bedürfnisse gesellschaftlicher Natur einen Vertrag schließen.[229]

Als Recht bezeichnet Kołłątaj eine Rechtsordnung, die dem Wohle der Gemeinschaft und nicht nur dem Wohle einiger Gruppen diene.

Im Jahre 1786 begab er sich nach Warschau, stellte sich an die Seite der Reformatoren und gründete die schon erwähnte „Kuźnica Kołłątajowska".[230]

Die politischen Ereignisse, die mit den Unabhängigkeitsbestrebungen in Nordamerika, mit der Entstehung der Vereinigten Staaten von Nordamerika, sowie mit der Französischen Revolution ans Tageslicht traten, sowie die Lehre von J. J. Rousseau haben sich auf das politische Denken Hugo Kołłątaj sehr stark ausgewirkt.

Bei der Ausarbeitung der polnischen Verfassung vom 3. Mai. 1791 nahm Hugo Kołłątaj mit großem Engagement teil.[231]

---

229 Hinz, Sikora, ebenda, S. 163–171, vgl. auch Leńnodorski, Kaczmarczyk, ebenda, (1957), S. 420; Leśnodorski, Dzieło ..., S. 172, 173, 174, 175; Ajnenkiel, Leśnodorski, Rostocki, ebenda, S. 10. Kołłątaj sprach sich für eine polnische Armee mit 60 000 Soldaten aus (siehe Rostworowski, Ostatni ...S. 167); Kołłataj, Hugo, „Pamiętnik o stanie duchowieństwa katolickiego polskiego" und die der anderen Konfessionen um die Mitte des 18. Jh. Hrsg. von J. K. Zuipański, Poznań 1840.

230 Jarra, ebenda, S. 243; vgl. auch Rostworowski, Ostatni ..., S. 123; Leśnodorski, Dzieło ...,S. 123; Opałek, Karol, Hugona Kołłątaja poglądy na państwo i prawo (Die Ansichten U. K. über den Staat und Recht), Warszawa 1952; Giergielewicz, E., Poglądy filozoficzno-prawne Hugo Kołłątaja (Philosophierechtliche Ansichten), Warszawa 1930; Kołłątaj, Rozbiór krytyczny zasad historii o początkach rodu ludzkiego (Eine kritische Betrachtung der geschichtlichen Prinzipien über den Anfang des menschlichen Geschlechtes). Hrsg. von Ferdynand Kojsiewicz, 3 Bände, Kraków 1842; Kołłątaj, Rada dla Imc Mirowskiego, publ. Przez I. Kojsiewicza w T.3 wydania „Hugo Kołłątaja listy w przedmiotach naukowych (ułomy)" (Ein Ratschlag für Herrn Mirowski, veröffentlicht durch I. K., im 3. Band des Buches „Die Briefe 7. in wissenschaftlichen Angelegenheiten" (Fragmenty), Kraków 1844–1845; Kołłątaj, Dzieje Europy za naszych czasów, opubl. przez E. Raczyńskiego w „Stanie Oświecenia w ostatnich latach panowania Augusta III (Geschichte Europas in unserer Gegenwart, veröffentlicht von E. Raczński im Buch „Der Stand der Aufklärung in den letzten Jahren der Herrschaft von August III.") Poznań 1841; Meyer, Enno, ebenda, S. 70.

231 Jarra, ebenda, S. 243; vgl. Biskupski, ebenda, S. 158; Leśnodorski,Dzieło ..., S. 111, 112. In seiner Broschüre „Co się też to dzieje z nieszczęśliwą ojczyzną naszą" – „Was tut sich mit unserer unglücklichen Heimat" verteidigt Kołłątaj das politische Verhalten des Königs Stanisław August Poniatowski in der Zeit des „Vierjährigen Sejm", s. Rostworowski, Ostatni ..., S. 204, 205.

Die „Listy Anonima" – „Briefe eines Anonymus" waren an den damaligen Sejm-Marschall, Stanisław Małachowski, gerichtet. Für diese Leistung erhielt er vom polnischen König Stanisław August Poniatowski den Titel „Podkanclerzy koronny" – „königlicher Unterkanzler".[232]

Der Sejm-Marschall, Stanisław Małachowski, bezog in dem Konflikt zwischen dem König und den polnischen Magnaten eine neutrale Stellung und wurde deswegen als Kandidat für den Posten des Sejm-Marschalls des „Vierjährigen Sejm" vorgeschlagen.[233]

Um Stanisław Małachowski gruppierten sich politische Aktivisten, wie Jezierski, Dmochowski, Kabinettchef des König Stanisław August Poniatowski, Pius Kiciński, Finanzchef des Königs, Tomasz Ostrowski, sowie Hugo Kołłątaj, Michał Ossowski, Piotr Potocki und Ludwig Strasser, der sehr gute Kontakte zu dem sächsischen Gesandten Essen besaß.

Die Familie Małachowski sympathisierte seit Langem mit Sachsen und die Aktivitäten des Gesandten Essen innerhalb des polnischen Kreises Małachowski waren kein Zufall.

Die „Małachowski-Gruppe" hat sich für die Neutralität Polens und gegen ein Bündnis mit Russland ausgesprochen. Diese Gruppe versuchte damals auch, den polnischen Primas Poniatowski für ihre politischen Ziele zu gewinnen.[234]

Hauptsächlich versuchten Hugo Kołłątaj, Stanislaw Małachowski und Ostrowski, den Primas Poniatowski aus dem moskaufreundlichen Lager hinauszudrängen und für ihre Ziele zu gewinnen. Es gelang ihnen nicht, den Primas zu gewinnen.

Was die politischen Institutionen Polens anbelangt, so hat sich Małachowski für die Schaffung eines ständigen Sejms und für die Abschaffung des „Immerwährenden Rates" ausgesprochen, wobei das englische

232 Jarra, ebenda, S. 234; vgl. auch The Cambridge History of Poland ..., S. 131; Ajnenkiel, Leśnodorski, Rostock, ebenda, S. 9, 10; Fraszewski, ebenda, Band 3, S. 17; Michnik, Mosler, ebenda, S. 398, 399.

233 Werner, ebenda, S. 52, 54, s. auch Leśnodorski, Dzieło ..., S. 193.

234 Kraszewski, ebenda, Band 3, S. 17, Kraszewski ist der Meinung, dass die Familie Małachowski mit Russland symphatisierte. s. auch Rostworowski, Ostatni ...., S. 12. Der Titel des Buches Kołłątajs lautet: „Do Stanisława Małachowskiego o przyszłym Sejmie Anonima listów kilka" – „Zu Stanisław Małachowski über den zukünftigen Sejm einige Briefe eines Anonymus"); s. auch Leśnodorski, Kaczmarczyk, ebenda, (1957), S. 419; Leśnodorski, Wstep (do) Hugo Kołłątaja: Listy Anonima i prawo polityczne narodu polskiego, (Einleitung (zu) Hugo Kołłątaj: Briefe eines Anonymus und das politische Recht des polnischen Volkes), Warszawa 1954.

Parlament als Beispiel dienen sollte. Stanislaw Małachowski sprach sich auch für eine gewaltlose Revolution und gegen die Herrschaft des „Immerwährenden Rates" in Polen aus.

Das Werk Kołłątajs „Briefe eines Anonymus…." erschien in drei Bänden. Nur der erste Band wurde vor dem Jahre 1788 publiziert. Dieses Werk beinhaltet Forderungen zur Heeresreform und zur Änderung der Stellung des Königs, dessen Kompetenzen er sehr stark beschneiden wollte.

Die zwei weiteren Bände beinhalten ein Programm der politischen Reformen und der Grundordnung Polens.

Hugo Kołłątaj wollte den Sejm als ständige Einrichtung etablieren sowie die Gleichberechtigung aller Schichten der polnischen Gesellschaft verwirklichen.[235] Sein Werk weist starke republikanische Tendenzen auf. Ähnlich wie Stanisław Staszic, war er ein Befürworter der Gewaltenteilung und wollte die Exekutive und die Gesetzgebung dem Sejm unterstellen.

Er sprach sich – nach Filangieri – in seinen „Listy Anonima" –„Briefe eines Anonymus" für eine gewaltlose Revolution in Polen aus und verlangte die persönliche Freiheit für alle Einwohner des polnischen Staates.

In seinen Gedanken ging er weiter als die französischen Physiokraten, indem er – nach Smith – meinte, dass außer dem Wert des Bodens, die Bearbeitung des Bodens als Wertfaktor anzusehen sei.[236]

Hugo Kołłątaj hat sich gegen das Wahlrecht der armen Adligen – der gołota szlachecka – ausgesprochen.[237]

Als die beste Staatsform bezeichnete er die erbliche, konstitutionelle Monarchie, die sich auf die Herrschaft des Volkes und der Volksvertretung stützt, mit der Teilung der Gewalten in Gesetzgebung, Exekutive und Legislative.

Seine Ansichten über eine Republik und Monarchie machten in den Jahren 1788–1791 eine Evolution durch.[238]

Ähnlich, Ignacy Potocki verlangte er, dass der preußische König Polen eine Verfassung aufzwingen solle.[239]

---

235 Ajnenkiel, Leśnodorski, Rostocki, ebenda, S. 6, 10, 11.

236 Rostworowski, Ostatni …, S. 124–128; vgl. auch Biskupski, ebenda, S. 158; Ajnenkiel, Leśnodorski, Rostocki, ebenda, S. 10; Leśnodorski, Kaczmarczyk, ebenda, (1957), S. 419, 420, Leśnodorski, Dzieło …, S. 69, 174, The Cambridge History of Poland …, S. 132; Sojka-Zielińska, Wiek XVIII …, S. 273.

237 Kaczmarczyk, Leśnodorski, ebenda, (1957), S. 420, Ajnenkiel, Rostocki, Leśnodorski, ebenda, S. 10.

238 Rostworowski, Ostatni…, S. 197.

239 Rostworowski, Ostatni…., S. 196.

Das Bündnis mit Preußen war auch als Allianz gegen Russland gedacht. Die Reformer hatten in der polnischen Außenpolitik eine Änderung herbeigeführt und anstelle der russischen auf die preußische Karte gesetzt.[240]

Hugo Kołłątaj hatet sich an der politischen Bewegung der Städte um seine Rechte sehr stark beteiligt und galt als der „spiritus movens" dieser politischen Bewegung in der zweiten Hälfte des 18. Jh.[241] Organisatorisch wurde diese Bewegung der polnischen Städte vom Bürgermeister Warschaus, Jan Dekert, geleitet.

Hugo Kołłątaj wünschte sich für Polen eine starke Armee und eine starke zentrale Verwaltung.[242] Der polnische Staat sollte eine vernünftige Agrar-, Industrie- und Handelspolitik forcieren.[243]

Der sogenannte „Entwurf der ökonomischen Verfassung" umfasste alle diese Ideen.

Hugo Kołłątaj gehörte auch zu den Mitautoren der Petition der Städte (1789), die an den König und den Sejm gerichtet war.

Als einer der Autoren der Verfassung vom 3. Mai 1791 war er auch an den Arbeiten – er war Vorsitzende der Deputation – die zu der Entstehung des „Stanisław August Kodex" führten beteiligt.[244]

Der Autor Henryk Schmitt befasste sich mit der Korrektur des „Zbiór projektów do wprowadzenia w Polsce po miastach dobrego porządku" – „Eine Sammlung von Entwürfen zwecks Einleitung einer guten Regierung in den polnischen Städten". Der Autor dieses Entwurfes ist unbekannt, s. Schmitt, Henryk, „Dzieje panowania Stanisława Augusta Poniatowskiego", „Die Zeit der Herrschaft" von St. A. Poniatowski, Band 1, S. 35. Außerdem zeichnete er sich auch für die Ausarbeitung der „Proklamation von Krakau" während des Kościuszko-Aufstandes verantwortlich mit.

---

240 Bobińska, ebenda, S. 104, 105. In der Literatur spricht man auch von einer „preußischen Partei" in Polen, s. Denkwürdigkeiten über Polen und die Polen …., S. 11, 23.

241 The Cambridge History of Poland…, S. 132; Die polnische Verfassung vom 3. Mai 1791, S. 678; vgl. auch Leśnodorski, Kaczmarczyk, ebenda, (1957), S. 241; Wegner, ebenda, S. 55; Bobińska, ebenda, S. 105, 107; Rostworowski, Ostatni , S. 195, 16, 241.

242 Michnik, Mosler, ebenda, S. 400.

243 Kaczmarczyk, Leśnodorski, ebenda, (1957), S. 420, 421, s. Leśnodorski, Dzieło, S. 195, 196, 241.

244 Sojka-Zielińska, Wiek XVIII – Wiekiem kodyfikacji … S. 275; s. auch Leśnodorski, Dzieło …, S. 167, 172,173, 229, 347.

Die erbliche Monarchie und die Schaffung eines stehenden Heeres gehörten zu diesen politischen Institutionen, die er für Polen als sehr notwendig hielt.[245]

Der polnische König Stanisław August Poniatowski sympathisierte mit diesen Gedanken, erregte aber damit den Widerstand eines Teils des Adels, besonders der Magnaten.

Im Jahre 1793 gab Hugo Kołłątaj gemeinsam mit Franciszek Dmochowski und den Brüdern Ignacy und Stanisław Potocki das Werk „O ustanowieniu i upadku Konstytucji 3 Maja“ – „Über die Entstehung und den Niedergang der Verfassung vom 3. Mai“ in Dresden heraus. An die Grundfabel des Buches knüpfte im 19. Jh. der große polnische Historiker Joachim Lelewel, als er über das 18. Jh. besonders über die Regierungszeit von Stanisław August Poniatowski schrieb, an.[246]

Nach der Meinung von Hugo Kołłątaj hatte sich die polnische Republik innerhalb der letzten zwei Jahrhunderte zu einer Oligarchie entwickelt und war in der Tat das Eigentum einiger Magnatenfamilien geworden.

In der Zeit der „Konförderation von Targowica“ emigrierte Hugo Kołłątaj nach Leipzig, kehrte aber nach Polen zurück, als ihn Tadeusz Kościuszko bat, den „Obersten Rat“ – „Rada Najwyższa“ ins Leben zu rufen, in welchem er den Posten des Ministers der Finanzen bekleiden sollte.

Als der Kościuszko-Aufstand niedergeschlagen wurde, flüchtete er nach Galizien, wo er von den österreichischen Behörden verhaftet wurde.

Im Jahre 1802 wurde Hugo Kołłątaj freigelassen und kehrte 1808 nach Warschau zurück. Er starb einige Jahre später, aber sein Wirken blieb lebendig und richtungsweisend für die politische und wirtschaftliche Erneuerung des polnischen Staates.

6.3 Stanisław Poniatowski (1776–1788) und sein Sohn Stanisław Poniatowski, (1782–1898), der letzte König Polens

Neben der Familie Czartoryski gehörten die Poniatowskis zu den politisch einflussreichsten Magnatenfamilien Polens der zweiten Hälfte des 18. Jh. Ihr Gedankengut prägte die Reformbestrebungen des polnischen Staates der zweiten Hälfte des 18. Jh. wesentlich.

Der Vater des Königs Stanisław August Poniatowski war General der schwedischen Armee, Großschatzmeister von Litauen, Woiwode von Masowien und

245 Leśnodorski, Kaczmarczyk, ebenda, (1957), S. 421.

246 Hinz, Sikora, ebenda, S. 171–177; s. auch Lelewel, Panowanie króla polskiego Stanisława Augusta Poniatowskiego, S. 9, 10.

Burgvogt von Krakau.[247] Im Jahre 1720 heiratete er Konstancja Czartoryska. Er war vom König August III. mit verschiedenen diplomatischen Missionen beauftragt. Dadurch war es ihm möglich, nicht nur mit politischen Kreisen Europas, sondern auch mit z.B. holländischen Bankiers in Verbindung zu treten.

Er kannte Voltaire (1684–1778) persönlich, dem er das Material für das Buch über Karl XII. lieferte. Der Vater des Königs gehörte zu den hervorragendsten politischen Schriftstellern des damaligen Polens. Im Jahre 1744 veröffentlichte er seine Schrift „List ziemianina" – „Brief eines Gutsbesitzers". Diese gehörte zu den ersten publizistischen Programmen der Reformen in Polen.

Die mächtigsten und politisch einflussreichsten Familien der Czartoryskis und Poniatowskis kamen zu dem Schluss, es sei nach dreißig Jahren Anarchie in Polen nur auf revolutionärem Wege möglich, Änderungen durchzuführen.[248]

Der königliche Vater war ein Mann der Tat und genoss in ganz Europa einen legendären Ruf als Soldat, Diplomat und Mitstreiter Karl XII. Bei den Sejmtagungen der Jahre 1738 und 1740 legte er Entwürfe zur Reform des Heeres vor.

In weiteren Reformplänen beschäftigte er sich mit der Erneuerung des Münzwesens, der Finanzen, der Industrie, der Städte, des Gerichtswesens, Zoll- und Steuerwesens, mit dem Status der Bauern der Gleichberechtigung, der Nichtkatholiken in Polen sowie mit verschiedenen Zweigen des politischen und wirtschaftlichen Lebens und der Stärkung der Exekutive. Er verlangte eine Verminderung der Zahl der Klöster und deren Reform.

Stanisław Poniatowski beabsichtigte aus übernommenen Klostervermögen einen Fond für die Erziehung armer Finder, die Schaffung und Unterhalt von Kranken- und Invalidenhäusern zu errichten.

Der Sejm des Jahres 1738 wurde der Reformentwurf „Resultatum Konmissy do aukcyi woyska" – „Das Resultat der Kommission für Auktion des Heeres" vorgelegt, zu dessen Mitautoren der königliche Vater zählte. Dieser Plan bildete mit geringfügigen Änderungen die Grundlage für alle Reformdiskussionen.

Die jedoch reifste Ausgabe seiner Erneuerung des polnischen Heeres beinhaltete der Traktat Poniatowskis „List ziemianina do sąsiada z innego województwa" – „Brief eines Landbesitzers an einen Nachbarn aus einer anderen Woiwodschaft", in dem er sich auf die Reformgedanken Dunin Karwickis (1639–1724) stützte.[249]

---

247 Rostworowski, Ostatni ...., S. 27–32; s. Hoensch, ebenda, S. 233, The Cambridge History of Poland ...., S. 114.

248 Hoensch, ebenda, S. 11–15 und dort angeführte Literatur, S. 24, 28, 124, 437, sowie Rostworowski, Ostatni ..., S. 26; s. auch Hoensch, ebenda, S. 234–235.

249 Hoensch, ebenda, S. 11–15, 24, 28, 124, 437.

Um alle diese Reformen nicht zu gefährden, stellte er die Institution des „Liberum Veto“ nicht infrage. Seine diesbezüglichen Vorstellungen fanden in dem schon erwähnten Traktat „Brief eines Landbesitzers ….“ ihren Niederschlag. Mit dieser Schrift glaubte Poniatowski, den Verlauf des Sejms von Grodno (1744) zu beeinflussen.

Seine Eheschließung mit Konstancja Czartoryska (1720) brachte ihm die Unterstützung der politisch und wirtschaftlich mächtigen Familie Czartoryski.

Der im Auftrag Frankreichs und Preußens handelnde Parteigänger, Potockis, „zerriss“ am 19. November 1744 den Sejm und verursachte damit das Scheitern der geplanten Reformen Poniatowskis.[250]

Das Gedankengut Montesquieus und das Reformvorhaben Maria Theresias waren nicht ohne Bedeutung für die Aufstellung der Pläne Poniatowskis.

Am 17. Januar 1732 kam in Wołczyn sein Sohn und zukünftiger König Polens, Stanisław Poniatowski zur Welt.[251]

Die Eltern haben dem zukünftigen König eine gründliche Ausbildung ermöglicht. Nach Beendigung seines 16. Lebensjahres hielt er sich in Frankreich, England, Russland, Österreich, den Niederlanden, Sachsen und Preußen auf. In diesen Ländern standen ihm dank der Empfehlungsbriefe seines Vaters alle Türen offen.

In Frankreich schätzte er am meisten die vorzüglichen Mitglieder des Pariser Parlaments, die im starken Maße von den großen Prinzipien der Menschen und Bürgerrechte beeinflusst waren. Mit großer Sympathie wandte er sich Holland und dem damaligen parlamentarischen System Englands zu.

Schon im Alter von 20 Jahren kandidierte er als Abgeordnete zum Provinziallandtag und wurde siebenmal Abgeordneter.

Charles, Hanbury Williams (1709–1759), englischer Diplomat in Russland, der auch Literat war, gehörte zu seinem Freundeskreis. Im Jahre 1756 war Stanisław August in Petersburg sein Sekretär.

In das politische Leben Polens wurde der zukünftige König von seinen Onkeln Michael und August Czartoryski eingeführt. Von ihm lernte er die Regeln des damaligen politischen Lebens kennenlernen.[252]

Zu den königlichen ausländischen Lehrern zählten:[253]

---

250 Rostworowski, Ostatni …, S. 527; Hoensch, ebenda, S. 434–437.

251 Rostworowski, Ostatni …., S. 27; s. auch Zernack, Klaus, Stanisław August Poniatowski, „Probleme einer politischen Biographie“, in: Jahrbuch für Geschichte Osteuropas, NF 15 (1967) 3, S. 371–392.

252 Rostworowski, Ostatni, S. 26–30, 32; s. Hoensch, ebenda, S. 262, 316, 319.

253 Hoensch, ebenda, S. 262, 320, 400, Fußnote 103.

- der englische Diplomat Sir Charles Eanbury Williams,
- der Franzose Lucas de Toux de Salverte,
- der Danziger Gottfried Bogumil Lengnich, der das „Jus publicum Regni Poloni" schrieb und
- Hermann Graf Keyserling.

Nach einem siebenjährigen Aufenthalt in Petersburg schrieb er in den letzten Monaten des Jahres 1763 und den ersten Monaten des Jahres 1764 die der Zarin gewidmete „Anecdote historique", in der er anhand der Wahl Władysław IV. seine Ansichten bezüglich der Stellung des Königs und der Durchführung der Reformen in Polen darlegte.

Er studierte auch gemeinsam mit der Zarin die Werke Voltaires.[254]

Am 6.–7. September 1764 wurde der 32 jährige Stanisław August Poniatowski auf dem Felde bei Wola einstimmig, vor allem dank der Unterstützung Russlands und der Familie Czartoryski (am Tage der hl. Katharina), zum. König Polens gewählt, und am 25. November 1764 in Warschau zum König gekrönt.

Die Wahlurkunde unterzeichneten 5.584 Personen. 25.000 Personen, die der Wahl beiwohnten, waren nicht wahlberechtigt.

Die meisten polnischen Republikaner anerkannten Stanisław August Poniatowski als König Polens nicht an. Der König bemühte sich in Wien, Madrid und Versailles um Verbündete, was wieder in Berlin und Petersburg mit wachsendem Misstrauen beobachtet wurde. Aber auch die Höfe in Wien und Versailles traten den königlichen Wünschen mit einiger Zurückhaltung entgegen.[255]

---

254 Hoensch, ebenda, s. Rostworowski, Ostatni …, S. 33, 34, 39, 40.

255 Hoensch, ebenda, S. 203, 290 Fußnote 13,294, 295; vgl. auch Rostworowski, Ostatni …, S. 44, 50; The Cambridge History of Poland … S. 119, 120; Rhode, ebenda, S. 308; Michnik, Mosler, ebenda, S. 350; Kalinka, Ostatnie lata panowania …. Teil 1, S. 86; Askenazy, S., Die letzte polnische Königswahl, Göttingen 1894; Lelewel, Panowanie króla polskiego Stanisława Augusta Poniatowskiego …., S. 119, 120; Die polnische Verfassung vom 3. Mai 1791, S. 675, 676; Kieniewicz, Kula, ebenda, Band 8, S. 17; Weber, ebenda, S. 540, 541; Baron Manteuffel-Szoege, ebenda, S. 7; Schmitt, Dzieje panowania St. A. Poniatowskiego, Band 1, S. 10, 11, 12, 309, 310; Pietruski, Oswald, Elektorów poczet, którzy niegdyś głosowali na elektorat Jana Kazimierza roku 1648; Jana III roku 1674, Augusta III roku 1597 i Stanisława Augusta roku 1764 … (Bildchronik der Wähler, die einmal auf die Neuerwählten des Jahres 1646, Jan III. des Jahres I674, August III. des Jahres 1697, und S. A. des Jahres 1764 votierten), Lwów 1845; Sozański Antoni, Imienne spisy osób duchownych, świeckich i wojskowych, które w pierwszych ośmiu latach panowania króla Stanisława Poniatowskiego od roku 1764–1772 w rządzie lub przy administracji Rzeczypospolitej udział brały, cz, I, Kraków 1866 (Namentliches Verzeichnis von geistlichen, weltlichen Personen,

Die Wahl Stanisław August Poniatowski zum König Polens, war ein weitaus gesetzlicher Akt als z.B. die Wahl von August III. im Jahre 1733. Stanisław August Poniatowski war als König den Polen aufgezwungen worden und wäre ohne der schon erwähnten Unterstützung Russlands und Preußens niemals zum König gewählt worden.

Seine Dankbarkeit für den Erhalt der polnischen Krone, seine finanzielle und politische Abhängigkeit, aber auch der noch immer bestehende Wunsch, die Zarin einmal heiraten zu dürfen, machten jeden eventuellen Widerstand des Königs zunichte.

Seine Dankbarkeit für den Erhalt der polnischen Krone, seine finanzielle und politische Abhängigkeit, aber auch der noch immer bestehende Wunsch, die Zarin einmal heiraten zu dürfen, machten jeden eventuellen Widerstand des Königs zunichte.[256]

Vor seiner Thronbesteigung erhielt er als Stolnik litewski – Truchsess von Litauen jährlich aus der Privatkasse Katharinas 11.675.000 Zloty.

Allein für die Wahl Stanisław August Poniatowskis gab Katharina II. 1.782.000 Rubel aus und beschenkte den König mit Gegenständen im Werte von 2.000.000 Dukaten. Die Kosten der Krönung von Stanisław August Poniatowski übernahm der russische Hof.[257]

Weber meint, dass die Wahl St. A. P. den russischen Hof 1,5 Mio. Rubel kostete, (s. Weber, ebenda, S. 540); Kalinka, ebenda, S. 76, 77, 87; Die polnische Verfassung…., S. 676.

---

wie auch Angehörigen des Heeres, die in den ersten acht Jahren der Herrschaft des Königs St. P. an den Regierungsgeschäften oder der Verwaltung der Republik beteiligt waren); Mejbaum W., O tron Stanisława Augusta (Um den Thron St. A.), Lwów 1918; Roenell, Richard, Das Interregnum. Wahl und Krönung von Stanisław August Poniatowski, Posen 1892; Mnemon, Stanisław (Pseudon. für Maria Ostrowska), L'origene des Poniatowski. Partie preliminaire: notes biograuhiques et apercus psychologiques sur Stanisław Poniatowski, Cracowie 1913; Niec, Julian, Młodość ostatniego elekta (1732–1764) (Die Jugend des letzten gewählten Königs St. A. P.), Kraków 1935.

256 Rostworowski, Ostatni …, S. 33, 44, 45; Hoensch, ebenda, S. 296, 297, 267, 268, 287, 294, 439, 440; s. auch Weber, ebenda, S. 540; Poelitz, ebenda, S. 2; Die polnische Verfassung …., S. 675, 676.

257 Denkwürdigkeiten über Polen und die Polen …, S. 3; s. auch Wegner, ebenda, S. 16, 17; Hoensch, ebenda, S. 198, 199, Fußnote 22, 249, 252.

Wäre die Wahl des polnischen Königs nicht nach den Wünschen der Zarin verlaufen, hätte sie ein Mitglied der Czartoryskis Familie oder der Sachsen in Betracht gezogen.[258]

Die Schriften Lords Bolingbroke „A letter on the spirit of Patriotism" (1736) und „The Idea of a Patriot King" (1738) hatte Stanisław August Poniatowski gelesen und der Inhalt dieser Schriften veranlasste ihn „als Monarch das Bindeglied zwischen der politischen und moralischen Ebene und zugleich die Stelle zu sein, wo die bisherige Analogie zwischen dem moralischen Kampf im Einzelmenschen und Gruppenkämpfen im Innern eines Staates Wirklichkeit wurde".[259]

Der persönliche Kontakt mit der Familie Yorke aus England verursachte, dass sich Stanisław August Poniatowski die politischen Institutionen der britischen Verfassung als Vorbild für eine politische Erneuerung Polens wünschte.[260]

König Stanisław August Poniatowski war auch sehr daran interessiert, „den besten Teil der französischen Intelligenz für Polen zu gewinnen" und somit den Ideen der französischen Aufklärung in Polen das Fußfassen zu verhelfen.[261]

In Paris besuchte er den berühmten Salon der Madame Geoffrin, in dem er Voltaire und Montesquieu traf.[262]

Fast alle Autoren, die sich mit der Person des Königs befassten, unterstrichen seine vielseitige Erziehung, gute Umgangsform, hervorragende Kenntnisse der Literatur, der Sprachen und Künste, des Verfassungsrechtes, der Ökonomie, der Finanzwirtschaft und. der Lehre der Kameralistik, diese Bildung und diese persönlichen Eigenschaften wirkten sich auf diese verschiedenen Zweige des

258 Reimann, Eduard, Die Bewerbung des Kurfürsten Friedrich Christian und seines Bruders Xawer um die polnische Krone im Jahre 1763/1764, in: Archiv für die sächsische Gesichte NF 4 (1878), S. 217–253.

259 Hoensch, ebenda, S. 13, 228, 236, 268, 271, Fußnote 9, 319, 320; Leśnodorski, Dzieło …, S. 144, 145; Rostworowski, Ostatni, s. auch Niec, Stanisława A. Poniatowskiego; O planie reformy Rzeczypospolitej (St. A. P. Plan einer Reform der Republik), in: Historia 3, (1933), S. 11–18.

260 Hoensch, ebenda, S. 262, 290; s. auch Leśnodorski, Dzieło …, S. 78, 188, 189, 190; The Cambridge History of Poland, S. 115, Michnik, Mosler, ebenda, S. 350; Ajnenkiel, Leśnodorski, Rostocki, ebenda, S. 9.

261 Hoensch, ebenda, S. 251, Fußnote 40. Zu erwähnen wäre, dass fünf Mitglieder der Familie Potocki sich am 27.06.1764 in Halicz rekonföderiert haben, um die Ergebnisse des Konvokationssejms aufzuheben und die Wahl Stanisław August Poniatowski zu verhindern. Das in Polen stehende russische Heer konnte jedoch dies verhindern.

262 The Cambridge History of Poland …, S. 115; s. auch Hoensch, ebenda, S. 71.

polnischen Lebens positiv aus. Was die Kleidung betrifft, war Ludwig XV. sein Vorbild.[263]

An seinem königlichen Hof lebten unter anderen, die Franzosen Lebrun, Merklin, die Italiener Bacciarelli, Canaletto und die Polen Smuglewicz und Bogusławski.[264]

Von Anfang der Herrschaft des Königs Stanisław August Poniatowski an kam es zu immer größeren Meinungsverschiedenheiten zwischen ihm und der Zarin.

In den ersten Jahren seiner Herrschaft nannte man König Stanislaw August Poniatowski „Soliter" – „Bandwurm". Ohne Unterstützung der Familie Czartoryski wäre er politisch fast gänzlich isoliert gewesen.

Seit den ersten Stunden seiner Regierungszeit widmete sich Stanisław August Poniatowski vor allen dem Problem der Ausbildung der polnischen Jugend. In ihr sah er die bessere Zukunft Polens.

Im Einvernehmen mit dem russischen Gesandten in Warschau Nikita Iwanowicz Panin (1718–1783), legte er am 17. Oktober 1765 einen Entwurf vor, nach welchem der Senat unter der alten Bezeichnung „Rada Senatu" – „Senatsrat" einmal wöchentlich am Donnerstag – Donnerstagdinner, Donnerstagtafel, Donnerstaggesellschaft, mit Beschlussbefugnis im Bereich des Heeres, der Finanzen und der Währung zusammentreten sollte. Bei dieser Gelegenheit wurden verschiedene Reformpläne diskutiert.[265]

Unter anderem entwarf man den Plan der Gründung eines Unterrichtsministeriums, der sogenannten „Komisja Edukacji Narodowej". Diesem Ministerium waren, mit Ausnahme der „Szkoła Rycerska" – „Ritterschule" alle

---

263 Schmitt, ebenda, S. 309; s. auch Hoensch, ebenda, S. 251, 262; Kalinka, ebenda, S. 81, 73; Leśnodorski, Dzieło ..., S. 57 Fußnote 21.

264 Godebski, Reformy społeczne w Polsce ..., S. 12; vgl. auch Weber, ebenda, S. 541; The Cambridge History of Poland ...., S. 114–116, 126; Denkwürdigkeiten über Polen und die Polen ... S. 5; Rhode, ebenda, S. 308; Baron Manteuffel-Szoege, ebenda, S. 9; Halecki, Geschichte Polens, Frankfurt a.M., S. 155, 156; Kaczmarczyk, Leśnodorski, ebenda, (1957), S. 414; Kraszewski ebenda, Band 3, S. 1; Kaczmarczyk, Reformy stanisławowskie (1764–1795) na tle dziejów państwa polskiego w czasach nowożytnych (Stanislausreformen (1764–1795) vor dem Hintergrund der Geschichte des polnischen Staates in der Neuzeit), in: Czasopismo prawniczo-historyczne, 1 Heft, 1948; Rostworowski, Ostatni ..., S. 314.

265 Rostworowski, Ostatni ..., S. 36, 46, 48, 50, 57, 108, 109, 111; Rhode, ebenda, S. 318; Konopczyński, ebenda, Band 2, S. 355, 356; Michnik, Mosler, ebenda, S. 378, 379; Godebski, ebenda, S. 12; Halecki, ebenda, S. 161; Hoensch, ebenda, S. 327.

Unterrichtsstätten in Polen einschließlich der Universität Krakau bis hin zu Pfarrschule unterstellt.

Die Kontrolle über das damalige Schulwesen übte der König persönlich aus. Die Leitung der Ausbildung vertraute er seinem Bruder Primas von Polen, Michał Poniatowski, an.

Bei der Gelegenheit des Besuches des britischen Parlamentes im Jahre 1754 führte er Gespräche mit dortigen Politikern, die ihm die Vorteile des britischen politischen Systems vor Augen führten, das ein Bestandteil der konstitutionellen Monarchie in Polen werden sollte.[266]

Bei dem Versuch, in Polen ein Zweiparteiensystem zu errichten, welches ein Teil der von ihm geplanten Sejmreform sein sollte, bediente er sich auch teilweise des Gedankengutes.

Während der Regierungszeit von Stanisław August Poniatowski gelang es dem jeweiligen russischen Gesandten, die politischen Ereignisse Polens entscheidend zu bestimmen.[267]

In der „Cambridge History of Poland" ist zu lesen, dass „Repnin behaved like a Roman proconsul in the period of the subjugation of a the „province after the Punic wars".[268]

Nach dem Jahre 1768 erklärte Stanisław August Poniatowski – um die königliche Frone zu behalten – auf Wunsch von Katharina II. das Prinzip der Aufrechterhaltung der russischen Garantien für Polen, de n Verzicht auf die Einführung des Mehrstimmigkeitsprinzips und die religiöse und politische Gleichstellung der Nichtkatholiken in Polen für untastbar.

In seinen Reformplänen verfolgte Stanisław August Poniatowski das Ziel, ein Königreich in den Grenzen der ständigen eingeschränkten Monarchie zu schaffen.

Ziemlich rasch, weil schon in den letzten Monaten des Jahres 1764 sah sich König Stanisław August Poniatowski wegen des Vetos Russlands und Preußens dazu gezwungen, die Durchführung seiner Reformen einzustellen, und

---

266 Hoensch, ebenda, S. 47, 172, 173, 221, 229, 230; s. auch The Cambridge History of Poland ..., S. 115; Pölitz, ebenda, S. 2, Bolingbrokes und Farwicks.

267 Hoensch, ebenda, S. 172, 173; vgl. auch The Cambridge History of Poland ..., S. 117; Denkwürdigkeiten über Polen und die Polen ..., S. 3, 4, 12; Staszic, Uwagi nad życiem Jana Zamoyskiego, S. X (Bemekungen über das Leben Jan Zamoyski).

268 The Cambridge History of Poland ...., S. 117; s. auch Kraushar, A., Książę Repnin i Polska w pierwszym czteroleciu panowania St. A. (1764–1768); (Prinz Repnin. und Polen in den ersten vier Jahren der Herrschaft St. A.), Kraków 1897.

versuchte, Ende des Jahres 1765 mithilfe des schon existierenden „Senatsrates“ sein Reformvorhaben zu verwirklichen.

Die Ursachen der Meinungsdifferenzen zwischen dem König und einigen polnischen Politikern der damaligen Zeit sind in der Existenz des „Immerwährenden Rates“ – „Rada Nieustająca“ zu suchen.[269]

Auf dem Gebiet der Erziehung jedoch war die Autorität des Königs nie infrage gestellt worden. Er war bestrebt, um seine Person alle fortschriftlichen Kräfte Polens zu vereinigen.

Als Mäzen erwies er der polnischen Literatur, Wissenschaft und Kunst eindeutige Verdienste.

Leute, die auf dem Gebiet des Kulturlebens besondere Verdienste nachweisen konnten, wurden vom König mit der Medaille „Merentibus“ ausgezeichnet.[270] Man sagte von ihm, er sei König und zugleich „Minister der Aufklärung“ in Polen. Er war ein Mensch der Aufklärung, der trotz vieler Rückschläge an die Macht der Bildung, des Denkens und an die Kraft der öffentlichen Meinung glaubte.

Als Freimauer vertiefte er noch mehr seine Kontakte zu dieser Denkweise. Die ersten Logen entstanden in Polen in Dukla (1739) und Wiśniowiec (1743). Sie wurden vom Mniszech gegründet. Stanisław Leszczyński und der königliche Vater Stanisław August Poniatowski gehörten diesen Logen an. Seit dem Jahre 1739 existierte in Warschau eine „Filiale“ der Dresdner Loge der „Drei weißen Adler.“[271] Andrzej Mokroński gründete in Warschau (1744) die Loge der „Drei Brüder.“ Friedrich Brühl gab dieser Loge die Bezeichnung „Cnotliwy Sarmata“ – „Der tugendhafte Sarmate“ (1766). Aus der letztgenannten Loge entstand die „Wielka loża Polska pod Augustem Moszyńskim“ – „Große Loge Polens unter der Leitung August Moszczyński“ (1767).

---

269 Hoensch, ebenda, S. 12, 198–202; vgl. auch Kaczmarczyk, Reformy stanisławowskie na tle…., S. 91–104; Lelewel, Panowanie Króla polskiego Stanisława Augusta Poniatowskiego obejmujące trzedziestoletnie usilności Narodu podźwignięcia się, ocalenia bytu i niepodległości (Die Herrschaft Stanisław A. P., umfassend den dreißigjährigen Versuch des Volkes sich zu heben und seine Existenz und Unabhängigkeit zu retten), Warszawa 1831; Michalski, J., Propaganda konserwatywna w walce z reformą w początkach panowania Stanisława Augusta (Die konservative Propaganda im Kampfe mit der Reform in den Anfängen der Herrschaft St. A.), in: Przegląd Historyczny, Band 43, 1952, S. 536–562.

270 Rostworowski, Ostatni …., S. 109, 110; s. auch Wegner, ebenda, S. 34, 35.

271 S. auch Rostworowski, Ostatni …, S. 109, 110, 314, 315.

Im Jahre 1784 zählte der „Wielki Wschód Narodowy polski pod Ignacym Potockim“–. „Der große polnische nationale Osten unter der Leitung Ignacy Potocki“ 13 vereinigte Logen, und war auch in ehemaligen polnischen Gebieten tätig, die infolge der ersten Teilung annektiert worden waren.[272]

In den Freimauerlogen saßen die Potockis, Czartoryskis, Lubomirskis, aber auch der russische Botschafter in Polen, Otto Magnus Stackelberg. Die Sekretäre des königlichen Kabinetts waren ebenfalls Mitglieder der Logen.

König Stanisław August Poniatowski trat in den Logen unter dem symbolischen Namen „Eques Salsinatus“ und „Salsinatus Magnus“ auf. Im Jahre 1777 trat er in Warschau der deutschen Loge „Rose Croix“ bei.[273]

Die Verlobungsurkunde Stanisław August Poniatowski lautete:

> „Je promets le secret le plus inviolable a l'egard de l`accession de Sa Majeste non seulement par rapport aux prophanes, mais vis-a-vis des freres qui nauront pas le sentieme grad, et que l'obligation donnee par Sa Majeste, par laquelle eile promet didelite et deference aux superieurs de l'Ordre, sera deposee entre les mains des Chefs“.

Am 1. Januar 1778 schrieb der polnische König seinem Vorgesetzten in der Loge „Rose Croix“ Folgendes:

> „Ein redlicher Mann muß Wort halten. Deswegen habe ich schon geholfen, und werde noch helfen zur Erfüllung der bewußten Arbeit,laut Anweisung der Hochwürdiger, und werde meinem Versprechen, weiter fort denselben Anweisungen nachleben, in so weit ich dieses werde verknüpfen können mit meinen offenbaren Pflichten und Umständen.“

König Stanisław August Poniatowski erhielt acht Grade, wofür er 76,5 Dukaten bezahlte.[274]

Mithilfe seiner Gesinnungsgenossen neutralisierte er den Einfluss Potockis in der Leitung der Loge des „Großen Ostens“.

Die freimaurerische Tätigkeit betrachtete er als eine der Möglichkeiten, das „Königreich der Dunkelheit“ zu sprengen und sein Prestige des ersten Mannes im Staate zu festigen.

Zu engen Mitarbeitern des Königs zählten: der Redakteur der Zeitschrift „Monitor“, Franciszek Bohomolec, der Dichter und Historiker, Adam Naruszewicz, der Gelehrte Jan Albertrandie, der Redakteur der Zeitschrift „Politisch-historisches Tagebuch“, Piotr Świtkowski, der Astronom Marian Poczobut, wie

---

272 Konopczyński, ebenda, S. 355; s. auch Leśnodorski, Dzieło….S. 89, 90, 154.

273 Rostworowski, Ostatni …S. 109,110; s. auch Leśnodorski, Dzieło…S. 178.

274 Kalinka, ebenda, S. 84.

auch Pädagogen und Autoren der Schulbücher: Grzegorz Piramowicz, Karol Wyrwich und Andrzeg Gawroński.[275]

Ihnen schlossen sich die Piaristen, mit einer zahlreichen Gefolgschaft von Schülern und Anhängern des Werkes von Stanislaw Konarski an.

Die Intellektuellen versammelten sich hauptsächlich um die Personen des Vorsitzenden des „Ministerium für Unterricht (des Kultusministeriums)" – „Komisja Edukacji Narodowej" Bischof Masalski und Primas Michał Poniatowski.

Der Letztgenannte hat unter anderem Hugo Kołłątaj, den Publizist Franciszek Salezy Jezierski und den Herausgeber der Zeitschrift „Biblioteka fizyczno-ekonomiczma" – „Physisch-ökonomische Bibliothek", Józef Maier, protegiert.[276]

Auch der sogenannte „Prinz der Dichter", Bischof Ignacy Krasicki zählte zu den Freunden des Königs.

An Veranstaltungen des Königs, z.B. dem „Donnerstag-Mittagessen" nahmen auch der Publizist und Propagator des Andrzej Zamoyski Kodexes, Josef Wybicki, der berühmte Satiriker Franciszek Zabłocki, die königlichen Sekretäre, einige Ausländer und die vom Ausland geholten Lehrer der „Szkola rycerska-Ritterschule", teil.

Die weltlichen und geistlichen Intellektuellen wurden auf Wunsch des Königs zu einem wichtigen Faktor des politischen Alltags Polens. In der königlichen Person sahen sie einen Wohltäter und Gönner.

Es entstand eine starke Propaganda, um die Durchführung gesellschaftlicher und wirtschaftlicher Reformen voranzutreiben. Die damalige polnische Presse, Literatur und das Theater setzte sich für die Hebung der Sitten, die Fortentwicklung des Agrarwesens und der Industrie ein.[277]

Als der königliche Bruder, Prinz Jozef Poniatowski und Tadeusz Fosciuszko am 30. Juli 1792 seine Ämter niederlegten und mit anderen Patrioten vor der Emigration standen, ließ der König, die von Soldaten gestiftete goldene Medaille mit der Inschrift „Miles imperatori" prägen.

Im Februar des Jahres 1793 ließ er in Danzig sein Buch „Zdanie o królu polskim" – „Eine Meinung über den polnischen König" drucken. In diesem Buch polemisierte er auf zwei Ebenen; gegen die Anklage der Targowica-Leute

---

275 Rostworowski, Ostatni ... S 110, 1110.

276 Rostworowski, Ostatni ...S. 111, 112; s. auch The Cambridge History of Poland, S. 116.

277 Rostworowski, Ostatni ... ebenda.

verteidigte er die Verfassung vom 3. Mai 1791 und gegen die Einwände der Patrioten rechtfertigte er sein Verhalten.

Während der Herrschaft von Stanisław August Poniatowski kam es in Polen zu einem kulturellen Umschwung, der sehr oft mit demjenigen in Russland während der Herrschaft Peters I verglichen wird.

Der König Stanisław August Poniatowski statuierte auch den Orden „Virtuti Militari".

In der Zeit der Konföderation von Targowica wird die Zarin Katharina II sagen:

„Er müsse tun was Vernunft und Gerechtigkeit, was die Eide verlangen, die er geleistet habe, als er die Krone aus der Hand eines freien Volkes empfing und zwar unter der Bedingung, auf welche dieses Volk ein Recht hatte. Am 7.Mai 1765 gründete König: Stanisław August Poniatowski den ‚Stanisław Orden'[278] er müsse die polnische Truppen entlassen, alle diejenigen aus seiner Umgebung entfernen, welche die öffentliche Meinung mit Recht anklagen, die Anstifter aller Komplotte zu sein, und selbst ohne Zeitverlust der ‚Targowicaer Konföderation' beitreten, die allein die Republik repräsentiere"[279]

Als es ihm klar wurde, dass die Reformen zum Scheitern verurteilt sind, verließ er im Jahre 1795 Warschau und begab sich nach Grodno.[280] Am 25. November 1795 erfolgte seine Abdankung und er erhielt den Befehl, die Krone niederzulegen.

Im März 1795 brachte Zar Paul I König Stanisław August Poniatowski nach Petersburg, wo dieser am 12. Februar 1798 starb.

Im Juni des Jahres 1938 kehrten seine Überreste von Petersburg nach Polen zurück und König Stanisław Poniatowski fand in der Totengruft der Kirche in Wołczyn seine letzte Ruhe.[281]

Jan Lewandowski schreibt, „[...] dass sowohl die Publizistik der sächsichen Zeit als auch die der Stanislausära klopfte mit dem Eifer eines Spechts die morschen Elemente in der Konstruktion des Staatsgebäudes ab.[282]

278 Hoensch, ebenda, S. 78.

279 Weber, ebenda, S. 587.

280 Rostworowski, Ostatni ..., S. 111, 112, 308, 319.

281 Rostworowski, Ostatni ..., S. 7, 300, 301, 305, 313, 319, 534; s. auch Weber, ebenda, S. 594; Kalinka, Ostatnie lata panowania – Die letzten Jahre der Regierung

282 Jan Lewandowski, Der große Sejm (1788–1792) – Ereignisse, Probleme und Leute, in: Helmut Reinalter, Peter Leisching, (Hrsg.) „Die polnische Verfassung vom 3. Mai 1791 vor dem Hintergrund der europäischen Aufklärung", Band 23, S. 28,31.)

6.4 Die Zeitschriften in Polen der zweiten Hälfte des 18. Jh.

Vor der Bildung der „Komisja Edukacji Narodowerj" – des „Ministeriums für Schulwesen" haben sich die Vertreter der polnischen Aufklärung in den 60er-Jahren des 18. Jh. in verschiedenen in Polen erschienenen Zeitschriften, sowohl geäußert als auch zu politischen Fragen Stellung bezogen.[283]

Später engagierten sie sich bei Arbeiten des „Ministeriums für Schulwesen" und nahmen an den Reformarbeiten teil.[284]

Die bedeutendste Zeitschrift unter ihnen war der „Monitor". Er erschien in den Jahren 1763–1785 unter der Redaktion von Adam Kazimierz Czartoryski und später unter der Redaktion von Franciszek Bohomolec,[285] welcher dem Jesuitorden angehörte. Er schrieb ein Werk unter dem Titel „Djabel w swojej postaci" – „Der Teufel in seiner Gestalt".[286]

Bohomolec erteilte Unterricht am Jesuitenkollegium in Warschau. Ähnlich wie Stanisław Konarski sprach er sich für die Reform des Schulwesens in Polen aus und beteiligte sich an derer praktischen Durchführung. Mithilfe des „Monitors" versuchte Bohomolec, einige Änderungen in der politisch-gesellschaftlichen Struktur Polens einzuleiten. Er veröffentlichte z.B. den Lebenslauf Andrzej Zamoyskis.[287]

Zum engen Mitarbeiterkreis von Franciszek Bohomolec gehörten: Stanisław Konarski und Ignacy Krasicki sowie König Stanisław August Poniatowski, Prinz Adam Czartoryski, Józef Wybicki, die auch im „Monitor" ihre Artikel veröffentlichten.[288]

Diese Zeitschrift enthielt in ihrer ersten Ausgabe Übersetzungen der von Steele in London herausgegebenen Zeitschrift „Spectator".[289]

---

283 Godebski, ebenda, S. 11; s. auch Laukau, Jan, Prasa staropolska na tle rozwotju prasy w Europie 1513 – 1729 (Die altpolnische Presse vor dem Hintergrund des Pressewesens in Europa 1513–1729), Kraków 1960; Schmitt, Dzieje panowania Stanisława Augusta Poniatowskiego ..., S. 29–33; Leśnodorski, Dzieło ....S. 84.

284 Rostworowski, Ostatni S. 110; vgl. auch Hinz, Sikora, ebenda, S. 9.

285 Jarra, ebenda, S. 258, 259; vgl. auch Hoensch, ebenda, S. 286, 287; Hinz, Sikora, ebenda, S. 9; Denkwürdigkeiten über Polen und Polen, S. 5; Leśnodorski, Dzieło ..., S. 84.

286 Godebski, ebenda, S. 8; s. auch Gierowski, Józef, U źródeł polskiego, Oświecenia. Wiek XVIII. Księga oświecona Bogusławowi Leśnodorskiemu (An der Quellen der polnischen Aufklärung. Das 18. Jhd. Ein Buch B.L. gewidmet).Warszawa 1974, S. 47.

287 Staszic, Uwagi ..., S. XII.

288 Michnik, Mosler, ebenda, S. 381.

289 Rostworowski, Ostatni, S. 45; Hoensch, ebenda, S. 173, Fußnote 51, 286; s. auch Konopczyński, Polscy pisarze polityczni ... S. 220–242; Kaleta, R., Klimowicz M.,

Der „Monitor“ steckte sich die Notwendigkeit der politischen Reformen in Polen zu verbreiten, zum Ziel. Seine ersten Ausgaben trugen einen flugblätterähnlichen Charakter und waren im Sommer des Jahres 1763 vom Prinzen Adam Gzartoryski im Umlauf gebracht worden. Es erschien zweimal in der Woche. Englische Wochenzeitschriften dienten als Leitbild.

Der Jesuit und Herausgeber dieser Zeitschrift, Franciszek Bohomolec, wurde in seinen Bemühungen unter anderem von König Stanislaw August Poniatowski und Lorenz de Koloff unterstützt.[290]

König Stanisław August Poniatowski veröffentlichte in dieser Zeitschrift Parolen der Religionstoleranz. Dies wurde als Nachgeben gegenüber der russischen Forderung nach politischer Gleichberechtigung, des nichtkatholischen Adels mit dem katholischen gewertet.[291]

Die genannte Zeitschrift setzte sich besonders mit Fragen aus dem Bereich der Wirtschaft, der Gesellschaft und der Kultur auseinander.

Ignacy Krasicki veröffentlichte im Jahre 1772 im „Monitor“ das Werk Montesqueu „Über den Geist der Gesetze“. Im Prinzip ließ man tagespolitische Ereignisse außer Acht.[292]

Die zweitwichtigste Zeitschrift der polnischen Aufklärung war „Zabawy Przyjemne i Pożyteczne“ – „Angenehme und nützliche Spiele“. Sie wurde in den Jahren 1770–1777 unter der Leitung von Jan Albertrandi und Adam Naruszewicz herausgegeben.[293]

Im Jahre 1772 veröffentlichte Ignacy Potocki in dieser Zeitschrift seine wissenschaftliche Arbeit unter dem Titel „Prawo polityczne i fundamentalne“ – „Politische und fundamentale Rechte“. Ihre Herausgabe müsste doch zuerst aus politischen Gründen eingestellt werden. Später ist sie in Jahren 1803–1806 wiedererschienen.[294]

Prekursorzy Oświecenia. Monitor z. r. 1763 na tle swoich czasów. Mitzier de Golof, redaktor i wydawca (Die Vorläufer der polnischen Aufklärung. Der Monitor aus dem Jahre 1763 vor dem Hintergrund seiner Zeit. Mitzier de Colof, Redakteur und Herausgeber), Wrocław 1953; Weber, ebenda, S. 3, Band 13, S. 111.

290 Rostworowski, Ostatni ...S. 45; s. auch Hoensch, ebenda, S. 17 266; Rudnicka, Jadwiga, Z genealogi Monitora z roku 1763 na tle czasów (Zur Genealogie des „Monitors“ aus dem Jahre 1763, in: Pamiętnik literacki, Nr. 46, (1955).

291 Rostworowski, Ostatni S. 58.

292 Hoensch, ebenda, S. 286; s. auch Leśnodorski, Dzieło ...S. 112, 113.

293 Jarra, ebenda, S. 259–262; s. auch Hinz, Sikora, ebenda, S. 9; Leśnodorski, Dzieło ..., S. 84, 154, 155.

294 Hinz, Sikora, ebenda.

Mithilfe der schon erwähnten Zeitschriften versuchten die politischen Vertreter der polnischen Aufklärung, den aus politisch-gesellschaftlichen Gründen verlorenen geistigen Kontakt mit Westeuropa, insbesondere mit dem intellektuellen Leben Frankreichs, wiederherzustellen. In diesen Zeitschriften setzte man sich mit den Werken von Kopernikus, Galilei, Newton, Montesquieu, Voltaire, Rousseau und Diderot auseinander.[295]

Um das Jahr 1789 gab es etwa ein Dutzend, meistens in polnischer Sprache geschriebener Zeitschriften. Davon erschienen einige für die deutschsprachigen Bürger in Deutsch und einige für das Warschauer Diplomatische Corps in der französischen Sprache.

Man strebte das Ziel an, der polnischen Sprache sich mehr zu bedienen, statt Latein, Deutsch und Französisch Als Ergebnis dieser Bestrebung ist die Veröffentlichung im Jahre 1782 des Vokabulars polnischer Fachausdrücke für die Eisenbahnindustrie anzusehen.

In den Jahren 1772–1792 erschienen 108 Bücher über den Gegenstand der Landwirtschaft, aber auch über weitreichende Fragen, wie die des freien Handels von Grund und Boden und der Emanzipation der Landarbeiter.

Die Rolle der polnischen Presse nahm mit der Zeit an Bedeutung immer mehr zu; in den achtziger Jahren des 18. Jh. waren Bücher und Artikeln über Probleme aus dem Bereich der Wirtschaft und der Politik schon durchaus alltäglich.[296]

Vor allem zwei Herausgeber zeichneten sich durch Verdienste um die polnische Aufklärung aus: Franciszek. Bohomolec und Piotr Świtkowski.[297]

Als die Jesuitenschule geschlossen wurde, übersiedelte Franciszek Bohomolec nach Warschau über. Dort befasste er sich mit der Herausgabe der Monatszeitschrift „Pamietnik Historycany, Ekonomiczny i Polityczny“ – „Historisches, ökonomisches und politisches Tagebuch“ in dem er auch selbst Artikel veröffentlichte.

In der Zeit von 1782–1792 erschienen insgesamt elf Bände dieser Zeitschrift. Der erste zählte 304 Seiten, die folgenden waren umfassender. Der letzte Band umfasste bereits 804 Seiten.

In dieser Monatszeitschrift waren Artikel zu finden, die über politische z.B. in Frankreich und kulturelle Ereignisse im Ausland, hauptsächlich in England, berichten.

---

295 Hinz, Sikora, ebenda, S. 9.

296 Palmer, ebenda, S. 451—452; s. auch Michnik, Mosler, ebenda, S. 404, 406.

297 Jarra, ebenda, S. 259.

Andere Artikel hatten Forderungen zum Inhalt die auf eine Änderung der gesellschaftlich-ökonomischen Grundordnung und der gesellschaftlichen Strukturen Polens abzielten. Den Polen wurde eine gesellschaftlich-ökonomische Grundordnung empfohlen, die der englischen und amerikanischen ähnlich sein sollte. Sogar der Französischen Revolution gegenüber zeigte man in dieser Zeitschrift keinerlei Abneigung.

Seit dem Jahre 1789 forderte die letztgenannte Zeitschrift immer öfter die Durchführung politischer Reformen.[298]

Abbe Świtkowski veröffentlichte die amerikanische und die französische Erklärung der Menschenrechte.[299]

Im Februar des Jahres 1790 schrieb er:

> „Im Jahre 1789 wurde die Welt durch Umwälzungen erschüttert, und ein neues Zeitalter hatte für die Menschheit in Europa begonnen. Seit den Kreuzzügen hat sich nichts Ähnliches ereignet…wie damals die Menschen um das Heilige Land gekämpft hatten, so kämpften sie heute um die heilige Freiheit. Der Wunsch nach Freiheit hat sich in Paris zum Wahnsinn gesteigert und hat sich nach Osten, Westen und Süden verbreitet".

Abbe Świtkowski „begrüßte" diesen „Wahnsinn" und sprach sich für eine Zivilverfassung des Klerus in Frankreich aus.[300]

Er veröffentlichte sowohl die Übersetzung des französischen Gesetzes vom 5. Oktober 1790 über die Organisation des Heeres, dessen Regelung im Artikel XI der polnischen Verfassung vom 3. Mai 1791 Niederschlag fand, als auch die Übersetzung der „Grundrechte der schwedischen Verfassung des Jahres 1789".[301]

Die „Patrioci-Reformatorzy" – „Patrioten-Reformatoren", die mit Hugo Kołłataj zusammenarbeiteten und dessen Gruppe die Bezeichnung „Kuźnica kołłatajowska" – „Werkstatt" trug, benutzte als Sprachrohr die Monatschrift „Pamiętnik Polityczny i Historyczny" – „Politisch-Historisches Tagebuch" und seit dem 1. Januar 1791 auch die Zeitung „Gazeta Narodowa i Obca" – „Die nationale und fremde Zeitung", die von Niemcewicz und Weyssenhoff herausgegeben wurde.[302]

---

298 Michnik, Mosler, ebenda, S. 381; Bobińska, ebenda, S. 105; s. auch Leśnodorski, Dzieło S. 68, 84, 85.

299 Palmer, ebenda, S. 455 s. auch Leśnodorski, Dzieło …, S. 84, 85.

300 Palmer, ebenda, S. 455; Leśnodorski, Dzieło …, S. 66, 67, 68, 84, 85.

301 Leśnodorski, Dzieło …, S. 405, 406.

302 Ebenda, S. 68, 85, 86.

Im Jahre 1792 verbat die „Konfederacja Targowicka“ – „Konföderation von Targowica“ die weitere Herausgabe der oben genannten Zeitschriften.

Zu erwähnen wäre noch, dass in den Jahren 1784–1785 Piotr Świtkowski die Zeitschrift „Magazyn pięknych nauk i kunsztów z rożnych wiadowości“ – „Zeitschrift der schönen Wissenschaften und Künste aus verschiedenen Quellen“ herausgab und in den Jahren 1792–1793 Piotr Switkowski als Herausgeber der Zeitschrift „Zabawy obywatelskie“ – „Bürgerliche Spiele“, wie auch der Zeitschrift „Magazyn warszawski“ „Warschauer Magazin“ tätig war.

Die neuen ökonomischen Vorstellungen der Reformatoren propagierte die vom Tadeusz Podlecki herausgegebene und vom König unterstützte Zeitschrift „Dziennik Handlowy“ – „Handels-Tagesblatt“, die unter anderem von dem geistlichen Józef Maier herausgegeben war.[303]

Der Wirtschaftler Ferdynand Nax veröffentlichte in dieser Zeitschrift seine Arbeiten.[304]

Als Organ der Reaktion in der Zeit der zweiten Hälfte des 18. Jh. ist die Zeitschrift „Gazeta Warszawska“ – „Warschauer Zeitung“, die der Jesuit Luskina herausgab, anzusehen.[305]

Zu den Hauptproblemen der polnischen Publizistik der zweiten Hälfte des 18. Jh. gehörte auch – neben politischen Fragen – die Frage der Modernisierung der polnischen Wirtschaft und der Errichtung der Nationalbank.

Das damalige Pressewesen wurde vorn Magistrat der Stadt Warschau organisiert und finanziert.

Der Jurist Świniarski, die Schriftsteller Modrzecki, Bars und Baudoin de Coutenay, gaben Schriften, wie z.B. „Prawa miast polskich oraz zbiór praw, dowodów i uwag“ – „Die Rechte der polnischen Städte und Sammlung von Rechten, Beweisen und Anmerkungen 1790“, „Wiadomości o pierwiastkowej miast zasadzie w Polsce“ – „Nachrichten über grundsätzliches Städteprinzip in Polen“ heraus, in denen die Reformer die politischen Rechte für die Städte forderten.[306]

Diese oben genannten Schriften sowie die Artikel in der Zeitschrift „Pamiętnik historyczno“ – „polityczno – ekonomiczny“ und die politischen Schriften von Hugo Kołłątaj haben den geistigen und politischen Grund für die

303 Michnik, Mosler, ebenda, S. 382.

304 Leśnodorski, Dzieło … S. 96, 97; s. auch Rostworowski, Ostatni …, S. 111.

305 Michnik, Mosler, ebenda, S. 382.

306 Kieniewicz, Kula, ebenda, S. 250–254.

Städtebewegung vorbereitet, die von dem damaligen Bürgermeister der Stadt Warschau organisatorisch betreut wurde.[307]

Die Rolle, die der polnischen Presse der zweiten Hälfte des 18. Jh. bei der Verbreitung des Gedankengutes der Aufklärung zukommt, ist unbestritten.

Sie konnte jedoch nur beeinflussend Wirken und somit nur begrenzt den Ausgang der polnischen Reformbestrebungen bestimmen.

6.5 Die Pressefreiheit in Polen des 18. Jh.

Für die Zensur und gegen die Freiheit der Presse und des Verlagswesens sprachen sich in Polen des 18. Jh. unter anderem die katholische Kirche und der konservative Flügel des polnischen Adels aus.

Aber auch einige Vertreter der polnischen Aufklärung, wie z.B. Stanisław Staszic, haben sich gegen die Veröffentlichung von Publikationen gewandt, die der katholischen Kirche und deren Glauben einen Schaden zufügen konnten. Sie sahen in der Religion einen wichtigen Faktor zur Aufrechterhaltung der Moral und der öffentlichen Ordnung.

Im Jahre 1768 gewährte man den damaligen polnischen Dissidenten die Möglichkeit der Veröffentlichung solcher Publikationen, die der Lehre der katholischen Kirche nicht in Zweifel stellten.

Im Jahre 1783 wurde eine Verordnung erlassen, die sogenannte „Ordynacja Marszałka koronnego M. W. Mniszcha" – „Ordination des königlichen Marschalls M. W. M", die die Herausgabe von Büchern mit einem antireligiösen Charakter verband. Diese Verordnung wurde im Jahre 1784 in ihrer Gültigkeit bestätigt.

Die Freiheit der Presse und des Verlagswesens wurde durch den „Vierjährigen Sejm" (1788–1792) proklamiert.

Die „Konföderation von Targowica" hat im Jahre 1792 die Pressefreiheit in Polen wieder weitgehend eingeengt.

Der Hauptteil der Verfassung von Grodno aus dem Jahre 1793 versuchte sie aber am Leben zu erhalten.[308]

Mit dem Untergang des polnischen Staates im Jahre 1795 wurde auch dieses Bestreben der polnischen Aufklärung endgültig zunichtegemacht.

---

307 Bobińska, ebenda, S. 105.

308 Leśnodorski, Kaczmarczyk, ebenda, (1966), S. 511–512; s. auch Gąsiorowska N., Wolność druku w Królestwie Kongresowym (Die Freiheit des Druckes im Königreich des Kongresspolen), Warszawa 1916; Giełżynski, Witold, Prasa warszawska 1661–1914 (Die Warschauer Presse 1661–1914), Warszawa 1962.

III. Drittes Kapitel

Die Ereignisse und Reformversuche in Polen in dem Zeitabschnitt 1764–1788

Die Reformen aus den Jahren 1764–1788 liefen auf:

- eine Begrenzung der Kompetenzen der Landtage,
- eine innerstaatliche Konsolidierung und auf
- eine Stärkung der Einheit des Staates aus.

Diese Bestrebungen kamen durch die Einführung des Prinzips der Stimmenmehrheit auf den Landtagen (1766) bei der Wahl der Abgeordneten, der Mitglieder der Sejmkommissionen (Deputantów), der Beamten, des Sejmmarschalls und den Beschluss von Institutionen und der Lauden zum Ausdruck.

Die Woiwodschaftssteuern konnte nur noch der Sejm und nicht mehr die Landtage beschließen. Dadurch sollte der Fiskus die eingeplanten Einnahmen erhalten.

Das Lager der Czartoryskis verlangte immer öfters und heftiger die Ausschließung des besitzlosen Kleinadels von den Landtagsarbeiten.

In der Organisation des Sejms ist in den Jahren 1764–1788 ebenfalls eine Änderung eingetreten, indem man:

- die Geschäftsordnung schriftlich festlegte, den Eid und die Instruktion eines Landboten abschaffte,
- die Ordnungskompetenzen des Sejmmarschalls stärkte, eine Teilung der Sejmmaterie auf „ materie Status“ und auf „ökonomische Angelegenheiten“ einteilte.

Bei den Letztgenannten kam das Prinzip der Mehrheit zur Geltung, welches die Institution der Konföderation im Sejm (des konföderierten Sejms) im Jahre 1773 einführte.

Dies ermöglichte dem Sejm die Stimmenmehrheit bei Abstimmungen anzuwenden und die Deputationen mit verschiedenen gesetzgeberischen Aufgaben beauftragen.[1]

1 Kaczmarczyk, Leśnodorski, ebenda, (1957), S. 406–407; ebenda, (1966), S. 500, 501, 502, Leśnodorski, Dzieło ..., S. 21–58.

Die Vertreter des Lagers der Czartoryskis beabsichtigten eine Zentralisierung der Verwaltung durchzuführen, indem man die Schaffung für das Königreich und Litauen nach dem Prinzip der Kollegialität der sog. „großen Kommissionen"

- die Kommission der Finanzen (1764) und
- die Kommission des Heers (1764) ins Leben rief. Außer den oben genannten Kommissionen gründete man
- die Münzkommission (1766) und
- die Spitalkommission, getrennt für das Königreich Polen und Litauen (1775). Sie wurden im Jahre 1780 aufgehoben und ihre Funktionen wurden der Kommission „boni ordinis" übergeben.

Alle diese Bestrebungen sind ein Zeugnis dafür, dass man in Polen bestrebt war, auch neben der Durchführung politischer und wirtschaftlicher Reformen eine moderne Verwaltung zu errichten.

Diese Reformpläne, die noch vor der Wahl Stanisław August Poniatowski zum König Polens entstanden und die Errichtung einer funktionsfähigen Zentralregierung zum Ziel hatten, wurden erst mit der Gründung der „Rada Nieustąjaca" – „des Immerwährenden Rat" (1775) verwirklicht.

Im Jahre 1775 beschloss man zum ersten Mal einen Staatshaushalt. Somit gehörte Polen neben England zu den ersten Staaten der Welt, die einen systematischen Haushalt führten.[2]

Im Jahre 1764 fand die Einführung des Mehrheitsprinzips auch bei der Richterwahl im Rahmen der Landtagsreform statt. Man war zwar bestrebt, das Landgericht als Berufungsinstanz der Gród-Gerichte auf Woiwodschaftsebene zu etablieren, was jedoch der Reformen erst im Jahre 1792, als die Gród- und die Landgerichte zu einem kontinuierlichen tagenden Landgericht mit zehn von den Landtagen zu wählenden Richtern und zwei Gerichtsschreibern zusammengefasst wurden, gelang.

Die polnische Rechtspflege im 18. Jh. war noch nicht sehr entwickelt. Die Gründe dieses Zustandes sind in der dürftigen Rezeption des römischen Rechts zu suchen. Die damalige polnische Rechtspflege war vor allem durch das katholische Recht und die Geistlichkeit geprägt.

---

2 Kaczmarczyk, Lesnodorski, ebenda (1957), S. 406–407; ebenda, (1966), S. 500, 501, 502, 511; Lesnodorski. Die Errichtung der Finanz- und Miltärkommission wurde „als abchreckendes Beispiel für die ungezügelten Machthunger von Stanisław Agusst Poniatowski angeführt (s. Hoensch, ebenda, S. 448).

Noch im 18. Jh. konnte die „Gerechtigkeit“ in Polen „erkauft“ werden. Die Richter wurden vom Adel gewählt und waren ohne juristische Kenntnisse. Aus diesem Grund nahmen sie „Zuschüsse“ der Parteien des Rechtsstreites in Anspruch.

Das Vertrauen in die Gerechtigkeit wurde daher minimal und man sah sich gezwungen, sein Recht im Wege der Selbsthilfe durchzusetzen.

Der schlechte Zustand der polnischen Rechtspflege im 18. Jh. führte dazu, dass in der Reformpublizistik immer öfters Stimmen laut wurden - Karwicki, Jabłonowski, Stanisław Poniatowski (der königliche Vater, Leszczyński, Czartoryski, König Stanisław August Poniatowski, die die Notwendigkeit einer Reform des polnischen Justizwesens der polnischen Öffentlichkeit vor Augen führten. Diese Reformen konnten während des „Konvokationssejms“ (7. Mai – 23. Juni 1764) und des „Krönungssejms“ (3. – 20. Dezember 1764) und auch auf folgende Sejms teilweise in die Tat umgesetzt werden. Infolge dieser Reformen wurden die „Sejmiki“ - der „Landtage“, die Kompetenzen der Schatzmeister und der Hetmane begrenzt.[3]

Die souveränen Rechte der polnischen Magnaten wurden während des „Konvokationssejm“ auf Antrag Andrzej Zamoyskis dadurch eingeengt, indem man ihnen erlaubte, ein eigenes Heer bis nur maximal 300 Personen zu unterhalten.[4]

---

3 Hoensch, ebenda, S. 406–434; s. auch Sobociński, O historii sądownictwa w Polsce magnackiej XVIII w. (Über die Geschichte des Gerichtswesens in Polen der Magnaten im 18. Jh.), in: Czasopismo Prawno-Historyczne 13 (1961), S. 139–168; Matuszewski, Józef, W sprawie genezy Sądu Refendarskiego (Zur Entstehung der Referendargerichtsbarkeit), in: Czasopismo Prawno-Historyczne 6 (1954), S. 338–365; Goyski, Maryan, Reformy trybunału koronnego (Die Reformen des Krontribunals), Lwów 1909; Goyski, Trybunał koronny a polska literatura polityczna w XVIII w. (Das Krontribunal und die polnische Literatur im 18. Jh.), in: Studia historyczne wydane ku czci Prof. Zakrzewskiego, Kraków 1908, S. 217–239; Baranowski, Sądy referendarskie (Odbitka z przeglądu Historycznego) (Die Referendargerichte, Sonderdruck aus dem „Przegląd Historyczny“), 9 (1909) Warszawa, 1909; Michalski, Studia nad reformą sądownictwa i prawa sądowego w XVIII w. (Studien zur Reform des Gerichtswesens und Prozessrechts im 18. Jh.). Bd. 1. Wrocław u. Warszawa 1958 (Zur Auseinandersetzung um dieses Buch siehe: Kwartalnik Historyczny 66 (1959), S. 1246–1254; 67 (1960), S. 881–885; 68 (1961), S. 281–283; und Czasopismo Prawno-Historyczne 13 (1961), S. 139–168.

4 Hoensch, ebenda, S. 1, 2, 145, 245, 246, 253, Fußnote 46, 255, 256, 322, 335, 336, 337, 369, 370, 373, 375, 376, 418, 422, 423, 424, 438, 439, 440, 445, 448, vgl. auch Rostworowski, Ostatni ..., S. 45, 285; Leśnodorski, Kaczmarczyk, ebenda (1957), S. 367, 380, 381, 405, 406, 407; Leśnodorski, Dzieło ..., 22, 23, 24, 35; Rhode, ebenda, S. 308.

Im Jahre 1764 schaffte man auch die Institution der „Generalkonföderation“ ab, was der „Familie“ die Möglichkeit nahm, mithilfe von Mehrheitsbeschlüssen ihr Reformvorhaben zu verwirklichen. In den Jahren 1764–1766 kam es wieder zu weiteren Reformbestrebungen.

Im Auftrag des Königs Stanisław August Poniatowski wurden

- ein funktionierendes Personal- und Postwesen,
- ein ständiger diplomatischer Dienst,
- ein Beamtentum,
- eine Münzanstalt,
- ein Entwurf einer polnischen Nationalbank,
- eine Stückgießerei ins Leben gerufen.

Der innenstädtische Zoll wurde abgeschafft und ein inhaltliches Generalzoll (1765) konnte eingeführt werden. Gegen die Einführung eines polnischen Generalzolls wandte sich Friedrich II. sowie Russland. Die polnische Seite beabsichtigte dadurch eine Stärkung der polnischen Finanzen. Russland und Preußen verfolgten eine gegenteilige Absicht, was ihnen auch gelang.[5]

Man hat auch in diesem Zeitabschnitt

- die Maße und Gewichte vereinheitlicht und
- den Bau von Kanälen und Manufakturen durchgeführt.

Man erließ auch sehr detaillierte Anordnung über die Instandsetzung der Straßen, Dämme, Brücken und Furten, ebenso den fiskalischen Bereich betreffende Gesetze.[6]

Im Jahre 1768 hat man das allgemeine Staatsbudget beschlossen, das jedoch nicht ins Leben trat. Erst der Haushalt aus dem Jahre 1775 erlebte eine effektive Ausführung.[7]

---

5 Kaczmarczyk, Leśnodorski, ebenda, (1957), S. 407–416; ebenda (1966), S. 502–505, 511. Die Errichtung der Finanz- und Militärkommissionen wurde „als abschreckendes Beispiel für den ungezügelten Machthunder Stanisław August Poniatowski“ angeführt (s. Hoensch, ebenda, S. 448).

6 Kaczmarczyk, Leśnodorski, ebenda, (1957), S. 407–416; ebenda (1966), S. 502–505, 511. Die Errichtung der Finanz-und Militärkommissionen wurde „als abschreckendes Beispiel für den ungezügelten Machthunder Stanisław August Poniatowski“ angeführt (s. Hoensch, ebenda, S. 448).

7 Hoensch, Der Streit um den polnischen Generallzoll 1764–1766. „Zur Rolle Preußens und Russlands beim Scheitern der Finanzreform Stanisław August“, in: Jahrbuch für Geschichte Europas NF 18 (1970), S. 355–388.

Die Gründung und Erhaltung der Münzanstalt kostete den König 2 700 000 Zloty. Die Gründung der beiden Ritterschulen (in Warschau und Wilna) verursachte Kosten in Höhe von 2 700 000 zlp. Die Reparaturarbeiten der Festung in Kamieniec belasteten den polnischen Haushalt mit 90 000 zlp.

Die Errichtung der Stückgießerei und der Munitionsfabrik in Kozienice kosteten 720 000 zlp., die Betreibung der Kupferminen 250 000 zlp., die Warschauer Kasernen, der Friedhof 540 000 zlp., und die Umbauarbeiten des königlichen Schlosses 720 000 zlp. Insgesamt machten die königlichen Ausgaben ca. 10 Millionen Zloty aus.[8]

In politischer Hinsicht bemühte sich Stanisław August Poniatowski durch seinen Gesandten in Petersburg die Geltung des „Liberum Veto" für die Zeitdauer des „Krönungssejms" außer Kraft zu setzen und das Prinzip der Stimmenmehrheit einzuführen, wovon Friedrich II. in seinem persönlichem Brief mit dem Datum 30. Oktober 1764 an Katharina II. erfolgreich warnte.

Seinem Diplomaten Gedeon Benoit teilte er in Petersburg Folgendes mit:

> „La principal, pour ne pas dire la seule ressource dont les puissances etrangges puissent se servir pour contrebalancer les desseins du Roi ou d'un parti mal intentionne".

Zarin Katharina II. sprach sich in ihrem Brief vom 4. Mai 1765 an Friedrich II. für die Billigung mindestens des Prinzips der Wahl der Landboten mit Stimmenmehrheit und für die Erhaltung der Verfassungen, die vor einem „Zerreißen" eines Sejms beschlossen wurden, aus. Die Zarin stieß mit ihrem Brief auf wenig Verständnis.[9]

Stanisław August Poniatowski trug auch am Hof in Petersburg die Bitte vor, das schon bestehende Heer von 24 000 Soldaten zu reformieren und später noch zusätzlich 10 000 Soldaten ins Heer aufnehmen zu dürfen.

Die königliche Bitte stieß bei der Zarin aus „finanziell-politischen Gründen" auf wenig Gegenliebe und bei Friedrich II. löste dieser königliche Wunsch Empörung aus.

Stanisław August Poniatowski ging in den „pacta conventa" die Verpflichtung ein, – wie schon vor August II. und August III., die jedoch ihre Verpflichtungen nicht eingehalten haben – unter anderem in Polen auf königliche Kosten eine militärische Ausbildungsstätte mit 800 Studienplätzen zu errichten. Die

8 Hoensch, ebenda, S. 199, 292, 294, 372, 376, 376 Fußnote 6, 377, 378, 379, 382; Leśnodorski, Dzieło ..., S. 23, 24.

9 Hoensch, ebenda, S. 409, 443; s. auch Rostworowski, Ostatni ..., S. 16.

königliche Verpflichtung erfuhr während des „Krönungssejms“ von ihm eine Bestätigung.[10]

Ende des Jahres 1765 rief König Stanisław August Poniatowski die „Szkoła Rycerska (Korpus Kadetów)“ – „die Ritterschule“ ins Leben, die erste weltliche Schule Polens.[11]

Als Muster bei der Errichtung dieser Ausbildungsstätte dienten dem König:

- die von Stanisław Leszczyński im Jahre 1737 in Luneville gegründete „L’ecole des Cadets-Gentilhommes“,
- die von Friedrich II. errichtete Kadettenschule in Berlin,
- die im Jahre 1752 von Maria Theresia ins Leben gerufene Militärschule mit Sitz in Wiener Neustadt und auch
- französische und russische Vorbilder.

Die Leitung der „Szkoła Rycerska“ übertrug König Stanisław August Poniatowski dem Fürsten Adam Czartoryski, der das Lehrbuch „Katechizm kadecki“ – „Katechismus der Kadetten“ schrieb.[12]

Der Unterricht in der Ritterschule wurde nach dem von Stanisław Konarski entworfenen Unterrichtsmodell für das „Collegium Nobilium“ gestaltet. 200 Adelssöhne erhielten dort Ausbildung. Die vom König gegründete „Szkoła Rycerska„ – „Ritterschule“ ermöglichte auch die Ausbildung der nichtadligen Jugend.[13]

Diese Ausbildungsstätte besuchten unter anderen: Tadeusz Kościuszko, Kniaziewicz, Fiszer, Niemcewicz, Jakub Jasiński und Józef Sowiński.[14]

Den von Polen angestrebten positiven Ausgang des „Konvokationssejms“ (7. Mai–23. Juni 1764) und auch des Krönungssejms (3.–20. Dezember 1764), vor allem aber die Durchführung der Reformen in den Bereichen der Wirtschaft, Verwaltung, des Heeres und Justizwesens versuchte Russland mit dem Verlangen nach Gleichberechtigung der Nichtkatholiken in Polen zu verhindern.

---

10 Hoensch, ebenda, S. 40, 200, 443; s. auch Rostworowski, Ostatni …, S. 45, 108, 109; Godebski, ebenda, S. 9; Michnik, Mosler, ebenda, S. 382, 383; The Cambridge History …, S. 126; Wegner, ebenda, S. 31; Halecki, ebenda, S. 157, 158.

11 Ebenda.

12 Denkwürdigkeiten über Polen und die Polen…, S. 6; s. auch Michnik, Mosler, ebenda, S. 382; Wegner, ebenda, S. 31; Hoensch, ebenda, S. 40, 443, 444.

13 Michnik, Mosler, ebenda, S. 383; s. auch Wagner, ebenda, S. 31; Rostworowski, Ostatni …, S. 8; Kraszewski, ebenda, Band 1, S. 419; Schmitt, ebenda, S, 9; Baron Manteuffel-Szoege, ebenda, S. 9.

14 Hoensch, ebenda, S. 442, 443.

Dieses russische Verlangen fand in der am 14. September 1764 von Preußen und Russland überreichten und am 24. Juli 1764 unterzeichneten „Declaration... concernant les droit des dissidents en en Pologne" seinen Niederschlag.

In der Zeit des Konvokationssejms leistete Stanisław Konarski einen Beitrag in Form der „Reponse aux remontrance de Monssieurs les Dissidents predsenteta la Diete de Convocation de l'annee 1764".[15]

König Stanisław August Poniatowski rief auch das Artilleriekorps und das Ingenieurskorps ins Leben.

Das polnische Theater wurde von König Stanisław August Poniatowski vorzüglich geschützt und in den Dienst der geplanten Reformen eingespannt. Zu den dramatischen Autoren des polnischen Theaters zählten: Fürst Czartoryski, Zabłocki, Kniaźnin, Niemcewicz, Osiński und Bogusławski.[16] Auch in dieser Zeit wurde in Warschau das erste öffentliche „National-Theater" – „Teatr Narodowy" (1765) errichtet.[17] Die Institution des polnischen Theaters des Zeitalters der polnischen Aufklärung löste seine politisch-reformatorischen Aufgaben vorzüglich.

In den Städten entstanden auch „Komisje dobrego porządku" – „Kommission der guten Ordnung" (boni ordines), 1765.[18]

Gegen den Willen der Landräte ordnete man die Lustration des königlichen Besitztums an. Es wurden auch Meinungen laut, die das Eingreifen in die kirchlichen Kompetenzen verlangten.

Alle diese reformatorischen Schritte waren der Anfang der Reformen, die während der Sejmtagung im Jahre 1766 durchgeführt wurden.

Die Unterscheidung zwischen „materia Status" und „materie ekonomiczne" – "ökonomische Angelegenheiten", die Abschaffung des „Liberum Veto",

---

15 Hoensch, ebenda.

16 Denkwürdigkeiten über Polen ...S. 6, 7; s. auch Ajnenkiel, Leśnodorski, Rostock, ebenda, S. 9; Kutrzeba, Konstytucja trzeciego maja ..., S. 16, 17; Leśnodorski, Dzieło..., S. 88.

17 Daniela Kołodziej, Die polnische Literatur im Lichte der Verfassung vom dritten Mai; in: Helmut Reinalter, Peter Leisching (Hrsg.): Die polnische Verfassung vom 3. Mai 1791 vor dem Hintergrund der europäischen Aufklärung (Schriftenreihe der Internationalen Forschungsstelle Demokratische Bewegungen in Mitteleuropa 1770–1850. Bd. 23.

18 Rostworowski, Ostatni ..., S. 45, 46, 51–53, 54, 59, 329; s. auch Hoensch, Sozialverfassung ..., S. 145, 146, 421; Smoleński, Komisja Boni Ordinii Warszawska (1765–1789) (Die warschauer Kommission der guten Ordnung) in: Studia Historyczne, Warszawa 1913, 1925, S. 183–213; Baranowski, Ignacy, Tadeusz, Komisje porządkowe (1765–1788) (Die Kommission der guten Ordnung), Kraków 1907.

die Nichtzulassung zum politischen Leben Polens der „gołota szlachecka" – „der armen Adligen", was die Czartoryskis sehr stark verlangten, die Einführung des Mehrheitsprinzips bei Abstimmungen in Landtagen, und die Konsolidierung der kollegialen Regierungsorgane sollten die zweite Etappe der Reformen kennzeichnen.[19]

Die eben erwähnten Reformentwürfe arbeitete König Stanisław August Poniatowski und der neu von ihm ernannte Kanzler Andrzej Zamoyski, aus.

Kanzler Andrzej Zamoyski fungierte als Hauptsprecher der „Familie" während der Dauer des „Sejm Konwokacyjny" – „Konvokationssejm".

Andrzej Zamoyski unterstützte auf diesem Sejm die Forderungen der polnischen Städte und auch alle übrigen Reformen des polnischen öffentlichen Lebens.[20]

Jedoch die russische Zarin Katharina II. und auch Friedrich II. zeigten sich wiederholt der Durchführung von Reformen in Polen abgeneigt.

Als während der Sejmsitzung vom 6. Oktober bis 29. November 1766 Andrzej Zamoyski seinen Entwurf der weiteren Reformen vorlegte, drohten Russland und Preußen mit dem Einmarsch ihres Heeres in Polen.

Die zwei mächtigen Nachbarn Polens zeigten ein lebendiges Interesse an der Aufrechterhaltung eines ausgeübten „Liberum Veto" und an dem schlechten Zustand der wirtschaftlichen Finanzen und des Heeres in Polen und drängten sogar darauf, den Sejm des Jahres 1766 aufzulösen.[21]

Schon aus den am 11. November 1766 offiziell stattgefundenen Protesten der russischen und preußischen Regierung, die sich sowohl gegen eine Einschränkung, als auch gegen die Abschaffung des „Liberum Veto" aussprachen, konnte König Stanisław August Poniatowski und seine Berater entnehmen, dass „alle

---

19 Rostworowski, Ostatni …, S. 46; s. auch Leśnodorski, Kaczmarczyk, ebenda, (1957), S. 406; Hoensch, ebenda, S. 344, 425; Weber, ebenda, S. 540, 541; Michnik, Mosler, ebenda, S. 350; Kutrzeba, Grundriß …, S. 202; Ajnenkiel, Leśnodorski, Rostocki, ebenda, S. 8.

20 Rostworowski, Ostatni…, S. 46, 52; vgl. auch Kisielewski, W, Reforma książąt Czartoryskich na Sejmie Konwokacyjnym roku 1764. Z poprzednim poglądem na stan polski za czasów saskich i literatura polityczna wieku aż do do Sienickiego (1764 włącznie) (Die Reforvorhaben der Prinzen Czartoryskis während des Konvokationssejm des Jahres 1764. Mit einleitenden Ansichten über den Stand Polens in der sächsischen Zeit und die poltische Literatur des Jh. bis zum Sieniecki (das Jahr 1764 inbegriffen), Sambor 1888.

21 Rostworowski, Ostatni …, S. 46, 47, 48, s. auch Hoensch, ebenda, S. 287, 288, von S. 228; s. auch Cambridge History of Poland …, S. 117; Kutrzeba, Grundriß …, S. 202; Hoensch, ebenda, S. 204, 380, 381.

Reformmaßnahmen künftig am entscheidenden Widerspruch der Nachbarn scheitern würden".[22]

In der „Declaration de la part de sa Mejeste L'Imperatrice de toutes les Roussies… stellte man sich die Frage:

„qui la pluralite des voix ne doit point avoir lieu si la Republique nest pas confederee".[23]

König Stanisław Poniatowski versuchte in seiner anonym erschienenen Schrift „Considerations d'un bon citoyen sur les memoires russes et prussiens du 11. novembre 1766" diese Frage zu beantworten.[24]

In der Zeit vom 5. Oktober 1767 bis zum 5. März 1768 tagte der sogenannte „Sejm delegacyjny (repninowski)" – „der Delegationssejm (Repninsejm)".

Von außen her betrachtet, stellte er ein Bild der Gewaltanwendung dar, während seiner Dauer war Warschau vom russischen Heer umlagert.[25]

Diejenigen, die sich gegen die russischen und für die polnischen nationalen Interessen aussprachen, wurden am 14. Oktober 1767 nach Russland verfrachtet. Der russische Botschafter in Warschau Nikolaj Wasilewicz Repnin (1734–1801) verlangte in der Nacht vom 13. auf 14. Oktober 1767 die Verhaftung von Erzbischof Andrzej Załuski, Bischof Kajean Sołtyk, Hetman Wacław Rzewuski und dessen Sohn Seweryn und ließ sie nach Kaługa (Sibirien) deportieren, was wiederum die Entstehung der Konföderation von Bar zur Folge hatte.

Primas Podolski erhielt von Russland den Auftrag, die Errichtung einer polnischen Nationalkirche durchzuführen. Ein möglicher Konflikt mit den katholischen Staaten Frankreich und Österreich hat Katharina II. vor der Ausführung ihrer Absicht abgehalten.

Um das polnische Reformvorhaben weiterhin zunichtezumachen, legte Repnin am 7. November 1767 hinsichtlich der Lösung der Dissidentenfrage einen aus 6 Punkten bestehenden Plan vor, in welchem er Folgendes verlangte:[26]

- Die vollkommene Freiheit bei der Religionsausübung,
- die Aufhebung der katholischen geistlichen Gerichtsbarkeit

und die Einführung einer paritätischen besetzten Gerichtsinstanz für alle interkonfessionellen Streitigkeiten, die Gewährung der uneingeschränkten

22 Hoensch, ebenda, S. 380, 381.
23 Hoensch, ebenda, S. 380, Fußnote 72.
24 Hoensch, ebenda, S. 228, S. 205, Fußnote 37.
25 Hoensch, ebenda, S. 278, 277.
26 Hoensch, ebenda, S. 208, 209.

Adelsprivilegien an die Mitglieder der protestantischen und der orthodoxen Szlachta (Adel),

- das Recht auf neue Kirchenbauten und
- eine gleichhohe steuerliche Belastung für alle Konfessionen.

Schließlich kam es sogar dazu, dass der Sejm Beschluss vom 5. März 1768 unter dem Diktat des russischen Gesandten Repnin die Gesetzvorlagen (Konstitutionen) mit dem von Russland gewollten Inhalt niederschrieb.[27]

Die Sejmkulissen waren diejenige Stelle, wo es noch möglich war, um einen für Polen günstigeren Inhalt des russischen Diktats zu ringen.

Für König Stanisław August Poniatowski war indessen klar, dass der politische Partner Polens nur Russland sein konnte. Diesbezüglich dürfte er frei von Illusionen gewesen sein.[28]

König Stanisław August Poniatowski ging jedoch von seinen Reformplänen nicht ab und suchte nach einer Gelegenheit Ausschau, um mit dem russischen Botschafter Repnin ins Gespräch zu kommen, welches die Durchführung von Reformen in Polen zum Inhalt haben sollte.

Es ging darum, ob sich die preußische Absicht der Erhaltung der Anarchie in Polen durchsetzt oder ob es zu einem polnisch-russischen „modus vivendi" kommt. Das von Saldner und Nikita Panin erarbeitete Konzept vertrat die Meinung, dass der polnische Staatsapparat nur teilweise funktionsfähig sein sollte, um russischen Bedürfnissen als Verbündeter zu entsprechen.

Das politische Klima zwischen Warschau und Petersburg war schon immer sehr vom Misstrauen belastet, was die Bemühungen des Königs erschwerte. Sie waren trotzdem von Erfolgen gekrönt. Auf die Bedingungen, die Repnin in Angelegenheiten der Andersgläubigen während der Dauer des „Sejm delegacyjny (repninowski)" verlangte, verzichtete Russland.

Sogar rückte Russland von seinen gegenüber Polen gestellten Gebietsansprüchen ab und sprach sich für die Einhaltung der Artikel des „Ewigen Vertrages" aus dem Jahre 1688, aus.[29]

Ferner wurde das Prinzip der Einstimmigkeit bei Abstimmungen im Sejm nur auf die sogenannte „materia stanu" – „Standesmaterie" begrenzt. Zu der

---

27 Rostworowski, Ostatni ..., S. 45; s. auch Hoensch, ebenda, S. 277, 303, 306, 343; Weber, ebenda, S. 544, 545. Infolge der „Bemühungen" Repnins gab es im Sejm 34 „gute", 58 „unsichere" und 44 „schlechte" Landboten.

28 Rostworowski, Ostatni ..., S. 45 und folgende Seiten, s. auch Weber, ebenda, S. 540, 541; Hoensch, ebenda, S. 380, 381.

29 Rostworowski, Ostatni ..., S. 54, 55; Feldman, Józef, ebenda, S. 42, 43.

sogenannten „Standesmaterie“ (materye status, materiae Status) zählten die wichtigsten Zweige der Gesetzgebung.

Ein 14 Abschnitte umfassender Katalog der „materiae Status“ bildete einen Teil des russisch-polnischen Allianzvertrages vom 24. Februar 1768.

Auch die Anwendung des „Liberum Veto“ konnte nicht mehr unter einem belanglosen Vorwand stattfinden, wie das der Fall in den sächsischen Zeiten war.

Die Abstimmung bei den Provinziallandtagen sollte jetzt nach dem Prinzip der einfachen Mehrheit erfolgen. Um die Abschaffung des „Liberum Veto“ war König Stanisław August Poniatowski bekanntlich seit Langem bemüht und sprach deswegen in Petersburg mehrmals vor. Der König zeigte auch Interesse an der Schaffung eines kollegialen Exekutivorganes in Polen.

Diese Anstrengungen des Königs stießen seitens Russlands auf Verständnis, Preußen aber vermutete in dem königlichen Plan eine nicht gewünschte Stärkung des polnischen Staates.

Friedrich II. veranlasste Schritte, um Russland dazu zu bringen, den königlichen Entwurf der Reformen nicht zu billigen.

Dem „Sejm delegacyjny (repninowski)“ gelang es, die Reformbestrebungen in Polen zu zügeln, aber nicht die in Gang gesetzten Reformen zurückzunehmen.

Den Reformbestrebungen wurden Grenzen in Form von „ewigen und unantastbaren Kardinalrechten“ gesetzt, die die Aufgaben hatten, die polnische „goldene Freiheit“ zu erhalten und zu festigen. Das Inkrafttreten der „Kardinalrechte“ garantierte die russische Zarin Katharina II.

Vor dem Sejm des Jahres 1766 begann die Opposition in Polen eine Kampagne gegen den König und seine Berater. Die königliche Opposition verbreitete die Meinung, dass der König die Abschaffung der Leibeigenschaft in Polen durchführen wolle.

Während des sogenannten „Sejm radomski (repninowski)“, der vom 5. Oktober 1767 bis 5. März 1768 tagte, verbreitete man in polnischer und ukrainischer Sprache in Polen die Schrift „Suplika torczyńska“, die die Bauern aufforderte, sich von der Leibeigenschaft zu befreien.[30]

Die „Suplika torczyńska“ hat den Charakter einer Bittschrift mit radikalen Zügen. Ihr Verfasser ist unbekannt.[31]

30 Rostworowski, Ostatni ..., S. 54, 55; s. auch Hoensch, ebenda, S. 211, 383.

31 Hoensch, ebenda, S. 172–174, 177; s. auch Rostworowski, Ostatni ..., ebenda; Leśnodorski, Dzieło ..., S. 38, 39 und die dort angegebene Literatur; Bobinska, ebenda, S. 110, 111; Kaczmarczyk, Leśndorski, ebenda, (1957), S. 360–362; Michnik,

Nach Meinung von anderen Autoren verfassten diese Schrift König Stanisław August Poniatowski und die „Familie Czartoryski".[32]

Der Autor dieser Schrift versuchte dem polnischen Adel die Folgen eines Aufstandes der Bauern gegen diesen vor Augen zu führen und ihm damit zu Kompromissen oder sogar zum Abrücken von Prinzipien des feudalen Systems zu bewegen.

Die Forderungen:

- der Abschaffung des Untertänigkeitsverhältnisses,
- die Übergabe den Bauern des Rechtes über die zu bearbeitenden Grundstücke,
- die Nutzungsrechte für Weide und Wald gegen angemessene Entschädigung,
- persönliche Freiheit,
- geregelte Arbeitsverhältnisse,
- freies Eigentum,
- Politische Gleichstellung und Vertretung des Bauernstandes durch mindestens vier Repräsentanten im Sejm

gehörten zum Inhalt dieser Schrift. Für den (die) Autor(en) dieser Schrift ist die Macht des Adels als Beispiel der Vergewaltigung des „Naturrechts" und der Gleichheit von Recht und Pflicht anzusehen.

So eine Denkweise ist dem Geiste des „Contract social" von Jean Jacques Rousseau schon sehr ähnlich.[33]

Unter den Gesetzesvorlagen, die dem „Sejm radomski-repninowski" vorgelegt wurden, wäre der Entwurf des königlichen Bruders Kazimierz Poniatowski (1721–1800) „Projekt regulaminu nowo reformowanego wojska autoramentu polskiego" – „Entwurf der Dienstvorschriften der neu reformierten Militärabteilung des polnischen Autoraments" erwähnenswert.

Dieser Entwurf sah die Reorganisierung der „Szlachecka konnica" – „Adelige Kavalerie" auf der Basis von Fremden Mustern, vor. Am 4. März 1768 wurde der Entwurf verworfen.

Mosler, ebenda, S. 351, 362, 373; Leśklewicz, J., Michalski,Supliki chłopskie XVIII w. (Die Bauern-Supliken aus dem 18. Jh.), in: Archiwum Prymasa Poniatowskigo, Warszawa 1954; Deresiewicz J., Materiały do dziejów chłopa wielkopolskiego w II poł. XVIII w., T. I-II (Material zur Geschichte der Bauern aus Großpolen in der zweiten Hälfte des 18. Jh, 2 Bände); Hoensch, ebenda, S. 174, 176.

32 Ebenda.

33 Hoensch, ebenda, S. 174–175.

Am 27. Februar 1768 erfolgte die Ratifikation des „Traite perpetuel entre la Republik de Pologne et L'Empire de Russie", welcher die Souveränität Polens wesentlich schmälerte. Dieser Vertrag ermöglichte dem jeweiligen russischen Gesandten in Polen, die Stellung eines „Prokonsuls oder Vizekönigs" auszuüben. Seit diesem Vertrag übernahm der russische Gesandte in Warschau die königlichen Kompetenzen der Vergabe der Ämter.

Am Vortag der Schließung der Sejmsitzung kam es beim Heer in Podole zu einer Rebellion, die sich gegen die Reformen des königlichen Bruders richtete. Die Ereignisse des „Sejm radomski-repninowski" fanden am 29. Februar 1768 in Bar ihr Nachspiel.

Die Opponenten Puławski und Krasicki veröffentlichten den sogenannten „Akt der Verbesserung der Konföderation von Radom".[34]

Am 29. Februar 1768 ist in der Stadt Bar eine Konföderation zustande gekommen, die sich die Verteidigung der römisch-katholischen Religion, die Abschaffung der russischen Übermacht, die Vernichtung der Toleranzakte und die Verteidigung der „goldenen Freiheit" zur Aufgabe stellte.[35]

Die Konföderation von Bar führte auf einer Seite ihrer Fahne das Bildnis der Heiligen Jungfrau und auf der anderen Seite einen zerrissenen weißen Adler mit der Überschrift „aut vincere aut mori".[36]

Ein Teil des Klein- und Mitteladels versammelte sich um die reichen Magnaten Pułaski, Bischof von Kamieniec, Adam Krasicki, Potocki, Fürst Lubomirski und andere, in der Hoffnung, mit der Unterstützung der Türkei und der katholischen Mächte (Österreich, Frankreich) Polen von der russischen und preußischen Schirmherrschaft zu befreien, sowie den polnischen König Stanisław August Poniatowski durch einen anderen „für sich angenehmen Monarchen" zu ersetzen.

Sie wollten auch die Außerkraftsetzung der Gesetze zugunsten der Andersgläubigen erreichen, was eindeutig gegen Moskau gerichtet war.[37] Die von

---

34 Rostworowski, Ostatni ..., S. 17, 61, 62,63, 64, 65.

35 Hoensch, ebenda, S. 91, 209, 231, 254, 385, 450, 449; s. auch Weber, ebenda, S. 545; Baron Manteufel-Szoege, ebenda, S. 7; Michalski, Jerzy, Gdyby nami rządziły kobiety (Wenn es mit uns die Frauen regierten), Poglądy Amalii Mniszechowej na reformy Rzeczypospolitej (Die Ansichten von A.M. über die Reform der Republik), in: Wiek XVIII., Polska i świat. Księga poświęcona Bog. Leśnodorskiemu, Warszawa 1974, S. 141.

36 Weber, ebenda, S. 545; s. auch Halecki, ebenda, S. 158, 159; Schmitt, ebenda, S. XVII, S. 18, 26, 44.

37 Hoensch, ebenda, S. 211; s. auch Wegner, ebenda, S. 21; Weber, ebenda, S. 546, Michalski, ebenda, S. 143.

Frankreich und Österreich gerichtete Hilfe war eher unbedeutsam und zweideutig.[38]

Dieser Zustand gab den Nachbarn Polens wieder einmal die Gelegenheit, sich in die inneren polnischen Angelegenheiten einzumischen und somit die erste Teilung Polens vorzubereiten. Am 5. März 1768 beschloss der Sejm die neuen Konstitutionen.[39]

Leon Wegner betrachtet die erste Teilung Polens (5. September 1772) als die Folge der Konföderation von Bar.[40]

Nach der Meinung von W. Feldman erfolgte auf Initiative von Friedrich II. die erste Teilung Polens.[41]

Nach der Niederschlagung der Konföderation von Bar sah sich eine Anzahl von polnischen Patrioten gezwungen, Polen zu verlassen. Nach ihrer Rückkehr waren sie für die polnischen Reformbestrebungen mit ihren im Ausland gesammelten Erfahrungen sehr wertvoll.[42]

Die Konföderation von Bar führte dazu, dass es zu einer Spaltung der polnischen Interessen kam. Seit dieser Konföderation wurden sie von zwei verschiedenen Gruppen repräsentiert: von den Vertretern der Konföderation in Bar und vom königlichen Hof in Warschau.

Am 6. Oktober 1768 brach der Krieg zwischen der Türkei und Russland aus. Gleich nach dem Beginn dieses Krieges schlug der russische Gesandte Repnin dem polnischen König Stanisław August Poniatowski vor, dass Polen auf Seite Russland kämpfe. Der polnische König selbst sollte die Funktion eines Generals der russischen Armee innehaben.

---

38 Feldman, W., ebenda, S. 17; Weber, ebenda, S. 546, 547.

39 Hoensch, ebenda, S. 211, 277.

40 Wegner, ebenda, S. 22.

41 Feldman, W., ebenda, S. 17; vgl. auch Michnik, Mosler, ebenda, S. 354, 355; Kraszewski, ebenda, Band 1, S. 71, 418; The Cambridge History of Poland ..., S. 119, 120–122, 126; Rhode, ebenda, S. 309, 310; Krupiński, ebenda S. 15; Konopczyński, Konfederacja barska, T. 1–2 (Die Konföderation von Bar, Bände 1–2), Warszawa 1936–1938; Pawłowski, B., Wojsko koronne i Komisja wojskowa w dobie Konfederacji barskiej 1768–1772, t. 10 (Das königliche Heer und die Kommission des Heeres in der Zeit der Konföderation von Bar), 1938, S. 194–239; in: Przegląd Historyczno-Wojskowy 10 (1939); Forst-Battalia, Eine unbekannte Kanditatur an dem polnischen Thron. Landgraf Friedrich von Kassen-Kassel und die Konföderation von Bar, Bonn 1922.

42 Weber, ebenda, S. 37.

Der polnische König lehnte jedoch den ihm gemachten Vorschlag ab. Er sah in diesem Krieg einen Akt der Gnade Gottes, infolgedessen es Polen möglich sein sollte, sich vom russischen Joch zu befreien.

Im Falle der Annahme des Vorschlages war Repnin zu politischen Kompromissen bereit. Auch die Familie Czartoryskis lehnte die russischen Vorschläge ab.

Da Repnins Mission in Polen scheiterte, wurde er im Sommer 1769 von seinem Posten abberufen; seinen Posten übernahm Botschafter Wolkonski. Aber auch Michail Nikitisch Wolkonski (1713–1786) erfuhr in Polen eine Absage.

Vom 30. September bis zum 6. Oktober 1768 tagte die „Rada Senatu" – „Senatsrat", die eine Delegation nach Petersburg entsandte.[43]

Diese Delegation war damit beauftragt, die Nichtigkeit der Beschlüsse des „Sejm delegacyjny" – des „Delegationssejms", die Abberufung der russischen Einheiten vom polnischen Territorium, die Auszahlung einer Entschädigung für Zerstörungen, die die russische Armee in Polen angerichtet hatte sowie die Entlassung, der vom Repnin nach Russland deportierten Personen zu erreichen. Zugleich entsandte man Gesandte nach England und Holland mit der Bitte, um Vermittlung bei der Erneuerung des Friedens von Karlowice mit der Türkei. Das Vorgehen der Polen nahm die Zarin Katharina II. mit Empörung auf.

Der zu ihr geschickte Gesandte wurde von ihr nicht empfangen. Die Zarin beschlagnahmte das Eigentum der Minister Michał Czartoryski, Stanisław Lubomirski, Jan Borch und Antoni Przeździecki, die sie für die Ereignisse in Polen verantwortlich machte. Alle vier gehörten zum Kreis der Familie Czartoryskis.

Als politisches Gegengewicht zur „Familie" und als Druckmittel auf König Stanisław August Poniatowski, schuf der russische Gesandte Wolkonski die sogenannte „Rada patriotyczna" – „den patriotischen Rat".

Der „Patriotische Rat" bestand aus Personen wie zum Beispiel Primas Podolski und Adam Poninski, die im Dienste Russland standen. Im Jahre 1770 haben die Opponenten ein eigenes Zentralorgan, die sogenannte „Generalność", die auf Wunsch von fremden Staaten geschaffen wurde und in dem die Vertreter Litauens eine wichtige Rolle spielten, gegründet.[44]

Die „Generalność" hatte in ihren Reihen Leute der „Radziwiłł Partei", die für ihre feindliche Einstellung gegenüber der „Familie" Czartoryski bekannt waren.

---

43 Rostworowski, Ostatni ..., S. 64, 65; Weber, ebenda, S. 551.

44 Rostworowski, Ostatni ..., S. 65, 66, 67.

Im September des Jahres 1770 veröffentlichte die „Generalność“ das „Manifest gravaminum“ – „Manifest der Unterdrückung“, das gegen die Czartoryskis gerichtet war. Dieser Akt trug einen antirussischen und antiköniglichen Charakter.[45] Die „Generalność“ verfasste auch das „Manifeste de la République Confédérée de Pologne“.

Das Programm der „Generalność“ beinhaltete das „Manuscript du retablissenment de l’ancienne forme du gouvernement de la Pologne avec plusiuers autres pieces touchant le meme article“, dessen Autorenschaft Wielhorski und Pfarrer Gabriel Mably zugeschrieben wird.[46]

Im Dezember 1770 legte der russische Gesandte Wolkonski dem König einen „Pazifikationsentwurf“ vor, in welchem er unter Anderem eine neue Regelung der Rechte der Andersgläubigen vorschlug. Auch in diesem Falle lehnte es der König ab, dem russischen Wunsch nachzugeben.

Da die Erfolge der Mission Wolkonski in Polen nicht eintraten, übernahm im April 1771 Botschafter Kaspar Saldner (1711–1786) sein Amt und übertraf mit seinem rücksichtlosen Benehmen alle seine Vorgänger. Er herrschte „über die polnische Hauptstadt und den König wie ein Diktator“.[47]

Saldner löste den „Patriotischen Rat“ auf und nahm Kontakte mit Czartoryskis auf. Er unterbreitete der „Familie“ den Vorschlag einen gegen die Konföderation von Bar gerichtete Konföderation zu gründen.

Saldner machte die Polen darauf aufmerksam, dass die völlige politische Passivität der polnischen Regierung zur Teilung Polens führen würde. Die „Familie“ nahm jedoch die Mahnung überhaupt nicht ernst.

Im Frühling 1771 verstärkten die Leute der Konföderation von Bar, die unter Leitung dem französischen General Charles Francois du Perier Dumouries (1739–1823) und General Biomenil standen, ihre militärische Aktivitäten im Süden Polens.[48]

Im September 1771 griff Hetman Michał Kazimierz Ogiński (1728–1800), der Schwiegersohn von Michał Czartoryski gemeinsam mit litauischen Einheiten Russland an, erlitt dabei aber eine Niederlage.[49]

Unter diesen Umständen entstand unter den „altpolnischen Patrioten“ der Plan, sich der Person des Königs zu bemächtigen und dadurch den russischen

---

45 Ebenda, 65–67.

46 Michalski, ebenda, S. 141–144.

47 Rostworowski, Ostatni …, S. 67; Weber, ebenda, S. 552.

48 Rostworowski, Ostatni …, S. 67, 71, 72, 337, 329; s. auch Weber, ebenda, S. 555; The Cambridge History of Poland …,S. 121.

49 Rostworowski, Ostatni …, S. 67.

Intrigen und Gewaltakten den legalen Rückhalt und das wichtigste Werkzeug zu entreißen".[50]

Der politische und religiöse Fanatiker Strawiński sollte den Plan ausführen. Pułaski, eine Hauptfigur der Konföderation von Bar, Kosiński und auch andere Verschwörer standen ihm zur Seite.

Als der König Stanisław August Poniatowski „sich auf der Rückkehr von einer Gesellschaft befand und größten Teil der russischen Besatzungstruppen nach anderen Orten entsandt waren, wurde er plötzlich überfallen, aus dem Wagen gerissen, misshandelt und am Kopf verwundet."[51]

Es kam zu den Ereignissen des Jahres 1772, Russland selbst war an einer Teilung Polens nicht interessiert.[52]

Emanuel Rostworowski vertritt die Ansicht, dass die Polen alles taten, um die Zarin Katharina II. zur Annahme der Teilungssuggestion Friedrich II. zu bewegen. Als der Misserfolg der Mission Saldners feststand, gewann eine politische Konzeption an Boden. Jetzt sollte Polen von Mächten eingekesselt werden, die gemeinsame Teilungsinteressen verbanden. Als sich Österreich an der Teilung Polens beteiligte, verlor die Aufteilung Europas auf ein „System des Nordens und des Südens" an ihrer Aktualität.[53]

Zwischen Petersburg, Berlin und Wien fiel die Entscheidung über die Aufstellung eines Systems von „drei Höfen", auf dem Prinzip des „dynamischen Gleichgewichts".

Die drei Mächte sollten nun die zukünftige Regierungsform in Polen gemeinsam bestimmen.[54]

Alle Teilungsmächte sprachen sich für die Beendigung des Zustandes der Anarchie in Polen aus, da dieser Zustand sie nach ihrer Meinung nach, in Zukunft in unberechenbare, politische Komplikationen hineinziehen könnte.

Man einigte sich darauf, dass Russland die Schirmherrschaft über Polen ausüben würde. Die Meinungen Österreichs und Preußens über die zukünftige Verfassung Polens sollten nur zweitrangige Bedeutung besitzen.

---

50 Weber, ebenda, S. 552, 573; s. auch Rhode, ebenda, S. 331.

51 Rostworowski, Ostatni …, S. 67; „Die schwarze Unthat" der Leute der königlichen Opposition wurde am 3. November 1771 verübt.

52 Rostworowski, Ostatni …, S. 67, 71, 72; Georg Weber ist der Meinung, da die erste Teilung Polens von Russland längst gewünscht und auch geplant war; s. Weber, ebenda, S. 552.

53 Rostworowski, Ostatni …, S. 71, 72; s. auch Weber, ebenda, S. 555; Hoensch, ebenda, S. 206, Fußnote 39, S. 207.

54 Rostworowski, Ostatni …, S. 72; s. auch Weber, ebenda, S. 553.

In Wien vertrat man die Ansicht, man solle das „Liberum Veto" und die königliche Position abschaffen. In Berlin dagegen begünstigte man den Zustand der „Anarchie" in Polen.

Russland versuchte seine politische Anwesenheit in Polen auf den Ritterstand und auf die neue Aristokratie, welche sich an den Teilungen beteiligte, zu stützen.

Auf jeden Fall war man in Russland bestrebt, ein Polen zu sehen, welches schwach und außenpolitisch von fremden Mächten abhängig und innerstaatlich an die Artikel der „Kardinalrechte" gebunden war.

Im Februar 1773 hat der russische Diplomat und Politiker Nikita Ivanowicz Panin (1718–1783), die Richtlinien für die „drei Höfe" ausgearbeitet. Diesen Richtlinien zufolge sollte Polen „ewig" eine republikanische Regierung haben.[55]

Die Institution des Wahlkönigs sollte mit Ausschließung von ausländischen Söhnen und Enkeln des herrschenden Königs vorbehalten werden.

Damit beabsichtigte Russland, die Ansprüche der Sachsen auf die polnische Krone zunichtezumachen. In diesem Plan blieb das „Liberum Veto" als „unantastbares Recht" erhalten.

Die polnische Regierung sollte in Zukunft auf dem Gleichgewicht zwischen drei Ständen: dem König, dem Senat und dem Ritterstand bestehen. In der Praxis sollten alle Reformen darauf abzielen, das Gleichgewicht der Einflüsse fremder Mächte herzustellen. Die Kompetenzen des Königs sollten weitgehend begrenzt werden. Die politische Bedeutung des Ritterstandes wollte man durch breite Kompetenzen der Provinziallandtage und deren Einfluss auf den Sejm sicherstellen.

Die konkrete Form der polnischen Verfassung hing jedoch von den Wünschen und Vorstellungen des russischen Botschafters und dessen polnischen Berater ab.

Im Herbst 1772 wurde Otto Magnus Stackelberg (1736–1800) zum russischen Botschafter in Polen bestellt. Er löste Kaspar Saldner ab.

Am 19. April 1773 sollte sich der Sejm versammeln und sich mit zwei Angelegenheiten befassen:

- mit der Ratifikation des Teilungsvertrages, der am 18. September 1773 stattfand und
- mit der Schaffung einer neuen Verfassung.[56]

---

55 Rostworowski, Ostatni ..., S. 72; s. auch Weber, S. 555, 556; Krumel, Werner, Nikita Ivanowicz Panins außenpolitische Tätigkeit 1747–1758; im Jahrbuch für Geschichte Osteuropas 5, (1940), S. 76–141.

56 Rostworowski, Ostatni..., S. 71, 72, 73, 74; s. auch Hoensch, ebenda, S. 177.

Dieser Sejm sollte das „Geschehene gutheißen und den veränderten Verhältnissen entsprechend Anordnungen treffen".[57]

Dieser Sejm stand unter dem Druck der drei Okkupationsarmeen. Die Ratifikation des Teilungsvertrages erreichte man mit Mitteln der Bestechung, Erpressung und Korruption.[58]

„Die Weltgeschichte bietet kaum ein zweites so klägliches und unwürdiges Schauspiel von Terrorismus, Ohnmacht und Niederträchtigkeit, wie die Vorgänge in Warschau in den Jahren 1773 und 1774".[59]

Die Teilungsmächte haben eine Anzahl von Senatoren dazu bewegt, von den beabsichtigten Protesten Abstand zu nehmen und „die gesetzliche Schritte zur Versammlung des Ratifikationssejm durchzuführen".

Glatte Worte, Jahrgelder und Versprechungen bewirkten, dass die Poniatowskis, Czartoryskis, Lubomirskis und einige andere Magnaten sich in die Zeiten schickten: die Bischöfe wurden durch die Drohung einer Säkularisation der geistlichen Güter von der Opposition abgeschreckt. Dieser Ratifikationssejm war „nur ein Schatten der früheren gesetzgebenden Körperschaft".[60]

Die neue Reform sollte mithilfe von politischen Intrigen zustande kommen. Stackelberg suchte eine Stütze bei denjenigen, die dem „Patriotischen Rat" angehörten und die gegen den König und die „Familie" tätig waren. Er warb auch um die Unterstützung bei den ehemaligen Mitgliedern der Konföderation von Bar. Leute, auf die sich Stackelberg stützen wollte, waren eher ohne politische Bedeutung.

Der oben genannte Sejm tagte zwei Jahre lang.[61]

In der Zeit von Mai 1773 bis März 1775 versammelte sich der sogenannte „Sejm długi" – „langer Sejm". Die sogenannte „delegacja sejmowa" – „Sejmdelegation" sollte eine neue Regierungsform für Polen ausarbeiten.

Die Prinzipien der neuen Verfassung Polens fanden in der berühmten Note der drei Teilungsmächte von 13. September 1773 ihren Niederschlag.[62]

---

57 Weber, ebenda, S. 556.

58 Rostworowski, Ostatni ..., S. 74, 75, 77, 95; s. auch Wegner.

59 Weber, ebenda, S. 22, 23; Rhode, ebenda, S. 314, 316.

60 Weber, ebenda, S. 556; die Teilungsmächte brachten gemeinsam einen Betrag von 8 000 Dukaten auf, um einen reibungslosen Verlauf der Ratifikation des Abtretungsvertrages im polnischen Sejm zu sichern, (s. dazu: Hoensch, ebenda, S. 227).

61 Rostworowski, Ostatni ..., S. 74.

62 Wegner, ebenda, S. 22–38.

Die eben erwähnte Note besagte Folgendes:

- Polen bleibt für immer eine Wahlmonarchie,
- nur ein Pole kann König werden,
- die „goldene Freiheit" bleibt aufrechterhalten,
- das Gleichgewicht der drei Stände: der König, der Senat und der Ritterstand sollte die neue Verfassung bestimmen.

Der polnische Sejm sollte aus drei Ständen:

- dem König,
- der Senatoren und
- den Vertretern des Ritterstandes zusammengesetzt werden und das höchste gesetzgeberische und rechtssprechende Organ bilden.

Der Sejm sollte auch über Krieg und Frieden, Verträge mit anderen Staaten einschließlich auch für das Beschließen von Steuern und für Angelegenheiten des Heeres zuständig sein. Die Funktionen der Exekutive sollte die sogenannte „Rada narodowa" – „Nationalrat" unter der Bezeichnung „Rada Nieustająca" – „Immerwährender Rat (Staatsrat)" ausüben.[63]

Im Oktober 1773 fasste der polnische Sejm auf Anregung von Joachim Chreptowicz den Beschluss, die sogenannte „Komisja Edukacji Narodowej" – „Ministerium für Erziehungswesen (Kultusministerium)" – zu bilden, die den Besitz des aufgelösten Jesuitenordens für ein säkularisiertes Schulwesen verwenden sollte.

Insgesamt übernahm die „Komisja Edukacji Narodowej" 74 von verschiedenen Orden betriebene höhere Schulen und die Universitäten von Krakau und Wilna.

So entstand die erste weltliche Erziehungsbehörde Europas.[64]

---

63 Wegner, ebenda; s. auch Kaczmarczyk, Leśnodorski, ebenda, (1957), S. 369; vgl. auch Polens Schicksale ..., S. 39; Hinz, Sikora, ebenda, S. 28, 29; Denkwürdigkeiten über Polen ...., S. 5. Der Autor Kopczyński verfasste eine Grammatik und unterwarf die polnische Sprache festen Regeln, s. J. Bardach, ebenda, (1957), S. 32.

64 Rode, ebenda, S. 316, 317; s. auch Rostworowski, Ostatni..., S. 77, 78, 108; Leśnodorski, Dzieło..., S. 24, 25; Michnik, Mosler, ebenda, S. 356–359; Leśnodorski, Kaczmarczyk, ebenda (1957); S. 368, 377, 380, 381, 402–413; Baron Manteuffel-Szoege, ebenda, S. 9; Jobert, A., La Commission d'Education National de Pologne 1773–1794. Son œuvre d'Instruktion civique. Paris 1941; Lewicki, J., Ustawodawstwo szkolne za czasów Komisji Edukacji Narodowej (Bildungsgesetzgebung in der Zeit der „Komisja Narodowa"), Kraków 1925; Konopczyński, Geneza i ustanowienie Rady Nieustającej (Genese und Errichtung der „Rada Nieustająca (Immerwährender Rat), Kraków 1917; Ajnenkiel, Leśnodorski, Rostocki, ebenda, S. 8; Godebski, ebenda, S. 13; Lelewel, ebenda, S. 109, 110, 113; Szcząstka, Odpowiedzialność rządu w Polsce od końca

Auf Kosten der Kompetenzen der Krone entstand eine neue Institution, die schon eben erwähnte „Rada Nieustająca" – „Immerwährender Rat".[65]

Diese politische Einrichtung sollte die unbeschränkte Macht einer „mächtigen Minderheit" von einflussreichen Personen in Polen beschränken und ein stabiles und vernünftiges Kompetenzverhältnis zwischen dem Sejm, König und der Exekutive herstellen.[66]

Die Entstehung der „Rada Nieustająca" – „Immerwährender Rat" hat eine lange Vorgeschichte.

Schon Stanisław Leszczynski und Stanisław Karwicki verfolgten das Ziel, die Woiwodschafts- und Ministerräte zu errichten und somit einen effektiv funktionierenden Verwaltungsapparat ins Leben zu rufen.

Stanisław Załuski erarbeitete im Jahre 1740 einen Plan, demzufolge im Rahmen einer umfassenden Steuerreform die Kompetenzüberschreitungen der Schatzmeister verhindert und im Finanzwesen das Kollegialsystem eingeführt werden sollte, was jedoch auf Widerstand der Opposition stieß.

Auch ein Reformplan aus dem Jahre 1749 sah vor, den Senat als ständiges Beratungsorgan des Monarchen und der Minister zu etablieren.

Der Kurländische Resident in Warschau d'Aloy entwarf den Plan eines „Conseil perpetuel". Ihm folgte Stanisław Konarski mit der eigenen und originellen Idee eines „Ständigen Rates", der aus 45 Mitgliedern bestehen sollte, bald nachfolgen.

XVI wieku do końca XVIIII w. (Das Sejmgericht in Polen seit dem Ende des 16. Jh. bis zum Ende des 18. Jh.), in: Czasopismo Prawno-Historyczne, 1. Heft, 1968; Kraszewski, ebenda, 1. Band, S. 77–83; Halecki,ebenda, S. 160, 161; Kutrzeba, Grundriß der polnsichen Verfassunggeschichte..., S. 208, 209, 221, 223; Schmitt, ebenda, S. 27, 32, 45, 46; Balzer, Konstytucja trzeciego maja..., S. 44, 50 51–53, 70, 71; Tync, S., Komisja Edukacji Narodowej (Das Kultusministerium), in: Biblioteka Narodowa 1955; Kokulski, Z., Pierwiastkowe przepisy Komisji Edukacji Narodowej z lat 1773–1776 (Grundlegende Vorschriften der Komisja Edukacji Narodowej aus den Jahren 1773–1776), 1925; Mayer ebenda, S. 70; Michalski, J., Sprawa chłopska na sejmie 1773–1775 (Die Bauernfrage während des Sejm 1773–1775), in: Przegląd Historyczny, 45 (1945), S. 3–13; Lewicki, Józef, Geneza Komisji Edukacji Narodowej (Die Entstehung der Erziehungskommission), Warszawa 1923; Żelazowski, Sefan, L'Instruction publique et la Commission d'Education en Pologne, Paris 1910.

65 Betr. vorherige S.: Rostworowski, Ostatni ..., S. 73–771; s. auch Kaczmarczyk, Leśnodorski, ebenda, (1957), S. 411–414; The Cambridge History of Poland..., S. 125; Leśnodorski, Dzieło ..., S. 17.

66 Betr. vorh. S.: Hoensch, ebenda, S. 177, 178.

Im Jahre 1763 schlug die „Familie“ die Errichtung eines „Consilium secretum“ vor, das als „höchste Entscheidungsinstanz der Republik“ für die kontinuierliche Ausrichtung der Politik im Interesse der vorherrschenden Parteiung Sorge zu tragen hatte und eine zu weitreichenden Initiative des Monarchen eindämmen sollte.[67]

Ein Entwurf des „Immerwährenden Rates“ war schon in den Plänen des Königs und der „Familie“ im Jahre 1766, dann in der Zeit der „Konföderation von Radom“ (Juni 1767) und des Sejms von Radom (repninowski), Oktober 1767 zu finden.

Neben dem königlichen Entwurf entstanden auch Entwürfe, die den „Immerwährenden Rat“ als Organ ansahen, welches die königlichen Kompetenzen schmälern sollte.[68]

König Stanisław August Poniatowski setzte seinen eigenen Entwurf durch, der eine weniger antiroyalistische und mehr antiministeriale Gestalt annahm.

Der Woiwode von Livland und spätere Kanzler Jan Borch (1715–1780) schuf den Plan eines geheimen Senatsrates.[69]

Sowohl der Plan Aloys, ein Kollegium vom König untergeordneten Beamten zu schaffen, als auch der Plan von Jan Borch stießen auf Widerstand der „republikanischen Partei“, die einen eigenen „Staatsrat-Entwurf “ unter dem Titel „Remarque sur le Reglement du Conseil d’Etat que lon vent etablier en Poloqne“ und die „Objets de crainte et de precaution“ vorlegten.

Der Entwurf von Adam Krasicki und Feldman Wacław Rzewuski sahen den Staatsrat als ein repräsentatives und auch als Exekutivorgan der drei Stände vor.

Russland zeigte Interesse an einer Stabilisierung und Konsolidierung der politischen Verhältnisse in Polen, weil es die Absicht hatte, Polen innerhalb der „Allianz des Nordens“ zu eigenen politischen und militärischen Zielen zu benutzen.

Der russische Gesandte in Polen, Nikołaj Wasilewicz Repnin (1743–1801), wandte sich an Nikita Iwanowicz Panin (1718–1783) um die Billigung der Ausarbeitung eines „Projekt d’un Conseil permament intermediäre entre les Dietes“.

Dieses Organ sollte nach russischer Auffassung aus vier Departments:

- der Justiz,
- des Heeres,

67 Hoensch, ebenda, S. 328–330.
68 Rostworowski, Ostatni …, S. 73–77.
69 Rostworowski, Ostatni …, S. 78–79. Brak odnośnika w tekście.

- der Finanzen und
- der Sicherheit und der Polizei (Ordnung) bestehen.[70]

Auf Wunsch Friedrichs II. wandte sich der preußische Gesandte Solms an Nikita Iwanowicz Panin und bewegte ihn dazu, die Realisierung des Entwurfes eines „Ständigen Rates“ zu vertagen.

Panin widersetzte sich der preußischen Forderung, die Reformen des „Konvokationssejms“ aus dem Jahre 1764 rückgängig zu machen.

Der „Teilungssejm“ aus dem Jahre 1773–1775 übernahm das Gedankengut von Cesar Felicitas Pyrrhys de Verilles, Michał Wielhorski, Józef Sanguszko, Gabriel Bonnot de Mablys und Jean Jacques Rousseau und arbeitete den Entwurf einer „Rada Nieustająca“ aus.[71]

Am 27. und 28. März 1773 während der Tagung des „Teilungssejm“ - er tagte vom 19. April 1773 bis zum 11. April 1775 – erfolgte am 30. September 1773 die Ratifizierung der ersten Teilung Polens.[72]

Am 14. Oktober 1773 wurde das erste Unterrichtsministerium Europas (die sog. Komisja Edukacji Narodowej) gegründet.

In den Tagen des 27. und 28. März 1775 erfolgte die schon lang diskutierte Schaffung des „Immerwährenden Rates“. Dieser bestand aus 36 Personen: aus 18 Senatoren, in der Zahl waren vier Minister und 18 Abgeordneten. Alle Mitglieder des Rates waren vom Sejm gewählt.

Er tagte unter dem Vorsitz des Königs, der sich mit zwei Stimmen beteiligte. Seine Beschlüsse fasste der „Immerwährender Rat“ mit einfacher Mehrheit. Nur im Falle von Stimmengleichheit konnte der König mit seinem doppelten Stimmenrecht den Ausgang der Abstimmung entscheidend beeinflussen.

Der „Immerwährender Rat“ bestand aus fünf Departementen:

- der ausländischen Interessen, welcher unter dem Vorsitz des Königs tagte,
- der Polizei, das heißt, das Departement der „guten Ordnung“,
- des Heeres,

70 Hoensch, ebenda, S. 330, 331; s. auch Kraushar (Alkar), Książe Repnin i Polska w pierwszym czteroleciu panowania Stanisława Augusta (1764–1768); (Fürst Repnin und Polen während der ersten vier Regierunsjahre St. A.), 2 Bde, Kraków 1897, Warszawa 1900; Lojek, Pod władzą księcia Repnina. Ułamki pamiętników i dzienników historycznych (1764–1768) (Unter der Regierung des Fürsten Repnin. Fragmente der Erinnerungen und der historischen Tagesbücher), hrsg. von Lojek, Warszawa 1971.

71 Hoensch, ebenda, S. 331–333.

72 Rostworowski, Ostatni ..., S. 78–79.

- der Justiz und
- der Finanzen.

Jedes Departement arbeitete unter dem Vorsitz eines Ministers.[73]

Alle Mitglieder der „Rada Nieustająca“ – des „Immerwährendenrates“ mussten der katholischen Konfession angehören. Dissidenten war es nicht möglich, sich an den Arbeiten der „Rada Nieustająca“ zu beteiligen. Sie wurden auch vom Senat und den Posten der Abgeordneten ferngehalten. Die „Rada Nieustająca“ sollte auch die Ausführung der Gesetze überwachen und in der Zeit, in der Sejm nicht tagte, die Verwaltungsaufgaben wahrnehmen.

Der König rief gemeinsam mit der „Rada Nieustąjąca“ die Sejmtagungen ins Leben, die unter dem königlichen Vorsitz tagten. Dem König stand das Recht zu, aus drei ihm vorgestellten Kandidaten, die Senatoren zu wählen, die nur vom Sejm abgerufen werden konnten.

Als dritter Stand waren in der „Rada Nieustająca“ Abgeordneten (Posłowie ziemiańnstwa) vertreten. Sie mussten jedoch dem Adelsstand angehören, einen Grundbesitz nachweisen und keinem Handel oder industrieller Tätigkeit nachgehen.

Mit der Zeit wurde jedoch die „Rada Nieustająca“ immer mehr ein politisches Werkzeug des jeweiligen russischen Botschafters in Polen.[74]

Diese Institution übte ihre Funktionen (14 Jahre lang) bis zum 19. Januar 1789 aus und stellte ein erfolgreiches und zentrales Regierungsorgan dar. Sie fand dank der königlichen Bemühungen ihre Fortsetzung in der Institution aus dem Jahre 1792, der „Straż“ – „Wache“.

Die „Rada Nieustająca“ (1775) und die „Komisja Edukacji Narodowej“ (1773), das erste Kultus- und Schulministerium der Welt, bildeten den Grundstein für eine sehr fortschrittliche Regierungsform Polens.[75]

Neben dem „Immerwährenden Rat“ übten noch die in den Jahren 1764–1766 gegründeten Kommissionen:

- der Finanzen,
- des Heeres,
- die assessorischen (asesorskie) Kommissionen und
- die marschallischen (marszałkowskie) Kommissionen ihre Funktionen aus.

---

73 Rostworowski, Ostatni …, S. 78, 79; s. auch Wegner, ebenda, S. 24.

74 Wegner, ebenda, S. 24, 25; s. auch Rostworowski, Ostatni …, S. 78.

75 Rostworowski, Ostatni …, S. 108, 109; s. auch Hoensch, ebenda; Wegner, ebenda, S. 24, 25.

Die Kompetenzen der oben genannten Kommissionen und auch des „Immerwährenden Rates“ und dessen Departements waren nicht genau abgegrenzt.

Da die Grundordnung Polens unter der Garantie Russlands stand, beschloss König Stanisław August Poniatowski gemeinsam mit dem Botschafter der Zarin, Otto Mignus Stackelberg, dass über Inhalt und Form der „gesellschaftlich-ökonomischen Grundordnung“ Polens während der Sejmtagung vom 26. September bis zum 31. Oktober 1776 von Neuem verhandelt werden sollte.[76]

Dieser Sejm konsolidierte die Kompetenzen des „Immerwährenden Rates“. Alle Minister, Behörden und Bürger sollten den Verordnungen des „Rates“ Folge leisten. Nach dem Gesetz aus dem Jahre 1775 hatte der „Rat“ die Befugnis zum „Befehl“. Zu den Kompetenzen des „Rates“ gehörte auch das Recht, Gesetze zu interpretieren und Beamte vom Dienst zu suspendieren.

Die Kompetenzen der einzelnen Departemente wurden auf Kosten der Befugnisse der Minister und der Kommissionen vergrößert. Die „Kommission des Heeres“ hat man überhaupt abgeschafft. Der König erhielt wieder das Recht, die Posten im Heer zu besetzen sowie die Führung von vier Regimenten. Ermutigt durch seine Erfolge, begann der König bedeutsamere Reformen zu planen.

Der Sejm beauftragte Andrzej Zamoyski mit der Ausarbeitung eines Kodexes, der eine Sammlung der „gerichtlichen Gesetze“ darstellen sollte.[77]

Nach zwölf Jahren voller Unruhen und Erschütterungen (1763–1775) kamen zwölf Jahre (1776–1788) von Frieden und Ruhe.

Der äußerliche Faktor des Friedens stellte die österreichisch-russische Annäherung sowie die politische Distanz der beiden Staaten zu Preußen dar.[78] Den innerstaatlichen Faktor der politischen Stabilität in Polen bildet die Eindämmung der reformatorischen Tätigkeit.

Seit dem Jahre 1778 tagten schon die „Sejmy wolne“ – „freie Sejms“ und nicht mehr die „skonfederowane“ – die „konföderierten“ und seit dem Jahre 1780 stand in Polen kein russisches Heer mehr.

Trotzdem hatte die königliche Partei während der Sejmtagungen in den Jahren 1782, 1784 und 1786 die überwiegende Mehrheit.[79]

---

76 Rostworowski, Ostatni …, S. 78, 79.

77 Rostworowski, Ostatni…, ebenda S, 79–87.

78 Rostworowski, Ostatni …, ebenda; Wegner, ebenda, S. 35.

79 Rostworowski, Ostatni…, S. 79–87; s. auch Lelewel, ebenda, S. 114, 115; Schmitt, ebenda, S. 28, 45.

Die Jahre 1776–1788 bezeichnet man auch in der Literatur als „okres rządow ambasadorów królewskich“ – „Periode der Regierung der königlichen Botschafter“.[80]

Das ganze Regierungssystem des „Immerwährenden Rates“ war ohne die Person des russischen Botschafters Otto Stackelberg undenkbar.

Seit dem Jahre 1766 ist Russland gegenüber der Person des Königs Stanisław August Poniatowski sehr misstrauisch geworden. Der polnische König hatte die Absicht, mithilfe der Reformen einen starken polnischen Staat zu schaffen.

Russland war wieder an einem politisch und wirtschaftlich schwachen und abhängigen Polen interessiert. Um die Opposition im Schach zu halten, beschloss im November 1786 König Stanisław August Poniatowski, dass der zukünftige Sejm, der voraussichtlich im Jahre 1788 tagen sollte, den Charakter einer „Konföderation“ annehmen sollte.[81]

Das Programm der Tagung des Sejms vereinbarte der König mit Botschafter Stackelberg und hatte auch die Absicht, seine Pläne der Zarin vorzutragen.

In seinem Memorial, den er persönlich am 6. März 1787 in Kaniów am Dniepr der Zarin überreichte, schlug er ihr ein Bündnis vor.[82]

Als König Stanisław August Poniatowski in dieser Zeit in Russland konferierte und auch bereit war, ein Bündnis mit Russland einzugehen, schlugen Branicki, Szczęsny Potocki und Seweryn Rzewuski Russland ihr Eintreten in den Krieg als Verbündeten Russland vor.

Polnische Politiker, die in Russland einen politischen Partner Polens sahen, verfolgten sehr aufmerksam die Ereignisse. Im Januar des Jahres 1788 entstand in der Umgebung der Prinzessin Lubomirska das sogenannte „Quatrovirat Projekt“.[83]

Im Februar 1788 erklärte Österreich der Türkei den Krieg. Am 12. Juni 1788 brachen die Feindseligkeiten zwischen Schweden und Russland aus.

Friedrich Ewald Herzberg (1725–1795) plante als preußischer Außenminister schon seit Langem, Galizien zu annektieren und es an Polen anzuschließen. Stattdessen sollte Polen an Preußen Danzig, Thorn und Großpolen abtreten. In

80 Szcząstka, Odpowiedzialność rządu w Polsce ..., S. 74; s. auch Kraszewski, ebenda, Band 1, S. 417.

81 Rostworowski, ebenda; Lewel, S. 113.

82 Rostworowski, Ostatni..., S. 128, 129; 130–135; s. auch Polens Schickale ...S. 40, 87; 103, 196, 107, 128, 331; Weber, ebenda ..., S. 580, 573, 574; Michnik, Moser, ebenda, S. 403, 404; Weber, ebenda, S. 36; The Cambridge History of Poland ..., S. 128, 129; Polens Schicksale seit 1763 ..., S. 39.

83 Rostworowski, Ostatni ..., S. 106, 107.

Anbetracht der damaligen herrschenden internationalen Lage schien Preußen der Plan realisierbar zu sein.

Österreich hatte jedoch keineswegs die Absicht Galizien zu verlieren. Auch Russland stellte sich gegen die preußische Absicht. Österreich und Russland unterschrieben am 21. Mai 1788 die „Konvention über die Unantastbarkeit der polnischen Grenzen".

Noch vor dem Ausbruch des Krieges schlug König Stanisław August Poniatowski der Zarin in Kaniów die Vergrößerung der polnischen Armee bis zu 36 000 und die Schaffung einer 4000–5000 starken Gerichtsmiliz (milicja sądowa), einer Finanzmiliz und einer Zollmiliz vor. Als die Feindseligkeiten ausbrachen, erneuerte der König seinen Vorschlag von Kaniów gegenüber Russland.

Am 29. September 1787 erhielt der russische Botschafter in Polen, Otto Magnus Stackelberg, die Vollmacht diesbezüglich mit Polen Verhandlungen aufzunehmen.

König Stanisław August Poniatowski hatte einen Entwurf ausgearbeitet, der das Ziel verfolgte, Verhandlungen mit Russland über die zukünftige Regierungsform und Bündnis aufzunehmen.

Dieser Entwurf bestehend aus elf Hauptartikeln und zwei Zusatzartikeln – wurde gemeinsam mit Stackelberg abgesprochen und am 7. Oktober 1787 nach Petersburg gesandt. Er beinhaltete auch ein Rüstungsprogramm – Polen hatte damals 18 000 Soldaten. Von Russland sollte es eine Ausrüstung für 90 000 Soldaten erhalten. König Stanisław August Poniatowski wünschte sich, die höchste militärische Position in der polnischen Armee zu behalten.

Was die politischen Reformen anbelangte, die den Bündnisentwurf beinhalteten, verlangte Russland vom König Stanisław August Poniatowski zusätzliche Erläuterungen, die einen sehr allgemeinen und kurz gefassten Charakter hatten.

Aus diesen Erläuterungen geht hervor, dass König Stanisław August Poniatowski in seinem Entwurf auch näher nicht bekannte Reformen der Finanzen und des Gerichtswesens vor Augen hatte.

Auf die russischen Vorschläge musste es acht Monate lang warten.[84]

Der Geheimvertrag von Kaniów bestand aus 13 Artikeln und war für die Zeitgenossen ein Geheimnis geblieben.

Nach der Meinung von Leon Wegner wurde dieser Vertrag erst später in einem Archiv in Dresden entdeckt und beinhalte folgende Bestimmungen:

---

84 Rostworowski, Ostatni ..., S. 133.

- Russland und Polen schließen einen Verteidigungs- und Angriffspakt.
- Im Falle eines Krieges stellt Polen Russland 12 000 Soldaten zur Verfügung, für deren Unterhalt sollte Russland sorgen.
- Jedes Jahr zahlt Russland an Polen 100 000 Dukaten. Die Rückzahlung sollte erst nach zehn Jahren erfolgen.
- Der Ritterstand und die Senatoren sollten in der „Rada Nieustająca" zahlreicher vertreten werden.
- Russland sicherte dem polnischen König eine Erweiterung der Kompetenzen auf Kosten der „Rada Nieustająca" (der Minister) und des Sejm szu.
- Das königliche Einkommen sollte auf zwei Millionen Zloty jährlich erhöht werden.
- Russland war bereit, die königlichen Schulden zu tilgen.

Die von König Stanisław August Poniatowski vorgeschlagene Lösung der Thronnachfolge in Polen – Prinz Stanisław August Poniatowski sollte nach dem Tode des Königs den polnischen Thron besteigen – schien der Zarin Katharina II. nicht annehmbar zu sein.[85]

Der russische Gegenentwurf, der Anfang Juni 1788 fertiggestellt wurde, machte alle Reformen, die die polnische Grundordnung betrafen, zunichte. Die Vertragsgarantien aus den Jahren 1768 und 1775 sollten jedoch aufrechterhalten bleiben.

Laut des russischen Entwurfes sollte Polen mit Russland ein Bündnis für die Dauer von acht Jahren eingehen. Im Falle einer Aggression sollte Russland Polen eine Hilfe in Form von 10 000 Infanterie-Soldaten und 2 000 Kavallerie-Soldaten leisten. Polen sollte wieder Russland mit einem Beistand von 12 000 Kavallerie-Soldaten zur Seite stehen.

Die Kavallerieeinheiten sollten unter Führung von Branicki, Szczęsny Potocki und Stanisław August Poniatowski stehen. Die Betreuung der Ausrüstung übernahm Russland.

Für Russland war das Bündnis mit Polen ohne Bedeutung. Der Schwerpunkt der russischen Politik gegenüber Polen lag bei der Aufrechterhaltung der politischen Kontrolle über das Land. Die Einstellung Russlands gegenüber Polen führte dazu, dass einige Politiker in Polen zu der Überzeugung kamen, dass sich Polen außenpolitisch an Preußen stützen sollen.

85 Wegner, ebenda, S. 36; vgl. auch Denkwürdigkeiten über Polen ..., S. 8; Rhode, ebenda, S. 319; Lelewel, ebenda, S. 116; Kraszewski, ebenda, S. 3, 4; Schmitt, ebenda, S. 34.

Im Juni 1788 reiste Prinzessin Lubomirska in Begleitung von Scipioe Piattoli, Adam Czartoryski, Ignacy Potocki und Julian Ursyn Niemcewicz nach Pyremont bei Hannover. Ignacy Potocki unterbrach in Berlin seine Reise nach Pyremont.[86]

Die polnische Delegation traf sich mit der preußischen Königin Friedericke Karoline und dem Thronnachfolger Friedrich Wilhelm. Man unterhielt sich über wichtige politische Angelegenheiten. Gegen politische Konzessionen waren die Polen zu territorialen Zugeständnissen bereit.

Im Juni und September 1788 unterbreitete der politische Opponent – Preußen einige Vorschläge, um die königlichen Pläne vernichten zu können. Alle diese Annäherungsversuche an Preußen blieben ohne Erfolg.

Erst als Hetman Michał Ogiński im September 1788 entgegen dem königlichen Entwurf des Bündnisses mit Russland seine Bereitschaft zeigte, gegen das Bündnis eine Konföderation mit Unterstützung Preußens herzustellen, nahm man diese Offerte in Berlin ernst.

Im Oktober 1788 sollte in Warschau der Sejm tagen und das polnisch-russische Bündnis beschließen. Auf Druck Preußens am Vortag der Sejmtagung ordnete die Zarin an, die Angelegenheit des polnisch-russischen Vertrages von der Tagesliste zu streichen.

Die Spannung zwischen Russland und Preußen sowie der Krieg zwischen Russland, Schweden und der Türkei brachten Polen einige Jahre relativ große Selbstständigkeit, eine Zeit von erfolgsversprechenden politischen Perspektiven und auch tödlichen politischen Gefahren.[87]

---

86 Rostworowski, Ostatni ..., S. 139, 141–143.

87 Rostworowski, ebenda, S. 143; s. auch Webner, ebenda, S. 26, 37, 66, 67, Michnik, Mosler, ebenda, S. 403; Weber, ebenda.

IV. Viertes Kapitel

Beschluss und Außerkraftsetzung der Verfassung vom 3. Mai 1791

Historischer Hintergrund

ÖKONOMIE: Adam Smith veröffentlichte in London Wohlstand der Nationen. Untersuchung seiner Natur und seiner Ursachen.

ASTRONOMIE: William Herschel entdeckte den Planeten Uranus.

PHILOSOPHIE: Immanuel Kant veröffentlichte in Riga Kritik der reinen Vernunft.

MENSCHENRECHTE: Thomas Paine veröffentlichte in London den ersten Teil seines Werkes „Die Rechte des Menschen".

VERMESSUNGSWESEN: In Frankreich wurden die Grundlagen des metrischen Systems angenommen.

GESELLSCHAFT: Die Hauptstadt der Vereinigten Staaten wurde nach dem ersten Präsidenten des Landes George Washington benannt.

VERFASSUNGSRECHT: In Frankreich unterzeichnete König Ludwig XVI. die endgültige Fassung der ersten französischen Verfassung.

KUNST UND KULTUR: In Wien fand die Uraufführung der Oper „Die Zauberflöte" von Wolfgang Amadeus Mozart statt.

VERFASSUNGSRECHT: In den Vereinigten Staaten trat die Bill of Rights (die ersten zehn Zusatzartikel zur Verfassung) in Kraft 03.05.1791.
Die Verfassung vom 3. Mai 1791 (Polnisch: Konstytucja trzeciego maja, Litauisch: Gegužės trečiosios konstitucija) wurde von Polen – Litauen am 3. Mai 1791 im Warschauer Königsschloss vom „Vierjährigen Sejm" als die erste Verfassung Polens (Grundgesetz) verabschiedet.[1]

Um die Verfassung von 3. Mai 1791 beschließen zu können, haben die polnischen Reformkräfte – entgegen parlamentarischen Gepflogenheiten – das

---

1 Quelle: Hauptarchiv Historischer Akten, Warszawa, Die Verfassung vom 3. Mai (1791) Konzeption und Text: Michał Kulecki, Magdalena Morawska, Hubert Wajs; Übersetzung Tomasz Gajownik; Ewelina Solarek Projekt.

Datum des Beschlusses der Verfassung um zwei Tage früher nach den Osterferien fixiert.

Das Projekt der künftigen Verfassung wurde nach der Dezember-Übereinkuft zwischen dem König und Ignacy Potocki konspirativ außerhalb des Sejms vorberbereitet und dann dem Sejm auf eine „revolutionäre Art und Weise" aufgedrängt.

Erwähneswert wäre die Tatsache, dass der Sejm in dieser Zeit folgende Gesetze beschlossen hat:

Über die königlichen Städten (18. April 1791),
über die Provinziallandtage (24. März 1791) und
man hat der Schachta ohne Grundbesitz das Wahlrecht abgesprochen.

Folglich wurden nur die reformfreundlichen Kräfte aufgerufen, an der Sejmsitzung teilzunehmen.

Es war circa 1/3 der Abgeordneten des Sejms bei der Abstimmung anwesend. Dies waren größtenteils diejenigen, die bereits eingeweiht waren. Um die Gegner der Verfassung vor vollendete Tatsachen zu stellen, wurde die Verfassung unter der Vermeidung der normalen Prozedur angenommen.

Somit ist das wahre Datum vom Sitzungsbeginn des Beschlusses der Verfassung vom 3. Mai 1791 für die Opposition geheim geblieben.[2]

Es wird auch aus den o. a Gründen die Meinung vertreten, dass die Verfassung vom 3. Mai 1791 auf dem Wege eines Staatsstreiches verabschiedet wurde.[3]

Roman Sildorski schreibt:[4]

---

2 Jan Lewandowski, Der Große Sejm (1788 –1792) – Ereignisse, Problem und Leute, S. 30; in: Helmut Reinalter, Peter Leisching (Hrsg.), „Die polnische Verfassung vom 3. Mai 1791 vor dem Hintergrund der europäischen Aufklärung", Band 23.

3 Wiesław Śladkowski, Die Verfassung vom dritten Mai im nationalen Erbe und in der Tradition, S. 36 und weitere, in: Helmut Reinalter, Peter Leisching (Hrsg.), „Die polnische Verfassung vom 3. Mai 1791 vor dem Hintergrund der europäischen Aufklärung", Band 23, S. 36

4 Roman Sildorski, Polska, XVIII wiek, XVI–XVII wiek, Pełne średniowiecze, Historia państwa i prawa, Artykuły, Skandynawia, Europa Wschodnia, Wyspy Brytyjskie, Włochy, Europa, 2011 (s. https://histmag.org/Pierwsze-konstytucje-europejskie; (Polen des XVIII Jhd. XVI–XVII Jhd. Mittelalter …) , veröffentlich mit der Lizenz CCBY-SA 3.O)); (vgl. auch polki.pl, Roman Sildorski, Pierwsze konstytucje europejskie („Die ersten europäischen Verfassungen …"))

„Czy wiesz, że Konstytucja 3. Maja była trzecią z kolei konstytucją na świecie" – „Wussten Sie, dass die Verfassung vom 3. Mai die dritte Verfassung weltweit war?"[5]

Die Verfassung vom 3. Mai ist offiziell eigentlich als die zweite Verfassung dieser Art weltweit nach der Verfassung der Vereinigten Staaten (1787) anerkannt und als erste in Europa.

Es gibt jedoch Quellen, die die Verfassung vom 3 Mai 1791 erst als dritte verabschiedete Verfassung weltweit anerkennen. Welche Verfassung war also die erste?

Viele wissenschaftliche Arbeiten sehen das Grundgesetz der Korsischen Republik, das 1755 verabschiedet wurde, als die erste moderne Verfassung (der Neuzeit).

Abgesehen von der wenig bekannten zweiten korsischen Verfassung (jene Verfassung des anglo-korsischen Königreichs, die zwischen 1794 und 1796 beschlossen wurde) kann davon ausgegangen werden, dass die amerikanische Verfassung das zweite Gesetz dieser Art weltweit und die polnisch-litauische Verfassung vom 3. Mai die dritte Verfassung war.

Der polnische Ex-Präsident Bronisław Komorowski vertrat die Meinung, dass die polnische Verfassung vom 3. Mai 1791 die zweite Europäische Verfassung nach der schwedischen aus dem Jahre 1789 war.[6]

Die Verfassung der Republik von Korsika (1755) wird auch als die ältere als die amerikanische und die polnische Verfassung von 3. Mai 1791 in der Fachliteratur bezeichnet.

Es herrscht in der diesbezüglichen Fachliteratur hinsichtlich der Definition der Kriterien einer Verfassung und der „ersten" europäischen Verfassung überhaupt keine eindeutige Klarheit. Die Kriterien der Definition einer Verfassung sind wegen der angewandten Kriterien unterschiedlich.[7]

---

5 https://historia.plportal.pl/artykuly/patriotyzm/...; https://czywiesz.polki.pl/historia/279064,Czy-wiesz-ze-Konstytucja-3-Maja-byla-trzecia-z-kolei-konstytucja-na-swiecie.html(link is external)- weißt Du.polki.pl/Geschichte/279064, weißt Du, dass die Verfassung vom 3. Mai 1791 die Dritte in der Reihe auf der Welt war.html.

6 Roman Sildorski schreibt in Tagi: Polska, XVIII wiek, XVI–XVII wiek, Pełne średniowiecze, Historia państwa i prawa, Artykuły, Skandynawia, Europa Wschodnia, Wyspy Brytyjskie, Włochy, Europa, 2011 (s. https://histmag.org/Pierwsze-konstytucje-europejskie; (Polen des XVIII Jhd. XVI–XVII Jhd. Mittelalter …) , veröffentlich mit der Lizenz CCBY-SA 3.O)); (vgl. auch polki.pl, Roman Sildorski, Pierwsze konstytucje europejskie („Die ersten europäischen Verfassungen …")):

7 Siehe hierzu: Dorothy Carrington (1973), „The Corsican constitution of Pasquale Paoli" (1755–1769), in: The English Historical Review, 88 (348); Rudolf Palme, Der

Der Begriff „Verfassung“ stammt vom Lateinischen Wort „Constitutio“, das auch als Grundgesetz bezeichnet wird und auch die höchste Rechtsquelle eines Rechtsstaates darsstellt.

Unten angeführte Werke von Hans Kelsen, Rene Marvic und Wilhelm Brauneder verdienen im Rahmen dieser Arbeit große Beachtung.[8],[9],[10]

Im Jahre 1755 wurde unter der Führung von Pasquale Paoli ein Aufstand gegen Genua ins Leben gerufen. Als der Autor des Entwurfes der Verfassung von Korsika wird selbst Pasquale Paoli genannt, der sich diesbezüglich auf die Prinzipien der Lehre von Jean-Jacques Rousseau stützte.

Diese Verfassung von Korsika galt 14 Jahre, nämlich bis 1769, als die Eroberung Korsika durch die Franzosen stattfand.[11]

In San Marino wurde am 08. Oktober 1600 das Stadtrecht zur Gründung der Republik (Statuta Decreta ac ordinamenta Ilustris Republicae ac Perpetuae libertatis Terrae Sancti Marini) verabschiedet. Dieser Rechtsakt ist bis heute in Kraft und gilt bis heute als die älteste Verfassung der Welt.

Am 29 September 1562 unterzeichnete Ferdinand I. Habsburg an der Prager Burg Hradcany die auch als erste Verfassung der Welt und von (Oberschlesien) Schlesien, d.i. die Statuen des Fürstentums von Oppeln/Opole und des Fürstentums von Ratibor/Racibórz, genannt „Zrzizeni“.

Der volle Wortlaut der Verfassung ist „Zrizeni Zemske Kniźetstvi Oppolskeho a Ratiborskeho y ginych Kraguow k nim prislussegiczych Iandesordung, ordinatio provincialis“, verfasst in alttschechischer Sprache, weil seit der Herrschaft von Władysław Opolczyka diese Sprache als offizielle Sprache in Fürstentum von Oppeln und Ratibor galt.

Als Autor dieser Verfassung wird Fürst Hanusz der II. der Gute genannt.[12] In diesem Zuammenhang muss auch Folgendes erwähnt werden:

1. Die Magna Carta Libertatum aus dem Jahr 1215 wird als Grundlage der verfassungsmässigen Ordnung in Großbritannien betrachtet.
2. Artykuły henrykowskie (sog. Heinrich – Artikel) aus dem Jahr 1573,

---

Verfassungsbegriff, in: Der Einfluß der europäischen Aufklärung auf die Verfassungsbewegung, S. 76 und weitere, in: Helmut Reinalter, Peter Leisching (Hrsg.), „Die polnische Verfassung vom 3. Mai 1791 vor dem Hintergrund …“.

8 Hans Kelsen, Vom Wesen und Wert der Demokratie, 1929.

9 Rene Marcic, Recht – Staat – Verfassung, 1970.

10 Wilhelm Brauneder, Allgemeine Vefassungsgeschichte, 2001 (1980).

11 Dorothy Carrington, ebenda.

12 „Ślonski Ceitung“ nr. 3/2020, S. 6, 7.

3. Pakty i konstytucyje praw i wolności wojska zaporoskiego z 5 kwietnia 1710 r, Filipa Orlika.

   (Übereinkünfte, Staatsvertrag und verfassungsmässige Rechte und Freiheiten....vom 5 April 1710 von Filip Orlik). (siehe: Roman Sildorski, Pierwsze konstytucje europejskie (Die ersten europäischen Verfassungen Europas ...).

Die polnische Verfassung vom 3. Mai 1791 wurde vom „Großen Sejm“ (1788–1792) beschlossen und hatte zum Ziel eine tief greifende Reform des Staatswesens der beiden Nationen Polen und Litauen.

Die Reformen im Geiste der Aufklärung sollten für die beiden Nationen Polen und Litauen ein modernes nach westlichen Mustern Staatswesen schaffen und der bisherigen schädlichen „goldenen Freiheit des Adels“ einen Riegel vorschieben sowie die sehr nachteilige rechtliche Lage der Bauern und der Städte grundlegend reformieren.[13]

Die Armee sollte imstande sein, die aktuellen Verteidigungsaufgaben wahrnehmen zu können.

Die polnische Verfassung von 3. Mai 1791 stützte sich auf das Gedankengut u.a. der französischen Aufklärung, auf das Prinzip der Volkssouveränität von Jean-Jacques Rousseau, wieder das Prinzip der Gewaltenteilung (Legislative, Judikative und Exekutive) fand Eingang in der Verfassung vom 3. Mai 1791 dank der Lehre Montesquieu.[14]

Der Beitrag der polnischen Reformer - Stanisław Staszic, Hugo Kołłątaj und Ingacy Potocki - aus der Zeit der Aufklärung, - hatte hinsichtlich der Entstehung der polnischen Verfassung vom 3. Mai 1791 einen substanziellen Charakter.

---

13 Jan Lewandowski, Der Große Sejm (1788–1792) - Ereignisse, Probleme und Leute, S. 27, in: Helmut Reinalter, Peter Leisching (Hrsg.), „Die polnische Verfassung vom 3. Mai 1791 vor dem Hintergrund der europäischen Aufklärung“, Band 23, S. 27–35, 1997[7]; Artur Korobowicz, ebenda, S. 47–55; Wojciech Witkowski, Die Verfassung vom 3. Mai 1791 - Ursprung einer modernen Nation und die Idee des politischen Mannes, S. 15–27; ebenda, Helmut Reinalter, Die Französische Revolution, die Verfassung vom 1791 und ihre Wirkungen, S. 9–13.

14 Rudolf Palmer, Der Einfluss der europäischen Aufklärung auf die Verfassungsbewegung, S. 65–83; ebenda, 9–13; .Helmut Reinalter, Die Französische Revolution , die Verfassung von 1791 und ihre Wirkngen, in: Reinalter, Peter Leisching, (Hrsg. „Die polnische Verfassung vom 3. Mai 1791 vor dem Hintergrund der europäischen Aufklärung“, Band 23, S. 7, 12.

In der polnischen Verfassung vom 3. Mai 1791 erhielt der Sejm/Parlament den Charakter einer Vertretung des Volkes/Nation.[15]

Dem Bürgertum und dem Adel – außer den Bauern, die nur die allgemeine Rechtsgleichheit in Anspruch nehmen konnten – wurden politische Rechte zugebilligt.

Die Regierung wurde dem Sejm/Parlament untergeordnet, wo man nur noch nach dem Mehrheitsprinzip abstimmte.

Die Inanspruchnahme des adeligen „Liberum Veto", welches vorher oft zu Lähmung des politischen Lebens Polens führte, wurde stark eingegrenzt.

Die politische Institution des Wahlkönigtums wurde durch die erbliche Monarchie ersetzt.

In der Zeit der Wettiner Kurfürst Friedrich August III. lehnte die Krone allerdings ab.

Die Befugnisse des polnischen Königs – im Rahmen der parlamentarisch-konstitutionellen Monarchie lagen im Bereich der Repräsentation des Staates nach außen.

Die innen- und außenpolitischen Rahmenbedingungen in Europa in dieser Zeit ermöglichten die Durchführung dieser Reformen in Polen, was letztlich und folglich die Ausarbeitung und Verabschiedung der Verfassung vom 3. Mai 1791 und deren Verkündigung am 3. Mai 1791 durch den König im Warschauer Königschloss ermöglichte.

Im „Vierjährigen Sejm" (1788–1792) setzten sich die Gegner einer engen Anlehnung an Russland durch. Dadurch entstand eine tragfähige Mehrheit, um durch innenpolitische Reformen, die Handlungsfähigkeit des Staates wieder durchzusetzen.

Außenpolitisch positiv war die wohlwollende Haltung Preußens.[16]

Die Verfassung vom 3. Mai 1791 wurde von den Nachbarländern Polens, nicht zuletzt wegen der gleichzeitigen Vorgänge in Frankreich, als eine Bedrohung für deren absolutistische Herrschaftsform gesehen.

> „Die Nachbarn waren vor allem daran interessiert, ‚die anarchistische Republik' als einen sicheren Nachbarn zu erhalten und ihr Einflußgebiet und das Reservoir an potentiellen territorialen Errungenschaften zu sichern".[17]

---

15 Jan Lewandowski, ebenda, S. 29.

16 Jan Lewandowski, ebenda, S. 29.

17 Jan Lewandowski „Der Große Sejm (1788–1792), Ereignisse, Probleme und Leute" : in Helmut Rainalter, Peter Leisching (Hrsg), Die polnische Verfassung vom 3. Mai 1791, S. 27.

Als der Sejm (das polnische Parlament) das Gesetz über die Regierung verabschiedete und seine Arbeit aufnahm, war die internationale Lage sehr kompliziert.

Russland, das in Wirklichkeit ein Protektorat über die polnisch-litauische Adelsrepublik ausübte, war in Krieg mit Schweden und der Türkei verwickelt. Österreich unterstützte Russland gegen die Türkei und die Haltung Preußens gegenüber Russland war unverhüllt ablehnend.[18]

Diese internationale politische Situation schien die einzige Chance zu sein, die polnische Souveränität wiederzuerlangen.

Es ist gelungen, den Sejm in eine Konföderation umzuwandeln. Der sog. Garantievertrag wurde gekündigt und der Ständige Rat aufgelöst. Der Sejm übernahm die volle Macht im Staat und unternahm einen Versuch, das politische System des Staates zu reformieren.

Den Höhepunkt dieser Bemühungen bildete die Verabschiedung des Gesetzes über die Regierung. Russland akzeptierte nicht den Verlust seines Einflusses in Polen und begann nach den Friedensschlüssen mit Schweden und der Türkei, Kriegshandlungen gegen die polnisch-litauische Adelsrepublik zu führen.

Kurze Zeit später war der König gezwungen, sich zu ergeben und die Macht übernahmen die Gegner der Verfassung vom 3. Mai 1791, die unter russischem Einfluss eine Konföderation gründeten, die nach dem formellen Gründungsort Konföderation von Targowica genannt wird.

Die polnische Verfassung vom 3. Mai 1791 wurde nach der Konföderation von Targowica und der Intervention Russlands, die im Russisch-Polnischen Krieg von 1792 gipfelten, von Königreich Preußen unter Friedrich Wilhelm II. und dem Russischen Reich unter Katharina II. im Rahmen der zweiten Teilung Polens 1793 außer Kraft gesetzt.

Die Targowica-Konföderation hatte das Ziel die Verfassung vom 3. Mai 1791 außer Kraft zu setzen. Die Targowica-Konföderation war eine Verschwörung der polnischen Magnaten (Szczęstny Potocki, Seweryn Rzewuski, Szymon Kossakowski, und Francziszek Ksawery Branicki), die in der Nacht vom 18. auf den 19. Mai 1792 in Targowica, in der Ukraine (tatsächlich schon am 27. April 1792 in St. Petersburg) im Einvernehmen mit der russischen Kaiserin Katharina

---

18 Jan Lewandowski, Der Große Sejm (1788 - 1792) -Ereignisse, Probleme und Leute, S. 27, 33, in: Helmut Reinalter, Peter Leisching (Hrsg.), Die polnische Verfassung vom 3. Mai 1791 vor dem Hintergrund der europäischen Aufklärung (Schriftenreihe der Internationalen Forschungsstelle Demokratische Bewegungen in Mitteleuropa 1770–1850. Bd. 23); Helmut Reinalter, Einletung; in: Helmut Reinalter, Peter Leisching (Hrsg.), ebena . S 12:

II. unter der Losung der Verteidigung der angeblich bedrohten Freiheiten des Adels, gegen die Reformen des Vier-Jahren-Sejms und die als Symbol des Nationalverrats anerkannte seitens der polnischen Magnaten Verfassung vom 3. Mai, in Targowica gegründet wurde.

Auch wegen Widerrufung der Reformen durch den Grodnoer-Sejm, der in Zeit vom 17.06.1793 bis 23.11.1793 tagte - am 29. September 1793 konnte das Reformwerk nicht mehr realisiert werden.[19]

Nach dem Inkrafttreten der Verfassung vom 3. Mai drückte das gesamte liberale Europa seine Bewunderung für die polnische Verfassung aus.[20]

Als Beispiel für eine friedliche Umwandlung der Staatsordnung wurde sie vom Gründer des modernen Konservatismus Edmund Burke (1729–1797) hochgelobt.

Positiv beurteilte die Verfassung die „Leydener Zeitung", in warmen Worten sprach man in Wiener Salons darüber.

Papst Pius VI. (1775–1799) blickte mit Wohlwollen auf die Verfassung; selbst der König von Preußen Friedrich Wilhelm II. (1786–1797) schickte einen Glückwunschbrief.

Durch ihre konsequente Modernität stieg diese polnische Konstitution als erste polnische Verfassung zum Vorbild für die gesamte neuere Verfassungsgeschichte auf.

Wie die weitere politische Geschichte Polens jedoch zeigte, besaßen diese Reformmaßnahmen, die gegen den Widerstand Russlands und Preußens durchgesetzt wurden, keine Chance einer praktischen Bewahrung.

Die Reformbewegung und die damit eingeleiteten politischen und sozialen Veränderungen hatten, aber trotz der zweiten und dritten Teilung Polens im Ansatz, bereits in Polen ein neues Nationalgefühl aufkommen lassen, das ein Überleben der polnischen **„Nation ohne Staat"** durch mehr als ein Jahrhundert der Teilung sicherte.

Die polnische Verfassung vom 3. Mai 1791 wurde im 18 Jh. und auch später bis in die Gegenwart nicht nur in Polen, aber auch in Europa als politisches und

19 Wiesław Śladkowski, Die Verfassung vom dritten Mai im nationalen Erbe und in der Tradition, ebenda, S. 38; Artur Korobowicz, Die Reform des politischen Staatssystems in der Verfassung vom dritten Mai 1791, S. 54, in: Helmut Reinalter, Peter Leisching (Hrsg.), Die polnische Verfassung vom 3. Mai 1791 …

20 Hauptarchiv Historischer Akten, Warszawa, Die Verfassung vom 3. Mai (1791) Konzeption und Text: Michał Kulecki, Magdalena Morawska, Hubert Wajs; Übersetzung Tomasz Gajownik; Ewelina Solarek Projekt.

verfassungsrechtliches Leitbild angesehen und hat bis in die Gegenwart ihre politische und verfassungsrechtliche Aktualität beibehalten.

Dadurch nahm die polnische Verfassung vom 3. Mai 1791 in der Verfassungsgeschichte den ihr gebührenden Platz ein.[21]

Die polnische Verfassung – Grundgesetz vom 3. Mai 1791 ist weiterhin richtungsweisend und als Schulbeispiel in der Verfassungsgeschichte, auch betreffend die Nennung der Grundwerte einer staatlichen Rechtsordnung, anzusehen.

Der Autor dieses Buches war bemüht nicht nur die Komplexität, aber auch das außen- und innenpolitische, wirtschaftliche und kulturelle Umfeld und Gründe der Entstehungsbedingungen und des Untergangs der polnischen Verfassung vom 3. Mai 1791 im 18 Jh. aufzuzeigen und einer Analyse zu unterziehen.

In Erinnerung an die Verfassung vom 3. Mai 1791 ist der dritte Mai polnischer Nationalfeiertag.

Anlässlich der Hundertjahrfeier zur Verfassung schuf 1891 der Historienmaler Jan Matejko das Gemälde „Die Verfassung vom 3. Mai 1791", um den Geist der ersehnten modernen polnischen Verfassung vom 3. Mai 1791 zu erfassen.

> „Die Verfassung (vom drittem Mai 1791) fand Eingang in die Vorstellungen und Überzeugungen von Vielen, nicht nur wegen ihres fortschrittlichen, reformatorischen und zugleich auf Kompromiß beruhenden Inhalts, sondern vor allem wegen ihrer Symbolik und der historischen Sendung".[22]

Laut der Programmrede von Hugo Kołłątaj am 28. Juni 1791 sollte der Verfassung vom 3. Mai 1791 als ein politisches und nicht vollendetes Reformwerk die Erarbeitung u.a. eine „moralische" und eine „ökonomische" Verfassung folgen, die den Bauern den rechtmäßigen Erwerb des Grundbesitzes garantieren sollte.

Andere vorbereitende Gesetzesprojekte über die Edukationskommission, die Wojewodschats-Kommissionen, über Ämter, die staatliche Arbeitsfürsorge, die staatliche Investitions-und Kredittätigkeiten und den „Codex von Stanislaus

---

21 Helmut Reinalter, Einleitung. Die Französichiche Revolution, die Verfassung vom 1791 und ihre Wirkung, S. 11, 13, in: Die polnische Verfassung vom 3. Mai 1791 vor dem Hintergrund der europäischen Aufklärung, in: Helmut Reinalter, Peter Leisching (Hrsg): Die polnische Verfassung …

22 Wiesław Śladkowski, ebenda, S. 37.

Augustus“ (komplexe Kodifizierung des Zivil- und Strafrechts) konnten leider nicht mehr beschlossen werden.[23]

Zusammenfassend kann auch gesagt werden, dass die polnische Verfassung vom 3. Mai 1791 ein nicht vollendetes Reformwerk ist.

23 Jan Lewandowski, Der Große Sem (1788–1792) – Ereignisse, Probleme und Leute, S. 31; in Helmut Reinalter, Peter Leisching (Hrsg.) , Die polnische Verfassung vom 3. Mai 1791.

Literaturhinweise

1. Helmut Reinalter, Peter Leisching (Hrsg.): Die polnische Verfassung vom 3. Mai 1791 vor dem Hintergrund der europäischen Aufklärung (Schriftenreihe der Internationalen Forschungsstelle Demokratische Bewegungen in Mitteleuropa 1770–1850. Bd. 23). Lang, Frankfurt am Main u. a. 1997, ISBN 3-631-30509-5. Dieses Buch wurde dem Autor dieser Ausgabe in der österr. Nationalbibliothek in Wien in Kopie zur Verfügung gestellt und fand Eingang vom Autor in dieser seiner Ausgabe.
2. Georg-Christoph von Unruh: Die polnische Konstitution vom 3. Mai 1791. In: Der Staat, Band 13 (1974), S. 185–208.
3. Stanisław Grodziski: Die Verfassung vom 3. Mai 1791 – das erste polnische Grundgesetz. In: Aus Politik und Zeitgeschichte (A Pu Z). Bd. 30/31, 1987, S. 40–46.
4. Jan Kusber: Vom Projekt zum Mythos – Die polnische Maiverfassung 1791. In: Zeitschrift für Geschichtswissenschaft. Bd. 52, Nr. 8, 2004, S. 685–699.
5. Israel Bartal: Vierjahressejm. In: Dan Diner (Hrsg.): Enzyklopädie jüdischer Geschichte und Kultur (EJGK). Band 6: Ta-Z. Metzler, Stuttgart/Weimar 2015.
6. Rudolf Jaworski (Hrsg), Nationale und internationale Aspekte der polnischen Verfassung vom 3. Mai 1791, Peter Lang Verlag, BILD (Paßfoto vn mir an der letzte Seite vom Titel dss Buches, okładki)

Bibliografie

1. Adamus, Jan, Nowe badania nad dziejami sejmu polskiego i geneza Liberum Veto (Neue Forschungen zur Geschichte des polnischen Sejm und der Genesis des Liberum Veto), in: Czasopismo Prawno-Historyczne 13 (1961) 1.
2. Adolphowa, K., Szlachta litewska wobec Zbioru praw Andrzeja Zamoyskiego (Die litauische Szlachta und die Sammlung der Gesetze von A. Z.) in: Księga koła historyków U. S. B. Wilno 1933.
3. Ajnenkiel Andrzej, Leśnodorski Bogusław, Rostocki Władysław, Historia ustroju Polski (1764–1939) pod redakcją Bogusława Leśnodorskiego, wydanie II poprawione (Geschichte der polnischen Grundordnung, 1764–1939, unter der Redaktion von Bogusław Leśnodorski, zweite verbesserte Ausgabe), Warszawa 1970.
4. Antoni Popławski „Zbiór niektórych materii politycznych" – „Eine Sammlung von einigen politischen Materien" (1774).
5. Askenazy, S., Die letzte polnische Königswahl, Göttingen 1894.
6. Balzer Oswald, Konstytucya Trzeciego Maja. Reforma społecznej i politycznej ustawy rządowej z r.1791. Wydanie drugie (Die Verfassung vom 3. Mai. Die gesellschaftlichen und politischen Reformen des Regierungsgesetzes aus dem Jahre 1791. Zweite Ausgabe), Lwów 1907. Band 2, Warszawa 1966.
7. Baranowski, Ignacy, Tadeusz, Komisje porządkowe (1765–1788) (Die Kommission der guten Ordnung), Kraków 1907.
8. Baranowski, Sądy referendarskie (Odbitka z przeglądu Historycznego) (Die Referendargerichte, Sonderdruck aus dem „Przegląd Historyczny" 9 (1909) Warszawa, 1909.
9. Bardach Juliusz, Czy istniało obywatelstwo w szlacheckiej Rzeczypospolitej (Gab es in der Adelsrepublik eine Staatsbürgerschaft), in: Czasopismo Prawno-Historyczne, 17 (1965).
10. Bardach, Juliusz, Historia Państwa i Prawa Polski (Geschichte des Staates und Rechtes Polens, Warszawa 1957.
11. Bardach, Zbiór Praw Andrzeja Zamoyskiego w nauce (Die Sammlung der Gesetze von Andrzej Zamoyski in der Wissenschaft) Wiek XVIII, Polska i Świat. Księga poświęcona Bogusławowi Leśnodorskiemu. Warszawa 1974.

12. Baron Manteuffel-Szoege, Georg, Geschichte des polnischen Volkes während seiner Unfreiheit 1772–1914, Berlin
13. Beer, Adolf, Die erste Teilung Polens, Band 1–3, Wien 1873.
14. Biskupski Kazimierz, Zarys prawa państwowego PRL oraz niektórych państw obcych (Ein Umriss des Staatsrechtes der Volksrepublik Polen und einiger fremden Staaten), Warszawa 1962.
15. Bobińska Celina, Historia Polski (1764–1831) (Geschichte Polens, 1764–1831), Warszawa 1951.
16. Bobińska, Celina, Społeczne i ekonomiczne idee polskiego Oświecenia (Soziale und ökonomische Ideen der polnischen Aufklärung) in: Przegląd Historyczny 42 (1951).
17. Bobińska, Szkice o ideologach polskiego Oświecenia. Staszic i Kołłątaj (Skizzen zu den Ideologen der polnischen Aufklärung. Staszic und Kołłątaj) Wrocław 1952.
18. Boye, Pierre, La cour Polonaise de Luneville (1733–1766). Nancy 1926.
19. Boye, Stanisław Leszczynski et le troisieme traitede Vienne. Paris 1898.
20. Brahe, Józef, Andrzej Zamoyski a sprawa chłopska w drugiej połowie XVIII wieku (A. Z. und die Bauernfrage in der zweiten Hälfte des 18 Jh.), Warszawa, 1951.
21. Brauneder Wilhelm, Allgemeine Verfassungsgeschichte, 2002 (2008).
22. Bredvold, Louis, The brave new world of the Enlightenment; Gay, Peter, The Enlightenment: An Interpretation. The Rise of Modern Paganism, New York 1967.
23. Brückner, Alexander,Dzieje kultury polskiej (Geschichte der polnischen Kultur), Bände, Warszawa 1957, 1958.
24. Brückner, Encyklopedia staropolska (Altpolnische Enzyklopädie), Warszawa 1939.
25. Brückner, Geschichte der polnischen Literatur, Leipzig 1901.
26. Carrington Dorothy (1973), „The Corsican constitution of Pasquale Paoli“ (1755–1769), in: The English Historical Review, 88 (348);
27. Cartelieri, Ulerander, Geschichte der neueren Revolutionen vom englischen Puritanismus bis zur Pariser Kommune (1642–1871), Leipzig 1921.
28. Chałasiński, Josef, Kultura i naród. Studia i szkice (Kultur und Nation. Studien und Skizzen). Warszawa 1953.
29. Cornut, Romain, Voltaire et la Pologne, Paris 1846.

30. Czechowicz, J. Praktyka kryminalna, to jest wzór rozumnego i porządnego spraw kryminalnego sądzenia (1769), (Kriminalstische Praxis, das heißt Muster einer vernünftigen und anständigen Rechtssprechung).

31. Dany, Charles, Les idees politiques et lesprit publique en Pologne a'la fin du XVIII siede. La constitution du 3 mai 1791 Paris 1901.

32. Dembiński, Bronisław, Polska na przełomie (Polen im Umbruch). Warszawa 1913.

33. Deresiewicz J., Materiały do dziejów chłopa wielkopolskiego w II poł. XVIII w., T. I-II (Material zur Geschichte der Bauern aus Großpolen in der zweiten Hälfte des 18. Jh, 2 Bände).

34. Deresiewicz, Zmiany w strukturze społecznej miast pod koniec istnienia Rzeczypospolitej szlacheckiej w zwierciadle przyjęć do prawa miejskiego (Veränderungen in der Sozialstruktur der Städte gegen Ende des Bestehens der Adelsrepublik im Spiegel der Aufnahme in das Städtische Recht), in: Kwartalnik Historyczny 63(1956).

35. Die europäischen Verfassungen seit dem Jahre 1789 bis auf die neueste Zeit von Karl Heinrich Ludwig Politz, Dritter Band, Leipzig 1833.

36. Die polnische Verfassung vom 3. Mai 1791: in: Neue Zeit, im 18. Jh. (1897) Bd. II, Stuttgart 1897.

37. Drozdowski, Marian, Zahorski, Andrzej, Historia Warszawy, wyd.II, Geschichte Warschaus, zweite Ausgabe), Warszawa 1975.

38. Dutkiewicz Walenty, Spostrzeżenia nad Historią prawodastw słowianskich przez Wacława Maciegowskiego (….) wydane w latach 1832–1835 (Bemerkungen über die Geschichte der Gesetzgebungen der Slaven); Warszawa 1870.

39. Epoka wielkiej reformy. Studia i materiały do dziejów oświaty w Polsce w XVIII wieku (Die Epoche der großen Reformen. Studien und Materialien zur Geschichte der Aufklärung in Polen im 18. Jh.) Hrsg. von St. Lempicki, Warszawa 1923.

40. Eversley, Lord, The Partitions of Poland, London 1915.

41. Eversley, Lord, The Partitions of Poland, London 1915.

42. Fabre, Jean, „Jean-Jacque Rousseau et le destin polonais“, in: Europe-Revue mensuelle 39 (1961), Nr. 391/92.

43. Feldman W., Geschichte der politischen Ideen in Polen seit dessen Teilung, München und Berlin 1917.

44. Forst Battalia, Maria Theresia i pierwszy rozbiór Polski, 1926, in: Kalendarz Historryczny, 40 Band (Maria Theresia und die erste Teilung Polens).

45. Forst-Battalia, Eine unbekannte Kandidatur an dem polnischen Thron. Landgraf Friedrich von Kassen-Kassel und die Konföderation von Bar, Bonn 1922.
46. Furdybacha, L., Dzieje kodeksu Zamoyskiego (Die Geschichte des Andrzej Zamoyski-Kodexes), Warszawa 1951.
47. Gabriel, Korbut, Literatura Polska od początków do powstania styczniowego, T. II, od pol. XVIII w. do r.1820 (Die polnische Literatur seit dem Beginn bis zum Januaraufstand, Band 2, seit der zweiten Hälfte des 18. Jh. bis zum Jahre 1820), Warszawa, Lublin, Łódz 1918.
48. Gąsiorowska N., Wolność druku w Królestwie Kongresowym (Die Freiheit des Druckes im Königreich des Kongresspolen), Warszawa 1916.
49. Gąsiorowska, Układ sił i stosunków wytwórczych w epoce Oświecenia polskiego (Die Struktur der Produktionsverhältnisse und -kräfte in der Epoche der polnischen Aufklärung) in: Przegląg historyczny 42 (1951).
50. Giełżyński, Prasa warszawska 1661–1914 (Die warschauer Presse 1661–1914), Warszawa 1962.
51. Giełżynski, Witold, Prasa warszawska 1661–1914 (Die Warschauer Presse 1661–1914), Warszawa 1962.
52. Giergielewicz, E., Poglądy filozoficzno-prawne Hugo Kołłątaja (Philosophierechtliche Ansichten), Warszawa 1930.
53. Gierowski, Josef, U źródeł polskiego Oświecenia, in: Wiek XVIII. Polska i Świat. Warszawa 1974 (An den Quellen der polnischen Aufklärung.).
54. Gierowski, Józef, U źródeł polskiego Oświecenia (An den Quellen der polnischen Aufklärung), in: Wiek XVIII. Polska i Świat. Księga poświęcona Bogusławowi Leśnodorskiemu, 1974.
55. Godebski Xawery, Reformy społeczne w Polsce. Pod koniec XVIII w. (Die gesellschaftlichen Reformen in Polen. Am Ende des 18. Jh.) Lwów 1868.
56. Goldberg, Jakub, Stosunki agrarne w miastach ziemi wieluńskiej w drugiej poł. XVII w. i w. XVIII (Die landwirtschaftlichen Verhältnisse in den Städten der Landschaft Wieluń in der zweiten Hälfte des 17. u. 18. Jh.), Łódź 1960.
57. Goldscheider, Eduard, Wege und Ziele der polnischen Kultur, Wien 1916.
58. Goyski, Maryan, Reformy trybunału koronnego (Die Reformen des Krontribunals), Lwów 1909.
59. Goyski, Trybunał koronny a polska literatura polityczna w XVIII w. (Das Krontribunal und die polnische Literatur im 18.Jh.), in: Studia historyczne wydane ku czci Prof. Zakrzewskiego, Kraków 1908.

60. Grabski, Stanisław, Zarys rozwoju idei społeczno-gospodarczych w Polsce od pierwszego rozbioru do r. 1831. Bd. 1: Od pierwszego rozbioru do trzeciego (Abriß der Entwicklung der gesellschaftlichen und der wirtschaftlichen Ideen in Polen. Bd. 1; Von der ersten bis zur dritten Teilung) Kraków 1903.

61. Grodziński, Obywatelstwo w dawnej szlacheckiej Rzeczypospolitej (Das Bürgerrecht in der Adelsrepublik), Kraków 1963.

62. Grodziński, Poglądy Stanisława Konarskiego na rozwój prawa polskiego w świetle jego wstępu do „Volumina legum" (Die Ansichten St. K. zur Entwicklung des polnischen Rechts im Lichte seiner Einleitung zu den „Volumina legum"), in: Czasopismo, Prawno-Historyczne 5 (1953).

63. Grodziński, S. Pogląd St. Konarskiego na rozwój prawa polskiego w świetle jego wstępu do Volumina legum (Die Ansichten über die Entwicklung des polnischen Rechtes im Lichte seiner Einleitung zu Volumina legum), in: Przegląd Historyczny (1953).

64. Gumplowicz, Ludwik, Stanisława Augusta projekt reformy Żydostwa polskiego (Der Entwurf von Stanisław August Poniatowski bezüglich der Reform der Lage der polnischen Juden), Kraków 1875.

65. Halecki Oskar, Geschichte Polens, Frankfurt am Main

66. Handelsman Marcel, Konstytucje Polskie 1791–1921. Wydanie trzecie poprawione (Die polnischen Verfassungen 1791–1921, dritte, verbesserte Ausgabe). Warszawa 1922.

67. Handelsman, Zbiór praw sądowych Jędrzeja Zamoyskiego. Zasady społeczne (Eine Sammlung der gerichtlichen Gesetze von Jedrzej Zamoyski. Gesellschaftliche Prinzipien, in: Teka Zamoyskiego, 1919, Nr. 4.)

68. Handelsmann, Marceli, Kara śmierci w najdawniejszym prawie polskim (1908) (Die Todesstrafe in dem ältesten Recht Polens).

69. Handelsmann, Marceli, Kara śmierci w statutach Kazimierza Wielkiego (1908) (Die Todesstrafe in den Statuten von Kasimir dem Großen).

70. Hauptarchiv Historischer Akten, Warszawa, Die Verfassung vom 3. Mai (1791) Konzeption und Text: Michał Kulecki, Magdalena Morawska, Hubert Wajs; Übersetzung Tomasz Gajownik; Ewelina Solarek Projekt.

71. Hausmann, Kurt Georg, Die politischen Begriffe und Wertungen in der polnischen Aufklärung. Zum Selbstverständnis der Polen in ihrer Reformpublizistik am Ende der Adelsrepublik (zweite Hälfte des 18. Jh.) Phil. Diss. Göttingen 1957 hektographiert).

72. Hejnosz, W., Jeszcze w sprawie przyczyn upadku tzw. Kodeksu Zamoyskiego (Noch in der Sache des Niedergangs des pol. Zamoyski-Kodexes),

in: Zeny, Hefte der Universität Mikołaja Kopernika in Toruń, 3 Heft, 1960.

73. Hejnosz, W., Stanowisko prawne ludności wieśniaczej w Zbiorze praw sądowych A. Zamoyskiego (Die rechtliche Stellung der Bauern in der Sammlung der gerichtlichen Gesetze A. Z.), in: Rocznik Dziejów Społecznych i Gospodarczych, Band 5, 1936; Broda, J., Andrzej Zamoyski a sprawa chłopska w drugiej połowie XVIII w. (A. Z. und die Bauerfrage in der zweiten Hälfte des 18.Jh.) Warszawa 1951.
74. Hieronim Stroynowski, „Nauka prawa przyrodzonego i politycznego, ekonomiki politycznej i prawa narodów (Die Wissenschaft des Naturrechts, des politischen Rechts, der politischen Ökonomie und des Völkerrechtes) (1785).
75. Hinz Henryk, Sikora Adam, Polska myśl filozoficzna. Oświecenie. Romantyzm (Das polnische, philosophische Gedankengut. Aufklärung. Romantik), Warszawa 1964.
76. Hinze, Otto, Verfassungsgeschichte Polens vom 16. bis 18. Jh, in: Staat und Verfassung. Gesammelte Aufsätze zur Allgemeinen Verfassungsgeschichte, Hrsg. von G. Oesterreich, Göttingen 1961.
77. Historia Państwa i Prawa Polski, T.II od połowy XV wieku do r.1795, pod red. Juliusza Bardacha, wyd. drugie poprawione i uzupełnione (Geschichte des Staates und des Rechtes Polens seit der Hälfte des 15. Jh. Bis zum Jahre 1795, unter der Red. v. J. Bardach, zweite vervollständigte Ausgabe,
78. Historia Polski (Makieta), T. II, 1764–1864, (Geschichte Polens, Makieta, Band 2), Warszawa 1955.
79. Historia Polski, Band 2, 1764–1795, Warszawa
80. Historia polskiej literatury od średniowiecza do XIX wieku (Geschichte der polnischen Literatur vom Mittelalter bis ins 19. Jh., Warszawa 1953).
81. Hoensch, Bemerkungen zu M.K. Dziewanowskis Aufsatz King Stanisław Leszczyński: Some Remarks and Questions Marks, in: Jahrbücher für Geschichte Osteuropas NF 16 (1968).
82. Hoensch, Der Streit um den polnischen Generallzoll 1764–1766. „Zur Rolle Preußens und Russlands beim Scheitern der Finanzreform Stanisław August“, in: Jahrbuch für Geschichte Europas NF 18 (1970).
83. Hoensch, Jörg Konrad, Sozialverfassung und politische Reform. Polen im vorrevolutionären Zeitalter, Köln, Wien 1973.
84. Hoetz Otto, Der Stand der polnischen Verfassungsgeschichte, in: Zeitschrift für osteuropäische Geschichte l (1911).

85. Huber, Stanisław; Poglądy na prawo narodów w Polsce czasów Oświecenia, Wrocław 1960 (Ansichten über das Völkerrecht in Polen in der Zeit der Aufklärung).

86. Huppe, Siegfried, Verfassung der Republik Polen, Berlin 1867.

87. Jansen, Johannes, Zur Genesis der ersten Teilung Polens, Freiburg, 1865.

88. Jarra Eugeniusz, Historia polskiej filozofii politycznej, 1795 (Geschichte der polnischen politischen Philosophie), 1966–1795, London 1968.

89. Jaworski, Rudolf (Hesg). Nationale und internationale Aspekte der polnischen Verfassung vom 3. Mai 1791. 1993.

90. Jobert, A., Magnats polonais et Physiokrates Francais (1767–1774), Paris 1941.

91. Kaczmarczyk, Leśnodorski, Historia Państwa i Prawa Polski od poł. XV w. do r. 1795 pod red. J. Bardacha (Geschichte des Staates und Rechtes Polens seit der Hälfte des 15. Jh. bis zum Jahre 1795 unter der Red. von J. Bardach), Warszawa 1957.

92. Kaczmarczyk, Reformy stanisławowskie (1764–1795) na tle dziejów państwa polskiego w czasach nowożytnych (Stanislausreformen (1764–1795) vor dem Hintergrund der Geschichte des polnischen Staates in der Neuzeit), in: Czasopismo prawniczo-historyczne, 1 Heft, 1948.

93. Kaleteu, Roman und Mieczysław Klimowicz, Prekursorzy Oświecenia. Monitor na tle swoich czasów. Mitzier de Kolof redaktor i wydawca (Vorläufer der Aufklärung. Der Monitor aus dem Jahre 1763 vor dem Hintergrund seiner Zeit. Mitzier de Kolof, Redakteur und Verleger). Wrocław 1953.

94. Kanlan, Herbert, The First Partition of Poland. New York und London 1962.

95. Kelsen Hans, Vom Wesen und Wert der Demokratie, 1929.

96. Kieniewicz, Stefan, Kula Witold, Historia Polski, (1764–1939), T. II, (Geschichte Polens, 1764–1939, Band 2), Warszawa 1958.

97. Kisielewski, W, Reforma książąt Czartoryskich na Sejmie Konwokacyjnym roku 1764. Z poprzednim poglądem na stan polski za czasów saskich i literatura polityczna wieku aż do do Sienickiego (1764 włącznie) (Die Reformvorhaben der Prinzen Czartoryskis während des Konvokationssejm des Jahres 1764. Mit Einleitenden Ansichten über den Stand Polens in der sächsischen Zeit und die politische Literatur des Jh. bis zum Sieniecki (das Jahr 1764 inbegriffen), Sambor 1888.

98. Kisielewski, Władysław, Tadeusz, Reforma książąt Czartoryskich na sejmie konwokacyjnym roku 1764. Z poprzednim poglądem na stan

Polski z czasów saskich i literaturę polityczną XVIII wieku aż do Sienickiego1764 roku włącznie – (Die Reform der Fuersten Czartoryskis auf dem Konvokationssejm des Jahres 1764. Von den früheren Ansichten über den Zustand Polens während der Sachsenzeit und der politischen Literatur….) Sambor 1880.

99. Kluxen, Kurt, Das Problem der politischen Opposition. Entwicklung und Wesen der englischen Zweiparteienpolitik im 18. Jahrhundert. Freiburg und München, 1956.

100. Kołłątaj Hugo, Dzieje Europy za naszych czasów, opubl. przez E. Raczyńskiego w „Stanie Oświecenia w ostatnich latach panowania Augusta III" (Geschichte Europas in unserer Gegenwart, veröffentlicht von E. Raczński im Buch „Der Stand der Aufklärung in den letzten Jahren der Herrschaft von August III.") Poznań 1841.

101. Kołłątaj Hugo, Rada dla Imc Mirowskiego, publ. Przez I. Kojsiewicza w T.3 wydania „Hugo Kołłątaja listy w przedmiotach naukowych (ułomy) (Ein Ratschlag für Herrn Mirowski, veröffentlicht durch I. K., im 3. Band des Buches „Die Briefe 7. in wissenschaftlichen Angelegenheiten (Fragmenty), Kraków 1844–45.

102. Kołłątaj Hugo, Rozbiór krytyczny zasad historii o początkach rodu ludzkiego (Eine kritische Betrachtung der geschichtlichen Prinzipien über den Anfang des menschlichen Geschlechtes). Hrsg. von Ferdynand Kojsiewicz, 3 Bände, Kraków 1842.

103. Kołłątaj Hugo, Stan oświecenia w Polsce w ostatnich latach panowania Augusta III (1750–1764), (Der Stand der Aufklärung in Polen in den letzten Regierungsjahren August III.). Hrsg. von J. Hulewicz, Wrocław 1953.

104. Kołłątaj, Hugo, Pamiętnik o stanie duchowieństwa katolickiego polskiego i innych wyznań w połowie XVIII wieku (Denkschrift über die Lage der polnischen Geistlichkeit und die der anderen Konfessionen um die Mitte des 18. Jh.), Hrsg. von J. K. Żupański, Poznań 1840.

105. Konarski, Stanisław Wybór pism politycznych. Eine Auswahl von politischen Schriften. Hrsg. v. W.T. Konopczyński Kraków 1921.

106. Konarski, Stanisław, Listy 1733–1771 (Briefe). Hrsg. von J. Nowak-Dłużewski. Warszawa 1962.

107. Konopczyński, Wolnomularstwo a rozbiór Polski, in: Kalendarz Historyczny, 50 Jahrgang, 1936, (Das Freimauertum und die Teilung Polens).

108. Konopczyński, Dzieje Polski nowożytnej (1648–1795), Band 2, Warszawa 1936.

109. Konopczyński, Jan, Jakob Rousseau doradca Polaków (J. J. S. als Ratgeber der Polen), in: Themis polska 1 (1913) 2.

110. Konopczyński, Konfederacja barska, T. 1–2 (Die Konföderation von Bar, Bände 1–2), Warszawa 1936–1938.

111. Konopczyński, Materiały do dziejów polityki „familii" (Materialien zur Geschichte der Politik der „Familie"), in: Kwartalnik Historyczny 25 (1911).

112. Konopczyński, Pierwszy rozbiór Polski. Sprawozdanie z czynności i posiedzeń PAN, 47 Band, 1946, (1947), (Die erste Teilung Polens. Ein Bericht aus der Tätigkeit und den Sitzungen der PAN).

113. Konopczyński, Promieniowanie myśli politycznej ks. Konarskiego (Die Ausstrahlung des politischen Gedankengutes des Priesters Konarskis), in: Nasza przeszłość. Studia z dziejów kościoła i kultury katolickiej w Polsce 15 (1962).

114. Konopczyński, Stanisław Konarski, Warszawa 1926.

115. Konopczyński, Tragedia ex-Kanclerza (Die Tragödie des ex-Kanzlers), in: Sprawozdania TNW, Band 43, 1950 (1952).

116. Konopczyński, Władysław, England and the First Partition of Poland in: Journal of Central European Affairs 8 (1948/49) 1.

117. Konopczyński, Władysław, Fryderyk Wielki a Polska, Poznań 1947 (Friedrich der Große und Polen).

118. Konopczyński, Władysław, Polscy pisarze polityczni XVIII w (Die polnischen politischen Publizisten im 18 Jh.), (do Sejmu Czteroletniego) (bis zum Vierjährigen Sejm), Hrsg. von E. Rostworowski, Warszawa, 1966.

119. Korzon, Tadeusz, Dzieje wojen i wojskowości w Polsce. T. 3: Do ukończenia epoki przedrozbiorowej; epoka porozbiorowa (Geschichte der Kriege und des Militärwesens in Polen. Bd. 3: Der Abschluss der Ära vor den Teilungen; der Zeitabschnitt nach den Teilungen) Lwów, 1923.

120. Kościakowski, Z dziejów Komisji skarbowej w początkach panowania Augusta (Aus der Geschichte der Finanzkommission in den ersten Jahren der Regierung St. August) in: Ateneum Wileńskie.1 Jahrg. 5–6 Heft, Wilno 1924.

121. Kott, Jan, Osnowa syntezy polskiego Oświecenia (Um eine neue Synthese der polnischen Aufklärung), in: Przegląg Historyczny 42 (1951).

122. Kowecki Jerzy, Posłowie debiutanci na Sejmie Czteroletnim. Wiek XVIII, Polska i Świat. Księga poświęcona Bogusławowi Leśnodorskiemu (Die Abgeordneten-Debütanten während des Vierjährigen Sejm. Das 18. Jh., Polen und die Welt. Ein Buch Bogusław Leśnodorski gewidmet). Warszawa 1974

123. Kowecki, Jerzy, Posłowie debiutanci na Sejmie Czteroletnim w wieku XVIII. Polska i Świat. Księga poświecona Bogusławowi Leśnodorskiemu (Die Abgeordneten Debütanten im Vierjährigen Sejm), Warszawa 1974.

124. Kowecki, Jerzy, Pospolite ruszenie w insurekcji 1794 r (Das allgemeine Aufgebot während des Aufstandes von 1794), Warszawa 1963.

125. Kraszewski, J.,I., Polska w czasie trzech rozbiorów 1772–1799. Studya do historyi ducha i obyczaju (Polen im Zeitalter der Teilungen. Studien aus der Geistes- u. Kulturgeschichte, Bd 3), Poznań 1873–1875, Warszawa 1902.

126. Kraushar, A., Książę Repnin i Polska w pierwszym czteroleciu panowania St. A. (1764–1768) (Prinz Repnin und Polen in den ersten vier Jahren der Herrschaft St. A.), Kraków 1897.

127. Krumel, Werner, Nikita Ivanowicz Panins außenpolitische Tätigkeit 1747–1758; im Jahrbuch für Geschichte Osteuropas 5, (1940).

128. Krupiński, Kurt, Die Westmächte und Polen im 18. Jh., Berlin 1940.

129. Krupnicki J. Borys, Zu den polnischen Teilungsprojekten 1709–1711, in: Zeitschrift für osteuropäische Geschichte 9 (1935).

130. Kuchowicz Zbigniew, Społeczne konsekwencje postępującej degeneracji możnowładztwa polskiego w XVII-XVIII w. (Die gesellschaftlichen Konsequenzen der zunehmenden Degeneration unter den polnischen Magnaten im 17. Jh.), in: Kwartalnik Historyczny 76 (1969).

131. Kuchowicz, Zbigniew, Jeszcze o zdrowiu i niezdrowiu Magnatów XVII-XVIII w. (Nochmal über die Gesundheit und Krankheit der Magnaten im 17. u. 18. Jh.) in: Kwartalnik Historyczny 77 (1970).

132. Kukiel, Marian, Zarys dziejów wojskowości polskiego do roku 1864, T. 2: 1648–1864 (Abriss der polnischen Militärgeschichte bis zum Jahre 1864. Bd. 2: 1648–1864. Warszawa 1966.

133. Kukiel, Marian, Zarys historii wojskowości w Polsce – Abriss der Geschichte des Kriegswesens in Polen), London 1949.

134. Kula, Początki układu kapitalistycznego w Polsce XVIII wieku (Die Anfänge des kapitalistischen Systems in Polens im 18. Jh.), in: Przegląd Historyczny 42 (1951).

135. Kula, Szkice o manufakturach w Polsce XVIII wieku (Skizzen über die Manufakturen in Polen im 18. Jh., 2 Bände), Warszawa 1956.

136. Kula, Witold, Szkice o manufakturach w Polsce w XVIII w; Badania nad dziejami przemysłu i klasy robotnicznej w Polsce – Forschungen zur

Geschichte der Industrie und der Arbeiterklasse Polens, 2 Bände (Skizzen über die Manufakturen in Polen des 18. Jh.), Warszawa 1956.

137. Kulczykowski, Mariusz, En Pologne au XVIII siecle: L'activite industrielle des paysans et la formation du marche national", in: Annales 24, (1969) 1.

138. Kurdyba, Staropolski ideał wychowawczy (Das altpolnische erziehungsmodell)

139. Kurdybacha Łukasz, Dzieje kodeksa Andrzeja Zamoyskiego (Die Geschichte des Zamoyskis Kodex), Warszawa 1951.

140. Kurdybacha, Projekt kodeksu Andrzeja Zamoyskiego na tle warunków społeczno-gospodarczych epoki (Das Projekt des A. Z. Kodexes vor dem Hintergrund der gesellschaftlich-wirtschaftlichen Bedingungen der Epoche), 1951.

141. Kutrzeba Stanisław, Historia ustroju Polski w zarysie. Korona, Hrsg. von A. Ventulani (Abriss der polnischen Verfassungsgeschichte. Kron Polen), Warszawa 1949.

142. Kutrzeba Stanisław, Konstytucja trzeciego Maja. 1791 roku, wyd.2, Kraków.

143. Kutrzeba, Grundriss der polnischen Verfassungsgeschichte, Berlin, 1912.

144. Kutrzeba, Historia źródeł dawnego prawa polskiego (Geschichte der Quellen der alten Gesetze Polens), Band 1, Lwów.

145. Kutrzeba, Stanisław, Charakterystyka państwowości polskiej (Charakteristik des polnischen Staatswesens), Kraków 1916.

146. Kutrzeba, Stanisław, Sprawa żydowska w Polsce. Szkic historyczny (Die Judenfrage in Polen. Historische Skizze), Lwów O.J.

147. Lament chłopski na pany oraz inne narzekania na niedole poddanych polskich (Klagen der Bauern über die Herren und andere Beschwerden über die Not der polnischen Leibeigenen), Hrsg. von St. Szczotka, Warszawa 1946.

148. Langer, Dieter, Grundzüge der polnischen Literaturgeschichte, Darmstadt. 1975. S. 60–69, 132–182, vgl. auch Milosz, Czesław, The history of Polish Literature. London und New York 1969.

149. Lastik, Stanisław, Z dziejów oświecenia żydowskiego. Ludzie i fakty (Aus der Geschichte der jüdischen Aufklärung. Menschen und Tatsachen), Warszawa 1961.

150. Lech, Marian, J, Stanisław Leszczyński, Warszawa 1969.

151. Lechicka, J, Rola dziejów Stanisława Leszyńskiego (oraz wybór jego pism) (Die geschichtliche Rolle Stanisław Leszczyński – und eine Auswahl seiner Schriften, Rocznik TNT LIV, 1951 (za rok 1949).

152. Lechicka, Rola dziejów Stanisława Leszczyńskiego oraz wybór z jego pism (Die historische Bedeutung St. L. nebst einer Auswahl aus seinen Schriften) Toruń 1951.

153. Lelewel Joachim, Panowanie króla polskiego Stanisława Augusta Poniatowskiego (Die Herrschaft des polnischen Königs St. A. Poniatowski), Bruksela 1847.

154. Lelewel, Panowanie Króla polskiego Stanisława Augusta Poniatowskiego obejmujące trzedziestoletnie usilności Narodu podźwignięcia się, ocalenia bytu i niepodległości (Die Herrschaft Stanisław A. P., umfassend den dreißigjährigen Versuch des Volkes sich zu heben und seine Existenz und Unabhängigkeit zu retten), Warszawa 1831.

155. Leśklewicz, J., Michalski,Supliki chłopskie XVIII w. (Die Bauern-Supliken aus dem 18. Jh.), in: Archiwum Prymasa Poniatowskigo, Warszawa 1954.

156. Leśnodorski Bogusław, Dzieło Sejmu Czteroletniego (1788–1792). Studium historyczno-prawne (Das Werk des Vierjährigen Sejm. 1788–1792. Eine rechtshistorische Studie), Wrocław 1951.

157. Leśnodorski, Andrzej Zamoyski „O uszczęśliwianiu kraju“ (A. Z. über das „Glücklichmachen des Landes), in: Ludzie i idee. Warszawa 1972.

158. Leśnodorski, Bogusław, Les partages de la Pologne. Analyse des cause et assai d‘une theorie, in: Acta Poloniae Historica 8 (1963).

159. Leśnodorski, Dwie prace o kodeksie Andrzeja Zamoyskiego (Zwei Arbeiten über den Zamoyski kodex), in: Czasopismo Historyczne, Band 4, 1952.

160. Leśnodorski, Les facteurs intellectuels de la formation de la societe Polonaise moderne au siecle de lumieres, in: La Pologne au X Gongres International des sciences historigue a Rome. Warszawa 1955.

161. Leśnodorski, Mowy Andrzeja Zamoyskiego na konwokacji 1764 r. (Die Reden Andrzej Zamoyskis auf dem Konvokationssejm des Jahres 1764), in: Księga pamiątkowa 150-lecia Archiwum Głównego Akt Dawnych w Warszawie (Festschrift zum 150. Jahrestag der Gründung des Hauptstaatsarchivs für alte Akten in Warschau). Hrsg. von A. Stebski, Warszawa 1958.

162. Leśnodorski, Polscy Jakobini (Die polnischen Jakobinen), Warszawa, 1960.

163. Leśnodorski, Rzeczypospolita w drugiej połowie XVIII w. Typ państwa i zmiany formy rządu (Die Republik in der zweiten Hälfte des 18. Jh. Typus des Staates und Änderungen der Regierungsform), In: Przegląd historyczny, Band XLII, 1951.

164. Leśnodorski, Rzeczypospolita w drugiej połowie XVIII w. Typ państwa i zmiany formy rządu (Die Republik der zweiten Hälfte des 18. Jh., Typus des Staates und Änderungen der Regierungsreform) in: Przegląd Historyczny, Band 42, 1951.

165. Leśnodorski, Wstep (do) Hugo Kołłątaja: Listy Anonima i prawo polityczne narodu polskiego (Einleitung (zu) Hugo Kołłątaj: Briefe eines Anonymus und das politische Recht des polnischen Volkes), Warszawa 1954.

166. Libera, Zdzisław, Problemy polskiego Oświecenia. Kultura i Styl (Probleme der polnischen Aufklärung. Kultur und Stil).

167. Lipiński Edward, Studia nad historią polskiej myśli ekonomicznaj (Studien über die Geschichte des polnischen Wirtschaftsdenkens), Warszawa 1956.

168. Loret, M., Rzym a Polska w początkach panowania Stanisława Augusta Poniatowskiego (Rom und Polen in den Anfängen der Herrschaft von Stanisław August Poniatowski), in Przegląd Współczesny, 6 Jahrgang, 1927, Band 23.

169. Loret, M., Watykan a Polska w dobie rozbiorów (1772–1795), in: Przegląd Współczesny, J.13 (Vatikan und Polen in der Zeit der Teilungen (1772–1795) 1934.

170. Lubieńska Maria Cecylia, Sprawa desydencka 1764–1766 (Die Dissidentenfrage 1764–1766), Kraków u. Warszawa 1911.

171. Maciejowski, 0 kodyfikacji praw w dawnej Polsce i jej znaczeniu europejskim (Über die Kodifikation im alten Polen und über ihre Bedeutung in Europa), in: Na dziś. Pismo zbiorowe poświecone literaturze, naukom, sztuce, Band 2, Kraków 1872.

172. Maciejowski, W. A. Pobieżny, Przegląd na kodyfikacje praw w dawnej Polsce z uwzględnieniem głównie pracy jej najnowszej i napomnienem jej stosunku do prawa cywilnego pruskiego, austriackiego i francuskiego (Ein Überblick der Kodifikationen im alten Polen….) in: Czasopismo poświęcone Prawu i umiejętnościom politycznym, wydane pod red. Wydziału Prawa i Umiejętności Politycznych Uniwersytetu Jagiellońskiego, 4, (1869), 1.

173. Maciejowski, W. A., Historia prawodawstw słowiańskich (Geschichte der slavischen Gesetzgebungen), Warszawa 1965.

174. Maciejowski, W. A., Sprawa włościańska w Polsce (Die Bauerfrage in Polen), in: Prawnik, 16, (1870).

175. Maciszewski Jarema, Szlachta polska i jej państwo (Die polnische Szlachta und ihr Staat), Warszawa 1969.

176. Mahler Rafał, Dzieje Żydów w Polsce przedrozbiowej (Geschichte der Juden in Polen vor den Teilungen), Warszawa 1946.

177. Mahler Rafał, Żydzi w dawnej Polsce w świetle liczb. Struktura demograficzna Żydów w Koronie w XVIII wieku (Die Juden im alten Polen im Lichte der Zahlen. Die demographische Gliederung der Judenschaft in Kronpolen im 18.Jh.), in: Przeszłość demograficzna Polski. Materiały i studia. Warszawa 1967.

178. Mahler, Jidn jin emalika Poljn jin licat fun ci firn – Żydzi w dawnej Polsce w świetle cyfr. Struktura demograficzna i socjalno-ekonomiczna Żydów w Koronie (Die Juden im alten Polen im Lichte der Zahlen. Die demographische und sozial-ökonomische Gliederung der Judenschaft in Kronpolen im 18. Jh.), Warszawa 1958.

179. Majchrowicz, Franciszek, Wielka reforma szkolna ks. Stanisława Konarskiego i Komisji Edukacji Narodowej (Die große Schulreform des Priesters St. K. und der nationalen Erziehungskommission). Lwów 1923.

180. Marchlewski, Fizjokratyzm w Polsce (Züricher volkswirtschaftliche Abhandlungen, Heft 2) Zürich 1897, (Der Physiokratismus in Polen).

181. Materialy do sytuacji na Ukrainie prawobrzeżnej i ruchów hajdamackich lat 50-tych i 60-tych XVIII w. z korespondencji Jerzego Wandalina Mniszcha (Materialien über die Lage in der rechtsufrigen Ukraina und über die Unruhen unter den Hajdamaken in den 50er- und 60er-Jahren des 18. Jh. aus der Korrespondenz von J.W.M.) Hrsg. von A. Podraza und E. Rostworowski, in: Przegląd Historyczny 47 (1956).

182. Materiały z dziejów chłopa wielkopolskiego w drugiej połowie XVIII w., Z ksiąg grodzkich… (Materialien zur Geschichte der Bauern in Großpolen in der zweiten Hälfte des 18. Jh. Aus den Grundbüchern 7, Hrsg. Von J. Deresiewicz, 3 Bde. Wrocław 1956–1957.

183. Matuszewski, Józef, W sprawie genezy Sądu Refendarskiego (Zur Entstehung der Referendargerichtsbarkeit), in: Czasopismo Prawno-Historyczne 6 (1954).

184. Mejbaum W., O tron Stanisława Augusta (Um den Thron St. A.).Lwów 1918.

185. Michalski, O rzekomych i rzeczywistych pismach Andrzeja Zamoyskiego (Über vermeintliche und tatsächliche Schriften A. Z.) in: Przegląd Historyczny 61 (1970).

186. Michalski, J., Propaganda konserwatywna w walce z reformą w początkach panowania Stanisława Augusta (Die konservative Propaganda im Kampfe mit der Reform in den Anfängen der Herrschaft St. A.), in: Przegląd Historyczny, Band 43, 1952.

187. Michalski, Jerzy, Gdyby nami rządziły kobiety (Wenn es mit uns die Frauen regierten), Poglądy Amalii Mniszechowej na reformy Rzeczypospolitej - Die Ansichten von A. M. über die Reform der Republik), in: Wiek XVIII., Polska i świat. Księga poświęcona Bog. Leśnodorskiemu, Warszawa 1974.

188. Michalski, Jerzy, Sprawa desydencka a zagadnienie gospodarcze w opinii publicznej w pierwszych latach panowania St. Augusta (Die Angelegenheit der Dissidenten und die Wirtschaftsfrage in der öffentlichen Meinung in den ersten Jahren der Herrschaft Stanisław August Poniatowski), in: Przegląd Historyczny, Band 40, 1949 (Erscheinungsjahr 1950).

189. Michalski, Plan Ćzartoryskich naprawy Rzeczypospolitej (Der Plan der Czartoryski zur Reform der Republik), in: Kwartalnik Historyczny 65 (1956).

190. Michalski, Studia nad reformą sądownictwa i prawa sądowego w XVIII w., cz. I (Studien zur Reform des Gerichtswesens und des Prozessrechts im 18. Jh.) 1. Teil, s. Verzeichnis, 1958.

191. Michalski, Studia nad reformą sądownictwa i prawa sądowego w XVIII w. (Studien zur Reform des Gerichtswesens und Prozessrechts im 18. Jh.). Bd. 1. Wrocław u. Warszawa 1958.

192. Michnik Helena und Ludwika Mosler, Historia Polski do roku 1795 (Geschichte Polens bis zum Jahre 1795), Warszawa 1961.

193. Michnik, Mosler, Rozwój narodu burżuazyjnego w ramach kształtowania się stosunków kapitalistycznych w Polsce (Der Entwicklungsprozess der bürgerlichen Nation im Rahmen der Entstehung kapitalistischer Verhältnisse in Polen), in: Przegląd Nauk Historycznych i Społecznych 2 (1952).

194. Mnemon, Stanisław (Pseudon. für Maria Ostrowska), L'origene des Poniatowski. Partie preliminaire: notes biograuhiques et apercus psychologiques sur Stanisław Poniatowski, Cracovie 1913.

195. Montesquieu (Charles-Lois de Secoridat). Vom Geist der Gesetze, Hrsg. von E. Forshoff., 2 Bde., Tübingen 1951.

196. Morawski, Kazimierz, Źródło rozbioru Polski. Studia i szkice z ery Sasów i St. A. (Der Ursprung der Teilung Polens. Studien und Skizzen aus Ära der Sachsen und St. A.), Poznań 1935.

197. Morawski, Pogląd na opozycję magnacką między pierwszym rozbiorem a Sejmem (Meinung über die Magnatenposition zwischen der ersten Teilung und dem Vierjährigen Sejm), in: Studia historyczne wydane ku czci Prof. W. Zakrzewskiego, Kraków, 1908.

198. Możnowładztwo polskie na tle dziejów, T. l. Do końca XVII w. (Die polnische Oligarchie im Lichte der Geschichte, Bd. 1, Bis zum Ende des 17. Jh., Warszawa 1914.

199. Nicolson, Harold, Das Zeitalter der Vernunft, Wien, München, Basel.

200. Niec, Julian, Młodość ostatniego elekta (l 732–1764) (Die Jugend des letzten gewählten Königs St. A. P.), Kraków 1935.

201. Niec, Stanisława A. Poniatowskiego; O planie reformy Rzeczypospolitej (St. A. P. Plan einer Reform der Republik) in: Historia 3, (1933).

202. Nowak-Blużewski, J. Stanisław Konarski, Warszawa 1951.

203. Nowak-Dłużewski, Juliusz, Stanisław Konarski, Warszawa 1951.

204. Nowe wydawnictwo źródłowe do historii chłopów w Polsce w drugiej połowie XVIII w. (Neue Quellenangaben zur Geschichte der Bauern in Polen in der zweiten Hälfte des 18. Jh.), Hrsg. von St. Śreniowski, in: Nowe Drogi, 5 (1956).

205. O skutecznym rad sposobie albo o utrzymaniu ordynaryjnych seymow (Von einem nützlichen Mittel zum Bestände der ordentlichen Sejms in Polen). 4 Bde, Warszawa 1760–1763) fotomechanischer Druck 1923.

206. Opałek, Hieronim Strojnowski - przedstawiciel postępowej myśli prawniczej polskiego Oświecenia (Vertreter des fortschrittlichen juristischen Denken der polnischen Aufklärung) in: „Państwo i Prawo", 1 (1952) 1.

207. Opałek, Karol, Hugona Kołłątaja poglądy na państwo i prawo (Die Ansichten U.K. über den Staat und Recht), Warszawa 1952.

208. Opałek, Karol, Nauka polskiego Oświecenia w walce o postęp, Warszawa 1951 (Die polnische aufgeklärte Wissenschaft im Kampf um Fortschritt).

209. Opałek, Karol, Prawo natury u polskich fizjokratów (Das Naturrecht bei polnischen Physiokraten), Warszawa 1953.

210. Orłowski, Koloniści – rolnicy niemieccy w Ordynacji Zamoyskiej w końcu XVIII wieku (Deutsche Kolonisten-Bauern in der Ordination Zamoyski am Ende des 18. Jh.), in: Annales Universitatis Mariae Curie-Skłodowska, sec. F. 13 (1960).

211. Orłowski, Oczynszowanie włościan w dobrach (Der Mietzins in den Gütern) in: Annales UMSC sectio H, Vol. I, 1967.

212. Orłowski, Położenie i walka klasowa chłopów w Ordynacji Zamoyskiego w drugiej połowie XVIII w. (Die Lage und der Klassenkampf der Bauern in der Ordination Zamoyskis in der zweiten Hälfte des 18. Jh.) Lublin 1963.

213. Orłowski, Ryszard, Działalność społeczno-gospodarcza Andrzeja Zamoyskiego (1752–1792) (Der sozioökonomische Tätigkeitsbereich von A. Zamoyski). Praca habilitacyjna – (Habilitationsschrift). Lublin 1965.

214. Palmer, R. R., Das Zeitalter der demokratischen Revolution. Eine vergleichende Geschichte Europas und Amerikas von 1760 bis zur Französischen Revolution, Frankfurt am Main, 1970.

215. Patkaniowski, M., Dzieje Wydziału Prawa U. J. od refomy kołłątajowskiej do końca XIX stulecia (Geschichte der juristischen Fakultät der Jagiellonischen Universität seit den kołłontaischen Reformen bis zum Ende des 19. Jh.), Kraków 1964.

216. Pawłowski, B., Wojsko koronne i Komisja wojskowa w dobie Konfederacji barskiej 1768–1772, t. 10 (Das königliche Heer und die Kommission des Heeres in der Zeit der Konföderation von Bar), 1938 in: Przegląd Historyczno-Wojskowy 10 (1939).

217. Perrero, D. La diplomazia üiemontese el primo membramento della Polonia, Torini 1894.

218. Pietruski, Oswald, Elektorów poczet, którzy niegdyś głosowali na elektorat Jana Kazimierza roku 1648; Jana III roku 1674, Augusta III roku 1597 i Stanisława Augusta roku 1764….(Bildchronik der Wähler, die einmal auf die Neuerwählten des Jahres 1646, Jan III. des Jahres I674, August III. des Jahres 1697, und S. A. des Jahres 1764 votierten). Lwów 1845.

219. Pilat, Roman, Nieznane pismo polityczne Stanisława Konarskiego p.t. Suum cuique (Eine unbekannte politische Schrift St. K. mit der Überschrift, Suum cuique), in: Przegląd Polski 4 (1869/70) 6.

220. Pisma wybrane (Ausgewählte Schriften), Hrsg. von J. Nowak-Dłużewski, 2 Bde, Warszawa 1955.

221. Polens Schicksale seit 1763 bis zu dem Augenblicke, wo es sich für unabhängig erklärte, Paris 1831.

222. Pölitz K. H. L., Die Europäischen Verfassungen seit dem Jahre 1789 3. Bd., F.A. Brockhaus Leipzig 1833. Agatha Kobuch, Das Angebot der polnischen Königskrone an den Kurfürsten von Sachen durch die Verfassung vom 3. Mai 1791, Akademie-Verlag 1994

223. Radwański, Z, Wąsicki J, Najdawniejsze zmiany w polskim prawie cywilnym w okresie Oświecenia. CPH, t. 1, 1952, (Die wichtigsten Änderungen im polnischen Zivilrecht in der Zeit der Aufklärung), Czasopismo Prawno-Historyczne, Band 4, 1952.

224. Radwański, Zbigniew, Prawa kardynalne w Polsce (Die Kardinalrechte in Polen), Poznań, 1952.

225. Reimann, Eduard, Die Bewerbung des Kurfürsten Friedrich Christian und seines Bruders Xawer um die polnische Krone im Jahre 1763/64, in: Archiv für die sächsische Gesichte NF 4 (1878).

226. Reinalter Helmut, Leisching Peter (Hrsg.): Die polnische Verfassung vom 3. Mai 1791 vor dem Hintergrund der europäischen Aufklärung (Schriftenreihe der Internationalen Forschungsstelle Demokratische Bewegungen in Mitteleuropa 1770–1850. Bd. 23). Lang, Frankfurt am Main u. a. 1997, ISBN 3-631-30509-5.

227. Rhode Gotthold, Kleine Geschichte Polens, Darmstadt 1965.

228. Roenell, Richard, Das Interregnum. Wahl und Krönung von Stanisław August Poniatowski, Posen 1892.

229. Roepell, J. J. Rousseaus Betrachtungen über die polnische Verfassung, in: Zeitschrift der Historischen Gesellschaft für die Provinz Posen 3 (1888).

230. Rose, William, J, Stanisław Konarski, Reformer of Education in XVIII Century Poland. London 1929.

231. Rostworowski, Czy Stanisław Leszczyński jest Autorem „Głosu wolnego". Legendy i fakty XVIII w. (Ist Stanisław Leszczyński der Autor der „Freien Stimme…", Legenden und Fakten des 18. Jh.). Warszawa 1963.

232. Rostworowski, E, Zdrowie i niezdrowie polskich Magnatów XVI-XVIII w. (Gesundheit und Krankheit der polnischen Magnaten im 16.–18. Jh.), in: Kwartalnik Historyczny 76 (1969) 4.

233. Rostworowski, Emanuel, Ostatni król Rzeczypospolitej, Geneza i Upadek Konstytucji 3 Maja (Der letzte König der Respublika. Genese und Niedergang der Verfassung vom 3. Mai), Warszawa 1966.

234. Rostworowski, Na drodze do pierwszego rozbioru. Fryderyk II wobec rozkładu przymierza francusko-austriackiego w latach 1769–1772 (Auf dem Wege zur ersten Teilung Polens. Friedrich II. und das Bündnis zwischen Frankreich und Österreich in den Jahren 1769–1772), in: Roczniki Historyczne 18 (1949).

235. Rostworowski, Stanisław, Leszczynski et l'idee de la uaix generale, in: La Lorraine dans l'Europe des lumieres. Nancy 1968.

236. Rostworowski, Voltaire et la Pologne, in: Studies on Voltaire and the 18th Century 62 (1968).

237. Rottek, Karol, Rozprawa o konstytucji – Betrachungen, Abhandlung über die Verfassung), Lwów, 1848.

238. Rutkowski Jan, Histoire economique de la Pologne avant les partages. Paris 1927.

239. Rutkowski Jan, Historia gospodarki Polski (do 1864) (Wirtschaftsgeschichte Polens bis 1864), Warszawa 1953.

240. Rutkowski, Jan, „Les bases economiques des partages de l'ancienne Pologne", in: Revue d'Histoire Moderne 4 (1932).

241. Rybarski Roman, Skarbowości Polski w dobie rozbiorów (Das Finanzwesen Polens in der Zeit der Teilungen), Kraków 1937.

242. Rylski, Władysław, Ścibor, Pierwsze pisma polityczne ks. St. Konarskiego (Die ersten politischen Schriften des Priesters St.K.) Lwów 1904.

243. Saint-Priest, Alexis de, Etudes diplomatiques et litteraires. Bd. 1: Le partage de la Pologne en 1772, Paris 1850.

244. Saint-Priest, Alexis de, Etudes diplomatiques et litteraires. Bd. 1: Le partage de la Pologne en 1772, Paris 1850.

245. Salmowicz, S.,Prawo karne oświeconego absolutyzmu. Z dziejów kodyfikacji karnych przełomu XVIII/XIX w. Toruń 1966 (Große Kodifikationen des Strafrechts des aufgeklärten Absolutismus. Aus der Geschichte der Kodifikationen des Strafrechtes um die Wende des 18. und 19. Jh.).

246. Schmitt, Friederic II, Catharine et le partage de la Pologne, Paris 1861.

247. Schmitt, H., Jedrzej Zamoyski i jego projekt do Księgi Ustaw (J. Z. und sein Entwurf zur Gesetzessammlung), in: Dziennik Literacki,1859.

248. Schmitt, Friedrich, Suworov und Polens Untergang, Leipzig 1958.

249. Czochron, Sebastian, „Uwagi moralne gruntujące się na prawie natury" (1782), (Moralische Bemerkungen, die sich auf das Naturrecht stützen).

250. Skalkowski, A. M., Biskup Szembek a kodeks Zamoyskiego (Bischof und der Zamoyski kodex), in: Fragmenty, Poznań 1928.

251. Skwarczynski, Z, Franciszek Salezy Jezierski, jako ideolog antyfeudalny, (Franciszek Salezy Jezierski, als antifeudaler Ideologe), in: „Przegląd Naukowo-Historyczny i Społeczny", Band 2, 1952.

252. Ślonski Ceitung nr. 3/2020.

253. Smitt Frederic, Frederic II, Catherine et lo partage de la Pologne. D'apres des documents authentiques. Paris 1861.

254. Smolarski, Mieczysław, Studia nad Wolterem w Polsce (Studien über Voltaire in Polen), Lwów 1818.

255. Smoleński, Komisja Boni Ordinii Warszawska (1765–1789) (Die warschauer Kommission der guten Ordnung) in: Studia Historyczne, Warszawa 1913, 1925.

256. Smoleński, Monteskjusz w Polsce (Montesquieu in Polen), in: Monteskiusz i jego dzieło. Sesja naukowa w dwusetną rocznicę śmierci. (Montesquieu und sein Werk. Wissenschaftliche Tagung zum 200. Todestag). Wrocław; 1956.

257. Smoleński, Stan i sprawa Żydów polskich w XVIII wieku (Die Lage und die Frage der polnischen Juden im 18. Jh.), Warszawa 1876.

258. Smoleński, W., Kuźnica Kołłątajowska. Studium historyczne z przedmową Żanny Kormanowej, (Kuźnica Kołłątajowska – Werkstatt. Mit Einleitung von Żanna Kormanowa),Warszawa,1949.

259. Smoleński, W., Przyczyny upadku Kodeksu Zamoyskiego (Die Ursachen des Niederganges des Kodexentwurfes von Zamoyski), in: Pisma Historyczne, Band 1, Kraków 1901.

260. Smoleński, Władysław, Cezar Pyrrhys de Varille, Pisma historyczne, Tom I, (Cezar Pyrrhys de Varille. Geschichtliche Schriften, Band 1), Kraków 1901.

261. Smoleński, Władysław, Przewrót umysłowy w Polsce w XVIII wieku, Warszawa 1949. (Der geistige Umschwung in Polen des 18. Jh.)

262. Snowacki A., Stanisław Konarski, sein Leben und Wirken, Phil.Diss. Wrocław-Poznań, 1903.

263. Snowacki, A. Stanisław Konarski. Sein Leben und Wirken. Phil, Diss. Breslau 1903.

264. Sobociński Władysław, O ustawie konstytucyjnej Państwa Polskiego (Über das Verfassungsgesetz des polnischen Staates), in: Czasopismo Prawniczo-Historyczne, Band I, 1948.

265. Sobociński Władysław, Pakta konwenta. Studium z historii prawa polskiego (Die Pacta conventa. Eine Untersuchung zur polnischen Rechtsgeschichte), Kraków 1939.

266. Sobociński, O historii sądownictwa w Polsce magnackiej XVIII w. (Über die Geschichte des Gerichtswesens in Polen der Magnaten im 18.Jh.), in: Czasopismo Prawno-Historyczne 13 (1961).

267. Sobociński, Władysław, Z Zagadnień myśli polityczno-prawnej polskiego Oświecenia (Aus den Problemen des politisch-rechtlichen Gedankenguts der polnischen Aufklärung), in: Wiek XVIII, Polska i Świat.

268. Sobociński, Z zagadnień myśli polityczno-prawnej polskiego Oświecenia (Aus der Problematik der politisch-rechtlichen Gedanken der polnischen Aufklärung), in: Wiek XVIII. Polska i Świat. Księga poświęcona Bogusławowi Leśnodorskiemu, Warszawa 1974.

269. Sojka-Zielińska, K., Wielkie kodyfikacje prawa cywilnego XIX w., Warszawa 1973, (Große Kodifikationen des Zivilrechtes im 19. Jh.).

270. Sojka-Zielinska, Katarzyna, Wiek XVIII – Wiekiem Kodyfikacji, in: Wiek XVIII, Polska i Świat, Warszawa 1974 (Das 18.Jh., Zeitalter der Kodifikation. Polen und die Welt, Warschau 1974).

271. Sojka-Zielinska, K., Rola prawa rzymskiego w pracach kodyfikacyjnych wieku Oświecenia. (Die Rolle des römischen Rechts in den Kodifikationsarbeiten des Zeitalters der Aufklärung).

272. Sojka-Zielińska, Rola prawa rzymskiego w pracach kodyfikacyjnych wieku Oświecenia (Die Rolle des römischen Rechtes in den Kodifikationsarbeiten des Zeitalters der Aufklärung), in: Czasopismo prawno-historyczne, Band 27, 1 Heft, 1975.

273. Sojka-Zielinska, Wiek XVIII – wiekiem kodyfikacji – Das 18 Jh. Ein Zeitalter der Kodifikation.

274. Sorel, Albert, La question d'Orient au XVIII 2 siecle Le partage de la Pologne et le traite de Kainardj, Paris 1889.

275. Sorel, Albert, La question d'Orient au XVIII 2 siecle Le partage de la Pologne et le traite de Kainardj, Paris 1889.

276. Sozański Antoni, Imienne spisy osób duchownych, świeckich i wojskowych, które w pierwszych ośmiu latach panowania króla Stanisława Poniatowskiego od roku 1764–1772 w rządzie lub przy administracji Rzeczypospolitej udział brały, cz, I, Kraków 1866 (Namentliches Verzeichnis von geistlichen, weltlichen Personen, wie auch Angehörigen des Heeres, die in den ersten acht Jahren der Herrschaft des Königs St. P. an den Regierungsgeschäften oder der Verwaltung der Republik beteiligt waren).

277. Starościak, Jerzy, O administracji polskiej w XVIII w. (Über die polnische Verwaltung im 18. Jh), in: Państwo i prawo, Jahrgang 7, 1952.

278. Starzewski, Maciej, Wstęp (Einleitung zur polnischen Übersetzung von J. J. Rousseaus, Considerations sur la gouvernement de Pologne, unter dem Titel, Uwagi nad rządem Polski), Kraków 1924.

279. Staszic, Uwagi nad życiem Jana Zamoyskiego, S. X – Bemekungen über das Leben Jan Zamoyski).

280. Suchodolski, B., „Nauka polska w okresie Oswiecenia, Warszawa 1953 (Die polnische Wissenschaft in der Zeit der Aufklärung).

281. Suchodolski, Bogdan „Idee społeczne doby stanisławowskiej" (Die Vorstellungen von der Gesellschaft in der stanislauischen Zeit) Warszawa 1948.

282. Sybel, Heinrich von „Die erste Teilung Polens", in: Deutsche Rundschau 1 (1974).

283. Sybel, Heinrich von „Die erste Teilung Polens", in: Deutsche Rundschau 1 (1974).

284. Szacki, Jerzy, Ojczyzna, naród, revolucja. Problematyka narodowa w polskiej myśli szlachecko-rewolucyjnej (Vaterland, Nation, Revolution).

Die nationale Problematik im revolutionären Denken der polnischen Schlachta), Warszawa 1962.

285. Szcząstka, Zbigniew, Odpowiedzialność rządu w Polsce w latach 1775–1792 (Die Verantwortung der Regierung in Polen in den Jahren 1775–1792), in: Czasopismo Prawniczo-Historyczne, 27 (1975).

286. Szyjkowski, Maryan, Rozmowa Francuza z Polakiem (Gespräch eines Polen mit einem Franzosen), in: Myśl Jana Jakuba Rousseau w Polsce XVIII wieku (Das Gedankengut J.J. Rousseaus in Polen im 18. Jh.), Kraków 1913.

287. Tarnawski, M., Kodeks Zamoyskiego na tle stosunków kościelno-państwowych za czasów Stanisława Augusta (Der Zamoyski-Kodex vor dem Hintergrund des kirchlich-staatlichen Verhältnisses während der Regierungszeit von Stanisław August) Lwów 1916.

288. Tarnawski, Mieczysław, Kodeks Zamoyskiego na tle stosunków kościelno-państwowych za czasów Stanisława Augusta (Der Kodex Zamoyski im Licht der Beziehungen von Kirche und Staat zur Zeit St. A.) Lwów 1916.

289. Tęczyński, Józef und Franciszek Kulczycki, Liczba głów żydowskich w koronie z taryf r.1765 (Die Kopfzahl der Juden in Kronpolen nach den Steuerlisten des Jahres 1765), in: Archiwum Komisji Historycznej Akademii Umiejętności, Krakow 1898.

290. The Cambridge History of Poland, Bd. 2. From Augustus II. to Piłsudski (1697–1935), Hrsg. von W.F. Reddaway u.a. Cambridge 1951.

291. Thieme, Die preußische Kodifikation, in: Zeitschrift der Savigny-Stiftung für Rechtsgeschichte, Weimar 1936

292. Thieme, Die Zeit des späten Naturrechts. Eine privatrechtliche Studie, in: Zeitschrift der Savigny-Stiftung, Band 56, Weimar 1936.

293. Valjavec, Fritz, Geschichte der abendländischen Aufklärung, Wien, München 1960.

294. Verosta, Stephan, Das Europäische Staatensystem und das „klassische Völkerrecht", sowie „Das Völkerrecht nach der amerikanischen, französischen und der industriellen Revolution", in: Völkerrecht von Alfred Verdross, 5 Auflage, Wien 1964.

295. Vielrose Egon, Ludność Polski od X do XVIII wieku (Die Bevölkerung Polens vom 10. Jh. bis zum 18. Jh.), in: Kwartalnik Historii Kultury Materialnej, Nr. 5 (1957).

296. Vielrose Egon, Przyczynek do demografii szlachty polskiej (Ein Beitrag zur Demografie des polnischen Adels), in Przegląd statystyczny 1 (1938).

297. Volz, G. B., Friedrich der Große und die erste Teilung Polens. Forschungen zur Brandenburgischen und Preußischen Geschichte, 23 Band, 1910.

298. Waitz, Georg, „Neue Mitteilungen über die erste Teilung Polens“, in: Historische Zeitschrift 6 (1861).

299. Waliszewski, Potoccy i Czartoryscy. Walka stronnictw i programów politycznych przed upadkiem Rzeczypospolitej 1754—1765 (Die Potocki und die Czartoryski. Der Kampf der Parteiungen und der politischen Programme am Vorabend des Untergangs der Republik). Bd. 1., 1754—1754, Kraków 1887.

300. Wąsicki J., Ziemie polskie pod zaborem pruskim. Prusy południowe 1793–1806. Studium historyczno-prawne (1957), l Band (Das polnische Gebiet unter preußischer Fremdherrschaft. Südpreußen 1793–1806. Ein historisches Studium, 1957), 1963.

301. Weber Georg, Allgemeine Weltgeschichte, Band 13, Leipzig, 1878.

302. Wegner Leon, Dzieło dnia trzeciego i piątego Maja 1791. (Die Geschichte des Tages des dritten und fünften Mai 1791), Poznań 1865.

303. Wernic, H. Stanisław Konarski jego życie i działalność wychowawcza. Zarys biograficzny (St. Konarski sein Leben und seine erzieherische Tätigkeit. Biographischer Abriß). Petersburg 1900.

304. Wimmer Jan, Wojsko polskie w drugiej połowie zu XVIII wieku, (Die polnische Armee in der zweiten Hälfte des 17. Jh.), Warszawa 1965.

305. Wimmer, Wojsko (Das Heer), in: Polska w XVII wieku (Polen im 17. Jh.), Warszawa 1969.

306. Wojciechowski, Młodość Stanisława Konarskiego (Die Jugend St. Konarski), Lwów 1895.

307. Wołoszyński, R, Polska w opisie Francuzów XVIII w. Rulhiere i jego współczesni (Polen in der Beschreibung der Franzosen des Jh. Rulhiere und seine Zeitgenossen), Warszawa 1964.

308. Wybicki, Listy patriotyczne (Patriotische Briefe), Wrocław 1955.

309. Z historyi Żydów w Polsce. Szkice i studya. (Zur Geschichte der Juden in Polen. Skizzen und Studien), Warszawa, 1920.

310. Zahorski, Andrzej, Centralne instytucje policyjne w Polsce w dobie rozbiorów (Die zentralen Polizei-Einrichtungen in Polen im Zeitraum der Teilungen), Warszawa 1959.

311. Zahorski, Andrzej, Centralne instytucje policyjne w Polsce w dobie rozbiorów (Die zentralen Polizei-Einrichtungen in Polen im Zeitraum der Teilungen), Warszawa 1959.

312. Zajączkowski, Szlachta brukowa (Der Steinpflaster-Adel), in: Kultura i społeczenstwo 2 (1958) 3.

313. Zajaczkowski, Z dziejów inteligencji polskiej. Studia historyczno-socjologiczne (Zur Geschichte der polnischen Intelligenz. Historisch-soziologische Studien), Wrocław 1962.

314. Zajączkowski, Z problematyki polskiej kultury szlacheckiej (Aus der Problematik der polnischen Adelskultur), in: Kultura i społeczeństwo 1 (1957) 2.

315. Zdrada, Jerzy, Zmierzch Czartoryskich, (Der Untergang des Czartoryski Geschlechts), Warszawa 1969, Handels, Marcelli, Adam Czartoryski, 2 Bde., Warszawa 1948, 1949.

316. Żernicki-Szeliga, Geschichte des polnischen Adels, Hamburg, 05.

Biographie des Autors

Der Autor Josef Fox ist am 26.07.1943 in Colonnowska, Kreis Groß-Strehlitz/ Strzelce Opolskie, in Oberschlesien, geboren.

Er studierte Jura an der Universität in Wrocław/Breslau und an der Universität Wien. Nach dem Studium absolvierte er am Landesgericht in Opole/ Oppeln die Richterpraxis, die er mit Befähigungsnachweis für das Richteramt abschloss. Danach legte er auch die Prüfung als Rechtsberater/Radca Prawny ab. In Opole/Oppeln war er im Magistrat und zuletzt in der Woiwodschaft im Büro der Radców Prawnych/Rechtsberater tätig.

Mit Stipendium des österreichischen Ministeriums für Auswärtige Angelegenheiten studierte er an der Diplomatischen Akademie in Wien. In Österreich war er hauptsächlich im Bankwesen auch in leitenden Positionen tätig.

Nach der Rückkehr nach Polen eröffnete er sein Büro als Radca Prawny und dann etablierte er sich in Katowice/Kattowitz als Rechtsanwalt.

Aufgrund seiner intensiven Bemühungen wurde in Katowice/Kattowitz das Österreichische Honorarkonsulat ins Leben gerufen, das er grundsätzlich allein führte.

Als Rechtsanwalt führte er u.a. auch an den Gerichten in Opole/Oppeln und Katowice/Kattowitz Verfahren betreffend die Anerkennung der Oberschlesier als ethnische Volksgruppe und der Anerkennung deren Sprache als Regionalsprache.

Im ersten Musterprozess nach dem Zweiten Weltkrieg beantragte er vor den polnischen Gerichten auf der Grundlage des Art. 118a des polnischen Strafgesetzbuches, die rechtliche Anerkennung der Zwangsübersiedlung der Oberschlesier zur Zwangsarbeiten nach Russland im Jahre 1945, als Verbrechen gegen die Menschheit.

Er ist als Rechtsanwalt tätig, ist verheiratet und Vater von zwei Kindern.

Der Autor ist Bürger der Republik Österreich.

Anhang: Die polnische Verfassung vom 3. Mai 1791 in deutscher Fassung

Verfassung Polens (USTAWA RZĄDOWA = „Gesetz über die Regierung") vom 3. Mai 1791, aufgehoben durch Beschluss des polnischen Sejm/Reichstags zu Grodno am 29. September 1793.[1])

„Im Namen Gottes des Allmächtigen!

Stanislaus August, von Gottes Gnaden und kraft des Willens der Nation König von Polen, Großherzog von Litauen, Reußen, Preußen, Masowien, Samogitien, Kiew, Wolhynien, Podolien, Livland, Smolensk, Sewerien und Czernigow, gemeinschaftlich mit den konföderierten Ständen, die in gedoppelter Zahl versammelt sind, die polnische Nation zu repräsentieren.

Da Wir überzeugt sind, daß unser aller gemeinschaftliches Schicksal einzig und allein von der Gründung und Vervollkommnung der Nationalverfassung abhängt, und durch eine lange Erfahrung die verjährten Fehler unserer Regierungsverfassung kennen gelernt haben; da wir die Lage, worin sich Europa befindet, und den zu Ende eilenden Augenblick, der uns wieder zu uns selbst gebracht hat, zu benutzen wünschen; da wir frei von den schändenden Befehlen auswärtiger Übermacht, die äußere Unabhängigkeit und innere Freiheit der Nation, deren Schicksal unsern Händen anvertraut ist, höher schätzen, als unser Leben und unsere persönliche Glückseligkeit; da wir uns zu gleicher Zeit auch die Segnungen, und die Dankbarkeit unserer Zeitgenossen und der künftigen Geschlechter zu verdienen wünschen; so beschließen wir, ungeachtet der Hindernisse, welche bei uns selbst Leidenschaft entgegen stellen könnte, der allgemeinen

Wohlfahrt wegen, zur Gründung der Freiheit, zur Erhaltung unsers Vaterlandes und seiner Grenzen, mit der festesten Entschlossenheit unsers Geistes gegenwärtige Verfassung, und erklären sie durchaus für heilig und unverletzbar, bis die Nation in der gesetzlich vorgeschriebenen Zeit, durch ihre ausdrückliche Willenserklärung, die Abänderung dieses oder jenes Artikels für nothwendig erachten wird. Eben dieser Verfassung sollen auch alle fernere Beschlüsses des jetzigen Reichstages in jeder Rücksicht angemessen seyn.

---

1 K.H.L. Pölitz, Die europäischen Verfassungen seit dem Jahre 1789 3.Bd., F.A. Brockhaus Leipzig 1833.Agatha Kobuch, Das Angebot der polnischen Königskrone an den Kurfürsten von Sachen durch die Verfassung vom 3. Mai 1791, Akademie-Verlag 1994.

I. Herrschende Religion.

Die Herrschende Nationalreligion ist und bleibt der heilige römisch-katholische Glaube mit allen seinen Rechten, Der Übergang von dem herrschenden Glauben zu irgend einer andern Confession wird bei den Strafen der Apostasie untersagt. Da uns aber eben dieser heilige Glaube befiehlt, unsern Nächsten zu lieben; so sind wir deshalb schuldig, allen Leuten, von welchem Bekenntnisse sie immer auch seyn mögen, Ruhe in ihrem Glauben und den Schutz der

Regierung angedeihen zu lassen. Deshalb sichern wir hiemit, unsern Landesbeschlüssen gemäß, die Freiheit aller religiösen Gebräuche und Bekenntnisse in den polnischen Landen.

II. Edelleute, Landadel.

Mit Hochachtung des Andenkens unsrer Vorfahren, der Stifter unsers freien Staats, sichern wir dem Adelstande auf feierlichste alle seine Gerechtsame, Freiheiten und Prärogativen, und den Vorrang im Privatleben und öffentlichen Leben. Insonderheit aber bestätigen und bekräftigen wir, und erklären für unverletzbar, die diesem Stande von Casimir dem Großen, Ludwig von Ungarn, Wadislaus Jagiello, und dessen Bruder Wittold, Großherzog von Litthauen, wie auch von den Jagiellonen Wladislaus und Casimir, von den Gebrüdern Johann Albrecht, Alexander und Sigismund I., von Sigismund August, dem letzten von der jagiellonischen Linie, rechtmäßig und gesetzlich ertheilten Rechte, Statuten und Privilegien.

Die Würde des Adelstandes in Polen erklären wir für völlig gleich mit allen den verschiedenen Graden des Adels, die nur irgendwo gebräuchlich sind. Wir erkennen die Edelleute unter sich für gleich, und zwar nicht bloß in Rücksicht der Bewerbung um Ämter und Verwaltung solcher Dienste im Vaterlande, die Ehre, Ruhm und Vortheil bringen, sondern auch in Rücksicht des gleichen Genusses der Privilegien und Prärogativen des Adelstandes. Mehr als alles aber wollen wir die Rechte der persönlichen Sicherheit und Freiheit, des beweglichen und unbeweglichen Eigenthums, eben so heilig und unverletzlich, als sie seit Jahrhunderten einem zu statten gekommen, bewahrt und beibehalten haben, und verbürgen uns auf das feierlichste, daß wir keine Veränderung noch Ausnahme im Gesetze gegen das Eigenthum irgend Jemandes gestatten wollen: ja die höchste Landesgewalt soll sich unter Vorschützung der jurium regalium, oder irgend einem andern Vorwande, auch nicht die allergeringsten Ansprüche auf das Eigenthum der Bürger, weder im Ganzen noch theilweise erlauben. Daher verehren, verbürgen und bestätigen wir die persönliche Sicherheit und alles irgend Jemandem rechtmäßig zukommende Eigenthum, als das wahrhafte Band der Gesellschaft, als den Augapfel der bürgerlichen Freiheit, und wollen sie auch als solche für die künftigen Zeiten verehrt, verwahrt und unverletzt erhalten haben.

Den Adel erkennen wir für die erste Stütze der Freiheit und der gegenwärtigen Verfassung. Die Heiligkeit dieser Verfassung empfehlen wir der Verehrung jedes rechtschaffenen, patriotischen, ehrliebenden Edelmannes, und ihre Dauer seiner Wachsamkeit. Sie ist je der einzige Schutz unsers Vaterlandes und unsrer Freiheiten!

III. Städte und Städter.

Das auf diesem Reichstage unter dem Titel: Unsere freien königlichen Städte in den Staaten der Republik gegebene Gesetz, wollen wir nach seinem ganzen Inbegriffe bestätigt wissen, und erklären es, da es ein Gesetz ist, welches dem freien polnischen Adel zur Sicherheit seiner Freiheiten, und Erhaltung des gemeinschaftlichen Vaterlandes eine neue, zuverlässige und wirksame Macht und Hülfe giebt, für einen Theil der gegenwärtigen Verfassung.

IV. Bauern, Landleute.

Das Landvolk, unter dessen Händern die fruchtbarste Quelle der Reichthümer des Landes hervorfließt, das den zahlreichsten Theil der Nation ausmacht, und folglich der mächtigste Schutz für das Land ist, nehmen wir sowohl aus Gerechtigkeit und Christenpflicht, als auch um unsers eigenen wohlverstandenen Interesse willen, unter den Schutz des Gesetzes und der Landesregierung, und beschließen: daß von jetzt an alle die Freiheiten, Concessionen oder Verabredungen, die die Gutsbesitzer mit den Bauern auf ihren Gütern authentisch werden eingegangen seyn, diese Freiheiten, Concessionen und Verabredungen mögen nun den Gemeinden, oder jedem Einwohner des Dorfes besonders zugestanden seyn, gemeinschaftliche und wechselseitige Verbindlichkeit auflegen sollen, nach der wahren Bedeutung der Bedingnißarbeit, und des in solchen Concessionen und Verabredungen enthaltenen, unter den Schutz der Landesregierung fallenden Inhalts.

Solche von einem Grundeigenthümer freiwillig übernommene Vergleiche mit den daraus fließenden Verbindlichkeiten, werden nicht bloß ihn selbst, sondern auch seine Nachfolger oder Rechtserben so verbinden, daß sie niemals im Stande seyn werden, sie willkührlich zu verändern. Dagegen aber sollen sich auch die Bauern, sie mögen Güter haben wie sie wollen, den freiwilligen

Verabredungen, übernommenen Concessionen und damit verbundenen Schuldigkeiten nicht anders entziehen können, als auf die Art und den Bedingungsartikeln gemäß, die bei jenen Verabredungen ausdrücklich festgesetzt waren, und von ihnen, sie mögen sie nun auf immer, oder nur auf gewissen Zeit angenommen haben, auf das genaueste, als Schuldigkeit erfüllt werden müssen.

So hätten wir denn den Grundbesitzern alle ihnen von den Bauern zukommende Vortheile gesichert, und da wir nun die Bevölkerung dieses Landes auf das wirksamste zu befördern streben; so verkündigen wir allen und jeden, sowohl den neu ankommenden, als auch denen, die ihr Vaterland ehemals verlassen haben, und nun dahin zurückkehren möchten, die völlige Freiheit, so daß ein Jeder, der von irgend einer Himmelsgegend her in die Staaten der Republik neu ankommt, oder zu uns zurückkehrt, so wie er nur den polnischen Boden betritt, die völlige Freiheit hat, seine Betriebsamkeit anzuwenden, wo und wie er will; daß er die Freiheit hat, über die Ansiedelung, Frohndienste oder Zinsen Verabredungen zu treffen, wie und auf wie lange er sich verabreden will; daß er die Freiheit hat, sich in der Stadt oder auf dem Lande nieder zu lassen, in Polen wohnen zu bleiben, oder sich, wenn er den Verbindlichkeiten, die er gutwillig auf sich genommen hatte, genüge gethan hat, in ein Land zu wenden, wohin es ihm belieben wird.

V. Regierung, oder Bestimmung der öffentlichen Gewalten.

Jede Gewalt in der menschlichen Gesellschaft entspringt aus dem Willen der Nation. Um nun die bürgerliche Freiheit, die Ordnung in der Gesellschaft, und die Verletzlichkeit der Staaten der Republik auf immer sicher zu stellen, soll die Regierungsform der polnischen Nation aus drei Gewalten, und zwar nach dem Willen des gegenwärtigen Gesetzes auf immer bestehen, nämlich: aus der gesetzgebenden Gewalt, bei den versammelten Ständen; aus der höchsten vollziehenden Gewalt, beim Könige und dem Staatsrathe, und aus der richterlichen Gewalt, bei den zu diesem Ende niedergesetzten, oder noch niederzusetzenden Gerichtsstellen.

VI. Der Reichstag, oder die gesetzgebende Gewalt.

Der Reichstag (Sejm) oder die versammelten Stände sollen sich in zwei Stuben theilen, in die Landbotenstube (Poselsk) und die Senatorenstube (Senatorsk), unter dem Vorsitze des Königs.

Die Landbotenstube soll, als Repräsentant und Inbegriff der Souveränität der Nation, das Heiligthum der Gesetzgebung seyn; daher soll auch zuerst in der Landbotenstube über alle Projecte decidirt werden, und zwar

1) in Rücksicht der allgemeinen, das heißt politischen, Civil- und Criminalgesetze, und der Anwendung fester Abgaben. Unter diesen Materien sollen die den Woywodschaften, Bezirken und Kreisen vom Throne zur Prüfung übergebenen, und durch die Instructionen in die Stube gelangten Propositionen zuerst zur Entscheidung kommen.
2) In Rücksicht der Reichstagsbeschlüsse, das heißt der Beschlüsse über einstweilige Steuern, über den Münzfuß, über Staatsanleihen, über das Adeln und andere Gattungen zufälliger Belohnungen, über die Eintheilung der öffentlichen ordentlichen und außerordentlichen Ausgaben, über Krieg und Frieden, über die endliche Ratification der Allianz- und Handelstractate, über alle aufs Völkerrecht sich beziehende diplomatische Acten und Verabredungen, über das Quittiren der vollziehenden Magistraturen, und über ähnliche Hauptbedürfnisse der Nation betreffende Vorfälle. Unter diesen Materien sollen die vom Throne geradezu an die Landbotenstube abzugebenden Propositionen zuerst vorgenommen werden.

Die Senatorenstube, die unter dem Vorsitze des Königs – der das Recht hat, einmal seine Stimme zu geben, und dann auch die Stimmengleichheit persönlich oder durch Übersendung seiner Meinung an diese Stube zu heben – aus den Bischöfen, Woywoden, Kastellanen und Ministern bestehen, hat folgende Verpflichtungen auf sich:

1) jedes Gesetz, das nach seinem formellen Durchgänge durch die Landbotenstube auf der Stelle an den Senat abgeschickt werden muß, entweder anzunehmen, oder durch die gesetzlich vorgeschriebene Stimmenmehrheit der fernem Deliberation der Nation vorzubehalten. Durch die Annahme wird das Gesetz Kraft der Heiligkeit bekommen; durch den Vorbehalt hingegen bloß bis zum künftigen ordinären Reichstage ausgesetzt bleiben, wo dieses vom Senate aufgeschobene Gesetz, wenn man zum zweitenmale darüber einig wird, angenommen werden muß.
2) Soll sie über jeden Reichstagsbeschluß über die oben angeführten Materien, der ihr von der Landbotenstube auf der Stelle überschickt werden muß, zugleich mit der Landbotenstube nach der Stimmenmehrheit decidiren. Die vereinigte, dem Gesetze gemäße Stimmenmehrheit beider Stuben wird den Anspruch und Willen der Stände ausmachen.

Hierbei behalten wir uns vor, daß die Senatoren und Minister, bei den Materien über die Rechtfertigung ihrer Amtsführung im Staatsrathe oder in den Commissionen keine entscheidende Stimme im Reichstage haben, und alsdann bloß deshalb im Senat sitzen sollen, um auf das Begeghren des Reichstages Auskunft zu geben. Der Reichstag soll stets fertig seyn, der gesetzgebende und der ordinäre soll aller zwei Jahre seinen Anfang nehmen, und die im Gesetze von den Reichstagen bestimmte Zeit hindurch dauern.

Der fertige, bei dringenden Bedürfnissen berufene, Reichstag soll, bloß über die Materien entscheiden, derentwegen er berufen wurde, oder auch über ein zur Zeit seiner Zusammenberufung sich ereignendes Bedürfniß. Kein Gesetz kann auf dem nämlichen ordinären Reichstage, auf welchem es gegründet wurde, aufgehoben werden. Der vollständige Reichstag soll aus der in einem folgenden Gesetze bestimmten Anzahl Personen in der Landboten- und Senatorenstube bestehen. Das auf dem jetzigen Reichstage gegründete Gesetz von den Landtagen wollen wir als die wesentliche Grundlage der bürgerlichen Freiheit feierlich sicher gestellt wissen.

Da nun aber die Gesetzgebung nicht von allen verwaltet werden kann, und sich die Nation durch freiwillig gewählte Repräsentanten oder Landboten derselben entledigt; so setzen wir deshalb fest, daß die auf dem Landtage erwählten Landboten, der jetzigen Verfassung zu Folge, bei der Gesetzgebung und bei allgemeinen Nationalbedürfnissen, als Repräsentanten der ganzen Nation als Inhaber des allgemeinen Zutrauens angesehen werden sollen.

Alles und alltenhalben soll nach der Stimmenmehrheit entschieden werden; daher heben wir auch das Liberum Veto, alle Arten von Conföderationen und die Conföderations-Reichstage, als dem Geiste gegenwärtiger Verfassung zuwider, die Regierung zertrümmernd, die Gesellschaft vernichtend, auf immer auf.

Indem wir auf der einen Seite gewaltthätigen und öftern Abänderungen der Nationalversammung vorzubeugen suchen, erkennen Wir nichts destoweniger auf der andern die Nothwendigkeit ihrer Vervollkommnung, wenn man ihre Wirkungen auf das allgemeine Wohl wird erfahren haben. Wir bestimmen demnach alle fünf und zwanzig Jahre zur Revision und Verbesserung der Verfassung. Der dann zu haltende Verfassungsreichstag soll ein außerordentlicher seyn, nach der in einem besondern Gesetze gegebenen Vorschrift.

VII. Der König, die vollziehende Gewalt.

Auch die vollkommenste Regierung kann ohne eine wirksame vollziehende Gewalt nicht bestehen. Das Glück der Nationen hängt von gerechten Gesetzen, die Wirkung der Gesetze von ihrer Vollziehung ab. Die Erfahrung hat zur

Genüge gelehrt, daß die Hintansetzung dieses Theiles der Regierung, Polen mit Unglück aller Art erfüllt hat. Nachdem wir daher der freien polnischen Nation die Gewalt, sich selbst Gesetze zu geben, und die Macht, über jede vollziehende Gewalt zu wachen, ingleichen auch die Wahl der Beamten zu den Magistraturen vorbehalten haben; so übergeben wir die Gewalt der höchsten Vollziehung der Gesetze dem Könige in seinem Staatsrathe, der den Namen Wache der Gesetze (straz) führen soll.

Die vollziehende Gewalt ist aufs genaueste verbunden, über die Gesetze und ihre Erhaltung Obacht zu haben. Sie wird durch sich selbst thätig seyn, wo es die Gesetze erlauben, wo sie Aufsicht, Vollziehung und wirksame Hülfe erheischen. Ihr sind alle Magistraturen stets Gehorsam schuldig; in ihre Hände übergeben wir die Macht, ungehorsame und ihre Pflichten hintansetzende Magistraturen zu ihrer Schuldigkeit anzutreiben.

Die vollziehende Gewalt soll keine Gesetze weder geben noch erklären, keine Abgaben und Steuern, unter welchem Namen es auch sey, auflegen, keine Staatsanleihen machen, die vom Reichstage gemachte Eintheilung der Schatzeinkünfte nicht abändern, keine Kriege erklären, keinen Frieden, keinen Tractat und keine diplomatische Acten definitiv abschließen können. Es soll ihr bloßfreistehen, einstweilige Unterhandlungen mit den auswärtigen Höfen zu pflegen, ingleichen einstweiligen und gemeinen Bedürfnissen zur Sicherheit und Ruhe des Landes abzuhelfen; aber hievon ist sie verpflichtet, die nächsten Reichstagsversammlung Bericht zu erstatten.

Wir wollen und verordnen, daß der polnische Thron auf immer ein Familienwahlthron seyn soll. Die zur Genüge erfahrnen Übel der die Regierung periodisch zertrümmernden Zwischenreiche; unsere Pflicht, das Schicksal jedes Einwohners in Pöen sicher zu stellen, uind dem Einfluß auswärtigiger Mächte auf immer zu steuern; das Andenken der Herrlichkeit und Glückseligkeit unseres Vaterlandes zu den Zeiten der ununterbrochenen regierenden Familien; die Nothwendigkeit, Fremde von dem Streben nach dem Throne zurückzuhalten, und dagegen mächtige Polen zur einmüthigen Beschützung der Nationalfreiheit zurückzuführen, haben uns nach reifer Überlegung bewogen, den polnischen Thron nach dem gesetze der Erbfolge zu vergeben. Wir verordnen daher, daß, nach unserm der Gnade Gottes heimgestellten Ableben, der jetzige Churfürst von Sachsen in Polen König seyn soll.

Die Dynastie der Churfürsten von Sachsen, ihren Anfang nehmen, dessen Nachkommen de lumbis männlichen Geschlechts wir den polnischen Thron bestimmen. Der älteste Sohn des regierenden Königs soll dem Vater auf dem Throne nachfolgen. Sollte aber der jetzige Churfürst von Sachsen keine Nachkommen männlichen Geschlechts erhalten, so soll, auf den Fall, der vom

Churfürsten mit Genehmigung der versammelten Stände für seine Prinzessin Tochter gewählte Gemahl die Linie der männlichen Erbfolge auf dem polnischen Throne anfangen. Daher erklären wir nun auch die Maria Augusta Nepomucena, Prinzessin Tochter des Churfürsten, für die Infantin von Polen, behalten aber dabei der Nation das keiner Verjährung unterworfene Recht vor, nach Erlöschung des ersten Hauses auf dem Throne, ein anderes zu wählen.

Jeder König wird bei seiner Thronbesteigung Gott und der Nation den Eid leisten, auf die Erhaltung gegenwärtiger Verfassung, und auf die pacta conventa, die mit dem jetzigen Churfürsten von Sachsen, als ernanntem Thronfolger, werden abgeschlossen worden seyn, und die ihn eben so, als die alten, verpflichten werden.

Die Person des Königs ist heilig und unverletzlich. Da er nichts für sich selbst thut; so kann er auch der Nation für nichts verantwortlich seyn; und dafür erkennt und erklärt ihn das Gesetz und die gegenwärtige Verfassung.

Die Einkünfte, wie sie in den pactis conventis werden bestimmt werden, und die dem Throne eigenthümlichen, dem künftig zu wählenden, durch diese Verfassung sicher vorbehaltenen Prärogativen sollen nie angetastet werden können.

Alle öffentliche Acten, alle Tribunale, Gerichte und Magistraturen, alle Geldstempel müssen den Namen des Königs führen. Der König, der Macht haben soll Gutes zu thun, wird das Recht haben, die zum Tode Verdammten zu begnadigen, Staatsverbrecher allein ausgenommen. Dem Könige soll die höchste Herrschaft über die bewaffnete Landesmacht und die Ernennung der Anführer des Kriegsheeres zukommen, doch dabei die Abänderung derselben nach dem Willen der Nation vorbehalten bleiben. Seine Pflicht wird es auch seyn, die Officiere zu bestellen, Beamte nach der Vorschrift eines später folgenden Gesetzes zu erwählen, Bischöfe und Senatoren nach der Vorschrift eben dieses Gesetzes, ingleichen Minister als die ersten Beamten der vollziehenden Gewalt zu ernennt.

Der dem Könige zur Aufsicht, Erhaltung und Vollziehung der Gesetze zugegebene königliche Staatsrath soll bestehen:

1) Aus dem Primas, als dem Haupte der polnischen Geistlichkeit und Vorsitzer der Erziehungscommission. Seine Stelle im Staatsrathe kann durch den ersten Bischoff der Ordnung nach vertreten werden; aber weder jener noch dieser können Resolutionen unterschreiben.
2) Aus fünf Ministern, nämlich dem Polizeiminister, dem Justizminister, dem Kriegsminister, dem Schatzminister und dem Minister für auswärtige Angelegenheiten.

3) Aus zwei Secretairen, von denen der eine das Protocoll des Staatsraths, der andere das Protocoll der auswärtigen Angelegenheiten führen wird, beide ohne entscheidende Stimme.

Der Thronfolger darf, wenn er mündig geworden ist, und den Eid auf die Verfassung geleistet hat, bei allen Sitzungen des Staatsraths, doch ohne Stimme, gegenwärtig seyn.

Der Reichstagsmarschall, der auf zwei Jahre erwählt wird, soll mit der Zahl der im Staatsrathe sitzenden Personen gehören, doch ohne an dessen Resolutionen Theil zu nehmen, sondern blos deswegen, um unter folgenden Umständen den fertigen Reichstag zusammen zu rufen: wenn er nämlich Vorfällen, die das Berufen des fertigen Reichstages nothwendig erheischen, das wirkliche Bedürfniß desselben erkennen, der König hingegen sich weigern sollte, ihn zu berufen; alsdann soll dieser Marschall Kreisschreiben an die Landboten und Senatoren ergehen lassen, sie zum fertigen Reichstage berufen, und die Beweggründe dazu anzeigen.

Die Fälle, wo die Berufung des Reichstages nothwendig wird, sind blos folgende:

1) bei einem dringenden, auf das Völkerrecht sich beziehenden Bedürfnisse, insonderheit bei einem benachbarten Kriege.
2) Bei innerlichen Unruhen, die dem Lande mit einer Revolution, oder mit Collisionen zwischen den Magistraturen drohen.
3) Bei der augenscheinlichen Gefahr einer allgemeinen Hungersnoth.
4) Bei Verwaisung des Vaterlandes durch den Tod des Königs, oder bei einer gefährlichen Kranheit desselben.

Alle Resolutionen sollen im Staatsrathe von der oben auseinandergesetzten Personenzahl geprüft werden. Nach Anhörung aller Meinungen soll die Decision des Königs das Übergewicht haben, damit es bei Vollziehung des Gesetzes nur eine Willensmeinung gebe. Daher soll auch keine Resolution anders aus dem Staatsrathe kommen, als unter dem Namen des Königs, und mit seiner eigenhändigen Unterschrift. Außerdem muß sie aber auch von einem der im Staatsrathe sitzenden Minister unterschrieben seyn. So unterschrieben soll sie erst zum Gehorsam verbinden, und von den Commissionen oder irgend einer vollziehendne Magistratur befolgt werden; doch blos in den Materien, die durch gegenwärtiges Gesetz nicht ausdrücklich ausgeschlossen sind.

Auf den Fall, daß keiner von den Sitz und Stimme habenden Ministern die Decision unterschreiben wollte, soll der König von der Decision abstehen. Sollte er aber darauf bestehen; so wird bei diesem Ereigniß der Reichstagsmarschall um die Berufung des fertigen Reichstages bitten, und wenn der König diese Berufung verzögern sollte, ihn selbst berufen.

So wie der König das Recht hat, alle Minister zu ernennen; so hat er auch das Recht, einen von ihnen aus jeder Abtheilung der Regierungsverwaltung zum Staatsrathe zu rufen. Diese Berufung des Ministers zum Sitze im Staatsrathe soll auf zwei Jahre gelten, doch die weitere Bestätigung derselben dem Könige freistehen. Die zum Staatsrathe berufenen Minister sollen in keinen Commissionen sitzen.

In dem Falle hingegen, daß beide auf dem Reichstage vereinigte Stuben mit einer Mehrheit von zwei Dritteln geheimer Stimmen die Entfernung eines Ministers aus dem Staatsrathe oder aus seiner Stelle verlangten, soll der König gehalten seyn, sogleich einen andern an dessen Statt zu ernennen.

Da wir wollen, daß der Staatsrath, die Wache der Nationalgesetze, für jede Übertretung derselben der genauesten Verantwortlichkeit bei der Nation unterworfen seyn soll; so verordnen wir, daß, wenn die Minister von der zur Prüfung ihrer Handlungen niedergesetzten Deputation, wegen Übertretung der Gesetze, angeklagt werden, sie mit ihrer Person und ihrem Vermögen verantwortlich seyn sollen. Bei allen solchen Klagen sollen die versammelten Stände die angeschuldigten Minister durch die simple Stimmenmehrheit der vereinigten Stuben an die Reichsgerichte abschicken, wo ihnen entweder die gerechte, ihrem Verbrechen angemessene Strafe, aber, bei erwiesener Unschuld, die Freisprechung von der Klage und Strafe zu Theil werden soll.

Der ordentlichen Ausübung der vollziehenden Macht wegen, verordnen wir besondere, mit dem Staatsräthe in Verbindung stehende, ihm zu gehorsamen verpflichtete Commissionen. Die Commissarien dazu werden vom Reichstage erwählt werden, und ihre Ämter die im Gesetze vorgeschriebene Zeit hindurch verwalten. Diese Commissionen sind:

1) Die Erziehungs-,
2) die Polizei-,
3) die Kriegs-,
4) die Schatzcommission.

Die auf diesem Reichstage niedergesetzten woywodschaftlichen Ordnungscommissionen stehen gleichfalls unter der Aufsicht des Staatsraths, und werden die Befehle desselben mittelbar durch die oben erwähnten Commissionen erhalten, respective auf die der Macht und den Pflichten eines jeden zukommenden Gegenstände.

VIII. Richterliche Gewalt.

Die richterliche Gewalt kann weder von der gesetzgebenden, noch vom Könige ausgeübt werden, sondern von den zu diesem Ende gegründeten und erwählten Magistraturen. Sie muß auch mit den Orten in solcher Verbindung stehen, daß jeder die Gerechtigkeit in der Nähe hat, und der Verbrecher allenthalben die drohende Hand der Landesregierung über sich erblickt. Wir verordnen daher:

1) Gerichte erster Instanz für jede Woywodschaft, jeden Bezirk und Kreis, und hiezu sollen die Richter auf den Landtagen gewählt werden. Die Gerichte erster Instanz werden stets bereit und wachsam seyn, denen, die es bedürfen, zur Gerechtigkeit zu verhelfen. Von diesen gerichten soll an die für jede Provinz niederzusetzenden Haupttribunale appelliert werden, und diese sollen ebenfalls aus Personen bestehen, die man auf den Landtagen erwählt hat. Diese Gerichte, sowohl die erster, als auch die zweiter Instanz, werden für den Adel und alle Landeigenthümer in causis juris et facti, es betreffe, wen es wolle, Landgerichte seyn.
2) Bestätigen wir allen Städten die Gerichtsjurisdictionen, zufolge des auf dem gegenwärtigen Reichstage gegebenen Gesetzes von den freien königlichen Städten.
3) Die Referendargerichte sollen für jede Provinz besonders gehalten werden; zum Behuf der Prozesse der freien, nach alten Rechten diesen Gerichten unterworfenen Bauern.
4) Die Hofassessorial-, Relations- und Kurländischen gerichte sollen beibehalten bleiben.
5) Die vollziehenden Commissionen werden in den Angelegenheiten, die zu ihrer Administration gehören, Gericht halten.
6) Außer den Gerichten für die Civil- und Criminalprocesse, soll es auch für alle Stände ein höchstes Gericht, Reichstagsgericht genannt, geben, wozu die Personen bei Eröffnung jedes Reichstages erwählt werden sollen. Vor dieses Gericht sollen die Verbrechen gegen die Nation und den König, oder die crimina Status gehören.

IX. Reichsverwesung

Der Staatsrath wird zugleich Reichsverweser seyn, und dabei die Königin, oder in deren Abwesenheit den Primas an der Spitze haben. Die Reichsverwesung kann blos in folgenden drei Fällen Statt finden.

1) Bei der Minderjährigkeit des Königs,
2) bei einer Schwachheit, die bei ihm eine anhaltende gemüthsverwirrung hervorbringt,
3) im Fall der König im Kriege gefangen werden sollte.

Die Minderjährigkeit wird nicht länger als volle achtzehn Jahre dauern; die Schwäche einer anhaltenden Gemüthsverwirrung aber kann nicht anders, als durch den fertigen Reichstag mit der Stimmenmehrheit von drei Viertel beider vereinigten Stuben declarirt werden. Der fertige Reichstag wird die Ordnung der in der Reichsverwesung sitzenden Minister bestimmen, und die Königin zur Vertretung der Pflichten des Königs bevollmächtigen. Wenn nun aber der König im ersten Falle mündig wird, im zweiten zur völligen Gesundheit gelangt, im dritten aus der Gefangenschaft zurückkommt; so sollen ihm die Reichsverweser von ihrem Verhalten Rechenschaft ablegen, und der Nation für die Zeit ihrer Amtsführung, so wie dieses auch dem Staatsrathe vorgeschrieben ist, auf jedem ordinären Reichstage, mit ihren Personen und ihrem Vermögen verantwortlich seyn.

X. Erziehung der Kinder des Königs.

Die Söhne des Königs, die die Verfassung zu Nachfolgern auf dem Throne bestimmt, sind die ersten Kinder des Vaterlandes; daher kommt auch die Sorge für ihre gute Erziehung der Nation zu, ohne jedoch damit den Rechten der Ältern zu nahe zu treten. Führt der König die Regierung; so soll er selbst mit dem Staatsrathe und dem von den Ständen ernannten Aufseher der Erziehung der Prinzen, sich mit der Bildung derselben beschäftigen. Führt sie aber die Reichsverwesung; so wird dieser, zugleich mit dem erwähnten Aufseher, die Erziehung derselben anvertraut werden. Aber in beiden Fällen soll der von den Ständen ernannte Aufseher auf jedem ordinären Reichstage von der Erziehung und den Fortschritten der Prinzen Bericht erstatten. Die Erziehungscommission hingegen wird die Pflicht auf sich haben, dem Reichstage den Plan des Unterrichts und der Erziehung der königlichen Prinzen zur Bestätigung vorzulegen, damit durch übereinstimmende Erziehungsgrundsätze, früh und ununterbrochen, den Gemüthern der künftigen Thronfolger, Religion, Liebe zur Tugend, zum Vaterlande, zur Freiheit und Landesverfassung eingeflößt werde.

XI. Bewaffnete Macht der Nation.

Die Nation ist es sich selbst schuldig, sich gegen Überfälle zu vertheidigen, und ihre Unverletzlichkeit zu bewahren; folglich sind alle Bürger Vertheidiger der

Unverletzlichkeit und Freiheit der Nation. Die Armee ist nichts anders, als eine aus der Gesammtmacht der Nation gezogene, bewaffnete und geordnete Macht. Die Nation ist ihrer Armee dafür, daß sie sich einzig und allein ihrer Vertheidigung weihet, Belohnung und Achtung schuldig. Die Armee ist der Nation schuldig, über die Grenzen und die allgemeine Ruhe zu wachen, kurz, für sie die mächtigste Schutzwehr zu seyn. Damit sie nun diese ihre Bestimmung wirklich erfülle; so hat sie die Pflicht auf sich, den Vorschriften des Gesetzes gemäß, ununterbrochen unter dem Gehorsam der vollziehenden Gewalt zu bleiben, und auf treue Ergebenheit gegen die Nation und den König, und auf die Vertheidigung der Nationalverfassung zu schwören. Die Nationalarmee kann folglich gebraucht werden: zur allgemeinen Landesvertheidigung, zur Bewahrung der Festungen und Grenzen, oder auch zur Unterstützung des Gesetzes, wenn Jemand der Vollziehung desselben nicht gehorsamen wollte.

Erklärung der versammelten Stände zum Gesetz über die Regierung vom 3. Mai 1791.

Alle alten und neuen Gesetze, die dieser Verfassung und irgend einem Artikel derselben widersprechen, heben wir hiedurch auf.

Und die besondern Vorschriften, die zu den Artikeln dieser Verfassung und den in ihr enthaltenen Gegenstände noch erforderlich sind, und die gegenseitigen Pflichten und den Regierungs-Plan näher auseinandersetzen werden, erklären wir für Teile dieser Verfassung.

Der vollziehenden Gewalt empfehlen wir, daß der Staatsrath ihre Pflichten sogleich unter den Augen des Reichstags anfange und ununterbrochen fortsetze. Wir schwören Gott und dem Vaterlande aufs feierlichste, daß wir dieser Verfassung gehorsam sein und sie mit aller menschlichen Kraft beschützen wollen; und diesen Eid, den wir als Bürgen aufrichtiger

Vaterlandsliebe ansehen, befehlen wir sogleich allhier zu Warschau von allen Commissionen und Gerichtsbarkeiten, nicht weniger von den hier anwesenden Truppen, und in Zeit von spätestens einem Monate nach dem Tage dieses Gesetzes auf Verordnung der Kriegs-Commission, von der ganzen Nationalarmee in dem Gebiete der Krone Polen und des Großherzogthums Lithauen schwören zu lassen.

Wir ordnen einerlei Tag für alle Kirchen im Lande zum Dankfeste, und das soll der 8. Mai dieses Jahres sein.

An diesem Feste werden unsere ehrwürdigen Bischöfe veranstalten, daß Gott dafür gedankt werde, daß er einen vortheilhaften Zeitpunkt gegeben hat, uns Polen von fremder Übermacht und innerer Unordnung zu erlösen, daß er uns eine Regierung wiedergegeben hat, welche unsere wahrhafte Freiheit und die Integrität Polens völlig sichern kann, und daß er auf diese Art unser

Vaterland auf eine Staffel gesetzt hat, wo wir in den Augen Europens wahre Achtung desselben gewinnen können.

Wir bestimmen den Tag des heiligen Stanislaus (= 7. Mai), des Bischofs und Märtyrers wie auch Patrons der Krone Polens, zu einem Jahresfeste, und wir und unsere Nachkommen werden ihn feierlich als einen Tag begehen, welcher der allweisen Vorsicht gewidmet ist, und an welchem das Vaterland nach so viel überstandenem Unglücke froh und sicher Atem holen kann.

Wir wollen auch, daß unsere Geistlichkeit, und daß sowohl die Welt- als die Ordensgeistlichen in dem christlichen Unterrichte, der den rechtgläubigen Leuten gebühret, jedermann unaufhörlich zu ähnlichen Dankpreisungen Gottes ermundern sollen.

Damit aber die künftigen Jahrhunderte um so stärker empfinden mögen, daß wir, nachdem wir dies so erwünschte Weg ohnerachtet aller Schwierigkeiten und Hindernisse mit Hilfe des höchsten Regierers der Schicksale der Nation glücklich ausgeführt haben, nicht diese glückliche Gelegenheit zu Vereinigung unserer Nation verabsäumen wollen:

So verordnen wir, daß zum Andenken dieser Begebenheit eine Kirche durch Wahl aller Stände ausgesucht und der Höchsten Vorsehung geweihet werden soll.

Wenn wir so der allgemeinen Freude genügt haben, müssen wir auch ein wachsames Auge auf der Befestigung dieser Verfassung richten und verordnen daher, daß, wenn sich irgend jemand erkühnen möchte, sich dieser Verfassung zu widersetzen oder sonst Bewegungen machen sollte, sie zu zerstören, oder die Ruhe der guten, jetzt ihre Glückseligkeit anfangenden Nation beunruhigen, Mißtrauen ausbreiten, die Verfassung verkehrt auslegen, oder gar im Lande irgendeinen Aufstand des Adels, oder eine Konföderation entweder selbst erregen oder auch nur auf einige Art dazu behilflich seyn sollte, wor den wollen ansehen für einen Feind des Vaterlandes, für einen Verräter desselben, und für einen Aufrüher, und daß er sogleich durch das Reichstagsgericht mit den schärfsten Strafen belegt werden soll.

Wir befehlen dieserhalb, daß das Reichstagsgericht mit den schärfsten Strafen belegt werden soll.Wir befehlen dieserhalb, daß das Reichstagsgericht hier zu Warschau ununterbrochen vollständig zugegen sei, seine Sitzungen von einem Tage zum andern halte, und wenn ihm von angesessenen Bürgern, in Assistenz der Instigatoren beider Nationen Denuntiationen von erregtem Aufstande oder von Beredungen dazu gemacht werden, soll es selbige unverzüglich richten und der Personen, die seinen Aussprüchen unterworfen sein sollen, sich wohl versichern; und dazu soll auch die Nationalarmee, nach vorher von dem

Reichstagsgerichte mit der vollziehenden Gewalt gehaltener Rücksprache Hilfe zu leisten, bereit und willig seyn".

Vorstehende Verfassung samt dem Gesetz vom 14. April 1791 über die Freiheiten der königlichen Städte Polens war die erste geschriebene Verfassung Europas, noch vor der ersten französischen Verfassung vom 3. September 1791.[2]

Erklärung der versammelten Stände zum Gesetz über die Regierung vom 3. Mai 1791

Alle alten und neuen Gesetze, die dieser Verfassung und irgend einem Artikel derselben widersprechen, heben wir hiedurch auf. Und die besondern Vorschriften, die zu den Artikeln dieser Verfassung und den in ihr enthaltenen Gegenstände noch erforderlich sind, und die gegenseitigen Pflichten und den Regierungs-Plan näher auseinandersetzen werden, erklären wir für Teile dieser Verfassung. Der vollziehenden Gewalt empfehlen wir, daß der Staatsrath ihre Pflichten sogleich unter den Augen des Reichstags anfange und ununterbrochen fortsetze. Wir schwören Gott und dem Vaterlande aufs feierlichste, daß wir dieser Verfassung gehorsam sein und sie mit aller menschlichen Kraft beschützen wollen; und diesen Eid, den wir als Bürgen aufrichtiger Vaterlandsliebe ansehen, befehlen wir sogleich allhier zu Warschau von allen Commissionen und Gerichtsbarkeiten, nicht weniger von den hier anwesenden Truppen, und in Zeit von spätestens einem Monate nach dem Tage dieses Gesetzes auf Verordnung der Kriegs-Commission, von der ganzen Nationalarmee in dem Gebiete der Krone Polen und des Großherzogthums Lithauen schwören zu lassen. Wir ordnen einerlei Tag für alle Kirchen im Lande zum Dankfeste, und das soll der 8. Mai dieses Jahres sein. An diesem Feste werden unsere ehrwürdigen Bischöfe veranstalten, daß Gott dafür gedankt werde, daß er einen vortheilhaften Zeitpunkt gegeben hat, uns Polen von fremder Übermacht und innerer Unordnung zu erlösen, daß er uns eine Regierung wiedergegeben hat, welche unsere wahrhafte Freiheit und die Integrität Polens völlig sichern kann, und daß er auf diese Art unser Vaterland auf eine Staffel gesetzt hat, wo wir in den Augen Europens wahre Achtung desselben gewinnen können. Wir bestimmen den Tag des heiligen Stanislaus (= 7. Mai), des Bischofs und Martyrers wie auch Patrons der Krone Polens, zu einem Jahresfeste, und wir und unsere Nachkommen werden ihn feierlich als einen Tag begehen, welcher der allweisen Vorsicht gewidmet ist, und an welchem das Vaterland nach so viel überstandenem Unglücke froh und sicher Atem holen kann. Wir wollen auch, daß unsere Geistlichkeit, und daß sowohl die Welt- als die Ordensgeistlichen in

2 Vgl. Kapitel IV dieser Arbeit.

dem christlichen Unterrichte, der den rechtgläubigen Leuten gebühret, jedermann unaufhörlich zu ähnlichen Dankpreisungen Gottes ermundern sollen. Damit aber die künftigen Jahrhunderte um so stärker empfinden mögen, daß wir, nachdem wir dies so erwünschte Weg ohnerachtet aller Schwierigkeiten und Hindernisse mit Hilfe des höchsten Regierers der Schicksale der Nation glücklich ausgeführt haben, nicht diese glückliche Gelegenheit zu Vereinigung unserer Nation verabsäumen wollen: So verordnen wir, daß zum Andenken dieser Begebenheit eine Kirche durch Wahl aller Stände ausgesucht und der Höchsten Vorsehung geweihet werden soll.

Wenn wir so der allgemeinen Freude genügt haben, müssen wir auch ein wachsames Auge auf der Befestigung dieser Verfassung richten und verordnen daher, daß, wenn sich irgend jemand erkühnen möchte, sich dieser Verfassung zu widersetzen oder sonst Bewegungen machen sollte, sie zu zerstören, oder die Ruhe der guten, jetzt ihre Glückseligkeit anfangenden Nation beunruhigen, Mißtrauen ausbreiten, die Verfassung verkehrt auslegen, oder gar im Lande irgendeinen Aufstand des Adels, oder eine Konföderation entweder selbst erregen oder auch nur auf einige Art dazu behilflich seyn sollte, wor den wollen ansehen für einen Feind des Vaterlandes, für einen Verräter desselben, und für einen Aufrüher, und daß er sogleich durch das Reichstagsgericht mit den schärfsten Strafen belegt werden soll. wir befehlen dieserhalb, daß das Reichstagsgericht mit den schärfsten Strafen belegt werden soll. Wir befehlen dieserhalb, daß das Reichstagsgericht hier zu Warschau ununterbrochen vollständig zugegen sei, seine Sitzungen von einem Tage zum andern halte, und wenn ihm von angesessenen Bürgern, in Assistenz der Instigatoren beider Nationen Denuntiationen von erregtem Aufstande oder von Beredungen dazu gemacht werden, soll es selbige unverzüglich richten und der Personen, die seinen Aussprüchen unterworfen sein sollen, sich wohl versichern; und dazu soll auch die Nationalarmee, nach vorher von dem Reichstagsgerichte mit der vollziehenden Gewalt gehaltener Rücksprache Hilfe zu leisten, bereit und willig seyn".

Vorstehende Verfassung samt dem Gesetz vom 14. April 1791 über die Freiheiten der königlichen Städte Polens war die erste geschriebene Verfassung Europas, noch vor der ersten französischen Verfassung vom 3. September 1791. Vorstehende Verfassung wurde durch eine adelige Vereinigung ("Konföderation von Targowica"), die sich mit Hilfe Rußlands unter der Kaiserin Katharina II. gebildet hatte, ausgehebelt, bevor sie ihre Kraft entfalten konnte, und König Stanislaus August wurde genötigt, seinen Eid, den er am 8. Mai 1791 in einer Kirche in Warschau geleistet hatte, zu brechen. Am 23. Juli 1792 schloß sich der König gezwungenermaßen der oppositionellen adeligen Vereinigung an, und berief nach den alten, nicht mehr geltenden Bestimmungen einen Reichstag nach Grodno ein, wo dieser am 29. September 1792 die Verfassung vom 3. Mai 1791 rechtswidrig wieder aufhob.

Man kann die vorstehende Verfassung auch als den Beginn vom vorläufigen Ende der Staatlichkeit Polens bezeichnen, denn durch diese freiheitliche, (revolutionäre) Verfassung kam es zu einer Allianz der absolutistischen Staaten Rußland und Preußen, die 1793 in einer zweiten Teilung Polens, sich große Teile des Staates Polen einverleibten und diese mußten den Abtretungen auch noch formal zustimmen. Die zweite Teilung hatte jedoch einen Volksaufstand von 1794 zur Folge, der wiederum dazu führte, daß von den Teilungsmächten von 1772 und 1793 eine dritte Teilung durchgesetzt wurde, mit der Polen als unabhängiger Staat vorläufig unterging.[3]

3 Quellen: K.H.L. Pölitz, Die europäischen Verfassungen seit dem Jahre 1789 3.Bd., F.A. Brockhaus Leipzig 1833; Agatha Kobuch, Das Angebot der polnischen Königskrone an den Kurfürsten von Sachen durch die Verfassung vom 3. Mai 1791, Akademie-Verlag 1994, inkl. Erklärung der versammelten Stände zum Gesetz über die Regierung vom 3. Mai 1791 und Kommentar der o.a. Autoren.

Lex et Res Publica
Polish Legal and Political Studies

Edited by
Anna Jarón

Vol. 1 Anna Jarón: Socio-Economic Constitutional Rights in Democratisation Processes. An Account of the Constitutional Dialogue Theory. 2012.

Vol. 2 Stanisław Filipowicz: Democracy – The Power of Illusion. 2013.

Vol. 3 Teresa Dukiet-Nagórska (ed.): The Postulates of Restorative Justice and the Continental Model of Criminal Law. As Illustrated by Polish Criminal Law 2014.

Vol. 4 Agnieszka Kupzok: Enforcement of Patents on Geographically Divisible Inventions. An Inquiry into the Standard of Substantive Patent Law Infringement in Cross-Border Constellations. 2015.

Vol. 5 Alicja Jagielska-Burduk / Wojciech Szafrański: Legal Issues in Cultural Heritage Management. A Polish Perspective. 2016.

Vol. 6 Maciej Mataczyński (ed.): The Takeover of Public Companies as a Mode of Exercising EU Treaty Freedoms. 2017.

Vol. 7 Maciej Barczewski (ed.): Value of Information. Intellectual Property, Privacy and Big Data. 2018.

Vol. 8 Pawel Smoleń, Marcin Burzec: Introduction to Polish Tax Law. 2018.

Vol. 9 Łukasz Pohl, Konrad Burdziak: Judicial Interpretation of the 1997 Criminal Code Provisions on Self-Defence. 2019.

Vol. 10 Adam Szot: Judicial Review of Administrative Discretion. The Influence of Court Decisions on Administrative Actions. 2019.

Vol. 11 Michał Peno / Konrad Burdziak (eds.): The Concept of Modern Law. Polish and Central European Tradition. 2019.

Vol. 12 Leszek Leszczyński / Bartosz Liżewski / Adam Szot (eds.): Potential of Precedent in the Statutory Legal Order. 2019.

Vol. 13 Łukasz Bolesta: In Search of a Model for the Legal Protection of a Whistleblower in the Workplace in Poland. A legal and comparative study. 2020.

Vol. 14 Paweł Chmielnicki / Adam Sulikowski (eds.): New Perspectives on Legislation. A Comparative Approach. 2020.

Vol. 15 Marcin Burzec / Beata Kucia-Guściora / Paweł Smoleń : Agricultural Activity in Poland: A Fiscal and Legal Study. 2020.

Vol. 16 Magdalena Półtorak / Ilona Topa (eds.): Women, Children and (Other) Vulnerable Groups. Standards of Protection and Challenges for International Law. 2021.

Vol. 17 Josef Albert Fox: Die polnische Verfassung vom 3. Mai 1791. Hintergründe der Entstehung und der Außerkraftsetzung. Stellung Polens im Zeitalter der Aufklärung. 2021.

www.peterlang.com